荊楚文庫編纂出版委員會
武漢出版社

“現在中國人爲人的道德”

魯迅先生在逝世前幾個月發表過一篇答什麽派的信，裏面有一句：“你們違反現在中國人爲人的道德。”老實説，我當時并没覺得這話有怎樣的力量。

到了八一三抗戰開始，全中國人都爲這次戰争而興奮激昂，都準備爲驅逐日本帝國主義强盜，爲自己的民族解放而獻身；獨有另外一種“中國人”，甘心爲敵人利用，出賣自己的祖國，在抗戰過程中，確實起了非凡的任務，我這纔覺悟到“爲人的道德”，剛剛是一語破的。

所謂現在，當然是説和過去有些不同。現在的抗日民族革命戰争，是爲全民族争生存的戰争，是過去所没有的；而且，這裏所説的生存，决不是説照過去那樣苟延殘喘，倒是説變舊中國爲新中國，變舊生活爲新生活的另外一種樣式的生存。爲了争取這樣一種生存，需要每一個中國人都積極地參加這戰争，擁護這戰争，就是最落後的中國人，也該不反對它。能够在實際行動上適應這需要，就是合乎現在中國人爲人的道德，縱然過去曾經怎樣的爲非作歹，是個毫無道德乃至非中國人的傢夥；不能適應這需要，就是説，反對抗日戰争，甘心爲日本帝國主義作走狗，忍視日本强盜屠戮蹂躪中國的人民和土地，就是違反現在中國人爲人的道德，不管過去有過怎樣光榮的歷史，乃至現在還説着怎樣冠冕的言詞。漢奸汪精衛之流，就是屬於這一類。對於這一類的傢夥，每個中國人都應該有唾弃的權利，甚至“人人得而誅之”；而且這“唾弃”，這“誅”，不但就是現在中國人爲人的崇高的道德，同時也毫不違反真正的世界人爲人的道德。

也許可能提出這樣一個問題：現在是從過去來的，何以過去不道德的人，現在忽然會變爲道德；過去道德的人，現在會變爲不道德呢？這問題是多餘的！現在合不合乎道德，不必拿過去做標準，這話裏頭，决没有過去不道德的人現在一定道德，過去道德的人現在一定不道德之類的意思。最合乎現在的道德的人，主要的也是過去真正道德的人，事實擺在面前，顯而易見。可是問題的中心不在這裏，却在於：一方面是日本强盗瘋狂的侵略，一方面是中國人民英勇的抗戰，由中國人看來，這戰争本身就是一種偉大的行動，它裏頭又一定有不少可歌可泣的活的教訓，都足以使過去誤入歧途，徘徊苟安的人也大徹大悟，翻然改悔！不過也不是説每一個人都一定會這樣，漢奸翻然改悔，固然也馬上變成合乎現在中國人爲人的道德；但希望每個漢奸都這樣，决不比希望日本帝國主義强盗的侵略變成友愛有任何高明之處！

現在我明白了什麼是現在中國人爲人的道德，但是在抗戰開始以後纔明白的；魯迅先生却在抗戰以前一年多就指出了。魯迅先生的遠見，不消説得；衹是我因此而引起一種恐懼：魯迅先生該有多少寶貴的指示，被我們辜負了呢？

一九三九，十，一九

智人的心算

二十年前，周作人作過一首詩：《智人的心算》。第三段說：

堵河是一件危險的事，
古來的聖人曾經說過了，
我也親見間壁的老彼得被洪水衝去了。
但是我這回不會再被衝去，
我準定抄那老頭兒的舊法子了。

"以古爲鑒可知興衰"，"前車之覆，後車之鑒"，都是愚人們說的；二十四史或者四十八史，也衹有對於愚人們纔有用；至於我們"智人"的心算，總是"我這回不會再被衝去"！於是桀紂之後有幽厲，懷愍之後有徽欽、秦始皇，尼羅之後有希特勒。而妲己、褒姒、吕雉、武、韋也史不絶書。

據説，嚴嵩父子被抄家時，有黄金三萬兩，白銀二百餘萬兩；劉瑾被抄家時，有銀七千萬兩；魏忠賢被抄家時有銀三千萬兩；和珅的家財更巨。現在討厭的時代過去了，抄家法早已廢除，家財萬萬萬貫，都可高枕無憂；也決没有人傻到把黄金白銀成塊成堆地擺在家裏，等候抄没，自從有了外國銀行以後，自從戰時物資可以囤積之後。當然，"我這回不會再被衝去"！

然而周作人先生自己就是"智人"。從來背叛民族國家的人，似乎很少有較好的下場，至少，也没有較好的聲譽。秦檜、吴三桂、馬士英、阮大鋮這些大好老且不必説，就是錢謙益、吴偉業之類的詞臣，在歷史上留下的尊容，也衹有那麽漂亮。這點點粗淺的道理，博學多聞的豈明老人豈不明白？無奈他心裏盤算：“我這回不會再被衝去！”

一九四四年

明末遺恨

三百年來養士朝，
如何文武盡皆逃？
綱常留在卑田院，
乞丐羞存命一條。

據説這是明亡時一個乞丐的絶命詩。第一句把有明一代的列祖列宗寫得何等大恩大德！但連下面三句讀，却祇是一個尖刻的諷刺，真的養士朝，怎能得到這樣的結果？

然而，這故事大概是好事者的隨興創作。若真有其事，祇此一端，明朝就該亡；逃亡迎降者爲文武，氣節之士却淪爲乞丐。

一九四四年

放心，不會被唾沫淹死

聽説去年有幾個劇作家都想把自己的作品叫做《杏花，春雨，江南》，結果是像趙奢所説，兩匹老鼠在空胡同裏碰頭，力大的得勝，算衹有一個劇作家用了。得勝的那位還有一個作品預告《駿馬，秋風，冀北》，不由得不叫人想起《笑林廣記》上的“舍弟江南死，家兄塞北亡”的名句。

聽説現在又有幾個劇作家都要把自己的作品叫做“春暖花開”，但目前爲止，算還衹有一種叫這名字。雖然没有《秋凉葉落》的預告，爲什麽一定要叫春暖花開呢？作者們没有宣布理由，不得而知；據我的貧弱的腦筋想來，無非因爲有一部流行小説——怎麽説呢？姑且名之曰流行小説吧——春暖花開的時候，銷路還不錯，叫做《春暖花開》，可以使人誤會是那小説的改編，因之而多銷幾張票。《春暖花開的時候》以前，本就有《龍眼花開的時候》之類，説不定以前還有。有人説：第一次説什麽的是天才，第二次同樣説的是笨伯，第三次第四次説的恐怕就很難叫出名字。但是這不要緊，我們的作者，决不會被人誤會是天才，甚至於不會被誤會是笨伯。請想想，連一個書名都必須抄襲大作家，他的書的内容還會有絲毫創作的意味麽？

假如衹是因爲才能在笨伯以下，倒還可以同情，也究竟不失爲老實人。但不是這麽一回事，他們的意思是爲了可以多搶多騙幾個錢。本事雖然在笨伯以下，要錢的企圖，僅僅這一項，未必不在天才以上，説他們是市儈吧，也不這麽簡單，他們是“真老陸稿薦”之流，多少還帶點流氓氣的，縱然故意把作品寫壞了來破壞别人的信譽的意思，在主觀上未必真有。

但專在書名上想花樣的還不止這一種。一般的現象是把書名硬凑上花，月，愛，女人，性，風流……之類的字上去，或者硬裁上不相干的畫着女性的畫片上去，我真替這樣的作家悲哀，這不是表示對於自己的聲譽和書的内容毫無自信了麽？這不明明是在向那些色情意味的字或畫乞憐麽？而且這不指出自己的前途：不必創作，祇消在拍紙簿上印上一個理想的書名就行了麽？賺錢之道亦多矣，何必寫作？

還不但創作，連翻譯也這樣。《她的一生》、《阿霞姑娘》、《情之所鍾》、《金戈紅粉》、《愛情愛情》、《月落烏啼霜滿天》、《望穿秋水》……没有一個是和原文恰合的，無論什麽作家的作品，一到我們的譯者手裏就都會被誤會爲好萊塢的影片。其實一些片名也都是我們的翻譯家的創作，不過那些本來是鴛鴦蝴蝶派的餘孽的片名，翻譯家現在却變成"新"文學作者譯者們的祖師了。

有什麽作者譯者，就有什麽讀者，反過來或者也是有什麽讀者纔有什麽作者譯者，所以作者譯者們大可放心，至少一時還不會被讀者的唾沫淹死。

一九四四年

論時局[①]

一隻鳥在這邊山腰的高樹上叫："啾啾!"另外一隻在那邊山腰的高樹上照樣叫："啾啾!"這邊的鳥叫："啾啾啾!"那邊也同樣："啾啾啾!"從這邊山腰到那邊山腰，要經過一個低的山谷，山勢險峻，山路崎嶇而蜿蜒，相隔不下十里；但山腰與山腰的參差的樹列，隔谷相望，却宛如鄰舍，要是有一道長橋凌空而過，恐怕不過一二百步，這一二百步的距離，在鳥們看來，尤其密邇，一呼一應，竟似田夫野老隔壟絮談。鳥聲清脆而悠遠，好像還有回聲在山谷間迴旋。然而山谷間鳥聲正多：斑鳩，竹雀，黄鶯，啄木鳥，以及許多不知名的鳥聲。喜鵲像長舌婦，三五相聚，説短道長，不知休止。老鴉啞啞成群，毫無忌憚；聲音并不悦耳，然山谷間却闃無居人，偶然有一兩個過客暫時逗留，而勢孤力單，也没有誰敢以聲色相報；縱有，而彼此相隔太遠，力不能及，也無可奈何!一時群鳥争鳴，或遠或近，或高或低，煩囂而龐雜；蟬蟲之類，又戛然參凑其間，更顯得十分熱鬧。

山路旁邊有一座古墳，約有五六尺高；墳頂及其周圍，雜草和灌木恣生怒長，與山陵同爲葱蘢色。一朵喇叭花，本在這山野土生土長，却搽胭抹粉，房間摹仿城裏的貴婦或賤婦的打扮，誰知越學却越顯得村俗；擁擠於衆卉之中，常爲衆卉所挪弄；但她究竟是山谷間少有的姿色，故搔首弄姿，顧影自憐，并不爲輿論所左右。這古墳既爲草木所盤據，已不可辨識；其所以使人能看出它是什麽，則靠墳前丈把高的石碑，而石碑自己也太衰老，頭頂脱落，凹凸傾斜，與其它邊緣部分，同如地圖上屈曲的海岸綫。寸多厚或乾或濕，或黑或白的鳥糞掩蓋頭上，好像是它

① 編者注：本篇亦題作《山徑》、《論國是》。

戴的帽子。身上久爲風雨侵蝕，蘚苔斑斕；又有蝸牛之類留下縱横的脚印，若青若紫，若灰若黄，但都暗淡得没有一點清新的味兒。這副模樣，不免令人想到：窮苦兒童或老年乞丐，積年累月的塵垢裹在身上，疥瘡膿泡時發時好，膿水的痕迹，抓搔過的爪印，都清楚可見；惟原有膚色則不知從何年何月起就消失到哪裏去了！至於碑上字迹，不但爲風雨所蝕，苔痕所掩，而高樹的濃陰，使它的面目在這白天裏也顯得有些陰森，以致難以覓認。

我翻過南山而來，將要翻過北山而去。在這樣的山谷中上上下下，已忘記若干時日，我的身體不算不强健，也不是不會走路，但最怕爬山。在上山的路上走得一兩百步，就心跳氣喘，面紅耳赤，渾身汗水淋漓，兩腿像各綁着一塊磨石，拖也拖不動。但山不會因我的困苦而減低，路也不會因此而縮短；走了一步，還有無數步；上了一級，還有無數級；越走越遠，越上越高，幾乎疑心要走到天上去了！抬頭一望，幾丈遠以外的路，不知隱没在什麼地方；心裏想，走完這段路，總該快到山頂；及至到了那地方，却有更長更峭的山坡，一道梯子似的竪在面前！眼看到一個山凹就在面前，空狹的山路正從那坳處蜿蜒過去，以爲那邊一定是下山路了；但是越走那山凹越是不見，反而一架先前不曾看見過的新山，突然從斜刺裏閃出來擋住去路！好容易走完了南山的上坡，衹差幾步就是真正的下坡路了，滿懷熱望：這回可該在下坡之後，讓我走幾里平坦大道吧！及至走到高處，向下一望：哦！我幾乎暈過去了！原來這邊是一個深谷，四面都是重重叠叠的高山，衹有一條小路或隱或現，彎彎曲曲地通到對面山上。那山，顯然是跟剛纔上完的這架山，至少，同樣地高而且陡！我馬上想到：曹孟德從赤壁大敗而逃，路上受了無數的驚險，逃出的人馬已被屢次的埋伏殺得七零八落，走到華容道上，正在慶幸脱了虎口的時候，誰知一聲炮響，面前却閃出手執青龍偃月的關雲長和五百校刀手來！我口裏不禁暗暗叫道："這回可真完了！"

我覺得整個山都活動起來了，而且正似乎在打着擺子，渾身因爲奇冷而不住地抖索。烈日當空，藍天和白雲也發着炫耀的光，好像那光是它們自己發出來的。我覺得它們都似乎發着昏眩，有點摇摇晃晃，使我立不住脚，該死的路，真是他媽的狹促鬼，故意和一個疲憊的旅行人開玩笑：自己在太陽底下曬得火樣滾了，專門燙人的脚，難道不知道我的草鞋穿了麽？一道看不出的樹根，無緣無故門坎似的横在路當中，使我的脚踢在上面，幾乎絆了一跤！石頭縫裏，盡是一塊塊的青苔，在這樣熱的天氣裏，竟然濕滋滋的，一踏就是一滑；小石子們更是不跟人合作，一踏到它們，就骨碌骨碌地滾下山去，恨不得也把我一齊帶走；路邊的樹都伸出胳膊來想擋住我的去路，刺條又以爲我是一條魚，從空釣下，幾乎把我釣去了！……世上爲什麽要這麽多的山呢？山路爲什麽又這麽難走？人生爲什麽總難免上山下山？人類在山路上上下下了千年萬年，爲什麽還没有把它一齊改成坦道呢？——我一面踢踢碰碰，一面怨天尤人，帶着在渾身傾瀉的汗水和兩脚的水泡，如醉如痴地走下了山，一碰到古墳邊的樹列，就什麽也不管，坐在墳邊，并且立刻頹然倒在草茵上了！

“起來，趕路的人！”我自己喊我自己。我知道我應該走，我知道走完了這些山路就平坦了，我知道如果不走，將永困於這萬山之中；然而我也知道這樣的山，在我的路上，會還多得很，不知什麽時候纔能走完！而它又使我如此地疲乏，使我如此屢次失望，把我的身體和感情都折磨够了！恕我狹隘，恕我感情衝動，我恨這些山，詛咒這些山！我要在群山之前高歌：

“轟！轟！轟！……”

一九四六，和談破裂聲中

革命與麵包

一　俚歌的自解

為什麼而當兵?
為什麼而革命?
老實説:不為張三,不為李四,為的自身!
一樣是人,一樣是父母所生,
為什麼有的錦衣玉食,高樓大廈,姬妾成群?
我自己呵,啼飢號寒,無立錐地,且是獨身?
他們的麵包過剩,我想廢物利用,要他們分一杯羹!
為什麼而革命?
為什麼而當兵?
也可説:不為父母,不為妻子,為的人群!
一樣是人,一樣是父母所生,
為甚麼少數的養尊處優,安富尊榮?
可憐大多數的啊,貧賤,勞苦,奔走風塵?
少數人的麵包過剩,我想代表群衆,要他們分一杯羹!

以上的一首俚歌,是我粗淺地解釋革命的“為”——也許不僅是為,却不能説革命事業不含有麵包問題——的作品。這個作品的本身,算不算得是個作品,自然還是個大問題;然而我不是文學家,更不是詩人,即便不容去“敲詩翁之門”也算不了什麼一回事,而我也很知趣地不去侮辱詩翁們,不説是甚嗎詩一類的東西,而説是俚歌,現在還没有俚歌學和俚歌家,我乘此僭妄僭妄,大約也没有人干涉。至於它的見解呢,也許是主觀的——我是個麵包主義者，自然覺得世間的一切，都是爲了麵包，除性以外。真正的革命者或者要大聲喝道：“呸！甚麼話，神聖的革命事業，是給你解决麵包問題的嗎？污穢的東西！”我也并不争執，不過人類社會在發見爲革命而革命，不爲麵包及他種問題而革命的革命——可説絶對没有——以前，我這首俚歌的見地，尚不至完全失據。

二　人類的欲望

人類自然不是爲麵包而生活，但没有麵包則不能生活。人類是有欲望的，第一個欲望就是生命的存在。不獨人類，一切生物都有這個欲望；因爲有這個欲望而要滿足他，就不能不需求麵包——麵包既是包括一切必需的生活條件，自然一切生物都各有各自的麵包而不讓人類獨有這個名詞。這個欲望，是自然的法則；是天公地道的。從呱呱墮地起，一直到返本還原——死了没有欲望，也就不需要麵包，并且也不談不做革命事業了。假使有人説：我是没有欲望的，是不需要麵包的，可斷定是絶對没有的事。死人及瘋癲白痴的人未必説得出這麽冠冕堂皇的話，而説這話以前必定已經吃過麵包，就是馬上死去也來不及。所以我自稱是麵包主義者，也不算什麽辱没祖先的事。供給麵包的是誰？不用説，最初是自然，其後便是社會了。人到世間來，問社會要麵包，是極公道的事，祇要有交换條件。所以革命者説，你問社會要工作，没有，問社會要麵包，再没有，向麵包過剩者的手中去搶，這是對的，僅僅爲維持生活的麵包，就是搶，也是天公地道。

三　搶

搶，這個字未免太不好聽，尤其是正人君子們所不屑道的。你看，搶，不是盗賊的行爲嗎？因爲麵包就教人去做盗賊，恐怕不足爲訓吧！其實，勿庸過慮，盗賊與革命者正走的一條路——爲麵包，不過各人所爲的廣狹不同罷了。那麼，盗賊也是我們的朋友，我們又何能鄙弃？

革命既是爲麵包，搶也是爲麵包，革命與搶，究竟有無關係？換言之，革命是搶，抑是非搶呢？這個問題使我陷入模棱兩可的境域：説革命是搶固可以，説是非搶也可以。本來大家都是有麵包的；造麵包的是農工，農工的麵包，應當比他種人特别多，何以事實恰是相反？不用説是被人家掠奪去了。我們現在爲麵包而革命，衹算是收回原有的麵包，而不能説是搶。然而我們去收回時，掠奪者一定不肯好好地交還，我們要達到目的，非用强迫手段去奪回不可，這個奪，也就是搶了。總之，革命是革命，不是搶也不是非搶。説是搶與非搶，也算不得什麽絶大冤屈。

於是我可武斷地説：一切革命都是爲麵包。即使形似上不爲麵包或不僅爲麵包。然追根溯源，總帶有麵包的色彩：三民主義也好，共産主義也好，集産，基爾特，工團，無政府都好，通同是革命，通同是爲麵包，雖有或切事實與暫時，或重理想與永久的不同。

四　革命與革命的對象

有人問道：人類是有欲望的，固然；但是欲望至不齊一而且没有止境。没有麵包的人，自然希望有，有了粗黑的却又希望細而且白的以至於更細更白的。麵包的本身也同人類的欲望一樣没有止境，人類的欲望也就没有滿足。現在有人的欲望是要捧出溥儀哥兒來復辟，又有人的欲望是要將老悖的段祺瑞扶正，資本家、帝國主義者、軍閥……無不各有各的欲望，難道也算是爲麵包，也可以承認是對的嗎？

不，我絶對不認承。我們麵包主義者中間完全排斥這種東西，并且要撲滅這種東西。我們的麵包主義，現在衹許向横的方面擴大，不能向縱的方面增高。我們因爲自己需要麵包——雖是有了也希望更好的——然而我們同時就知道一切人類都有這個需要；我們要取得麵包，同時也知道一切人類都要取得。所以我們去取麵包時一定不忘群衆，携帶群衆；

取得了一定不是少數的自私，而是群衆的共享。我們寧可破壞少數人的優越生活，使群衆得到同等的麵包，决不爲少數人的優越生活而掠奪群衆。質言之，我們的麵包主義是横的公利的，不是縱的自利的；我們的欲望是應分的，不是奢侈的。

至於資本家、帝國主義者……之流，恰好與我們相反，他們因爲要優越的生活，不能不需要精美的麵包。麵包的原料是有限的，如造通常的麵包可以供給十人，造精美的麵包衹能供給一二人，他們爲一二人要精美，就使八九人落空。這就是説，他們因爲自己少數人的特殊享樂，就妨害他人的生活。他們的主義是縱的，自利的，不是横的，公利的；他們的欲望是奢侈的，不是應分的。

同是欲望，同是爲麵包，前者是革命，後者是革命的對象。

五　總結起來

（一）人類是有欲望的，第一個欲望就是生存；

（二）人類因要生存，所以需要麵包；

（三）僅爲維持生活的麵包，就是搶也是應當；

（四）革命者不必鄙弃某種手段，也免不了某種手段的嫌疑；

（五）一切革命差不多都含有麵包問題；

（六）爲群衆去取得麵包，就是革命；

（七）爲自己而妨害他人，就是革命的對象。

六　多餘的

我們不相信有一個什麽上帝可以伸冤，會對人們説：“貧苦的人們呵，你們是我的好兒女！你們儘管勞苦，儘管凍餓，你們這樣，你們的靈魂便得救了——富人進天國，比駱駝穿過針眼還難，你們不必作孽，也不必逞性，最後我是有懲罰的！”

我們又不相信有一個什麽閻王，將人類的命運一齊注定説，禍福無門惟人自召，要知前世因，今生受者是；要知來世因，今生作者是。一切都是報應，一切都是因果，所謂天網恢恢，疏而不漏。人呢，不過是一個被注定者罷了，還有什麽呢？

那麽，很明白地擺在我們的眼前的人境，有的是這樣，有的是那樣，我們是瞑目静坐不聞不問呢？還是去妨害他人，而利自己呢？抑是覺得兩者都不好，帶領了群衆去取得原有而被掠奪了的麵包呢？

……

"同胞！同胞！同胞！"

列寧先生在一旁狂叫。

"爲自由而戰！

爲人類而戰！

最後的勝利當在吾曹！

至高的理想衹是農勞！

同胞！同胞！同胞！

……"

——郭沫若·巨炮之教訓

一九二五·四·二六於農軍總部

（原載 1925 年 4 月 29 日、4 月 30 日《陸安日刊》）

大日本對支那貧民問題之最輕便的解決法

——日兵暴行之真憑實據的總算賬

中國是個民窮財盡的國家。財未必真的盡，而民窮總是沒問題的。你當在那水果攤前，喝過一次甘蔗水吧，那水是好好的甘蔗上榨出來的；或者你也曾看過榨取蔗汁的情形吧，榨取者使盡他平生的精力把那甘蔗放在榨上榨，一榨不已至於再，再榨不已至於三，必使那一截甘蔗再真沒有一滴水可以榨出了纔饒它。中國的所謂民，就是完全在這榨下討生活的甘蔗，你想，又怎會不窮呢？不必説榨取的人數之多吧，也不必説榨取的次數之多吧，更不必説榨取的方法之多吧，總之中國之民因爲被榨而貧窮，乃是事實。

貧民雖多，然而榨取的人是不會把它當作什麽問題的。他們所能而且是優爲的唯一工作就是榨，榨以外還有什麽并未計及。榨就是了，榨乾了不要它，正合乎不用則廢的定例。榨的結果，就是等於現在——多兵多匪多賊多流氓多苦力多乞丐多娼妓婢妾和餓殍。

然而，總還有把這當作問題的人，這次北伐，我們的軍隊在前方是一面打仗一面又施賑，完全因爲被榨之後的貧民太多的原故。真的貧民到處有，尤其山東多。不信我給你一個電文看看。

> 同胞公鑒：我軍此次深入魯省，内地，沿途所過之各城市各村落，其凄慘荒凉情形，實聞所未聞，見所未見，非身歷其境者，所能夢想，及之也。蓋魯人民四年來未曾收穫，加以土匪之燒殺劫掠，軍閥之刮削蹂躪，致死者死逃者逃，爲匪者爲匪，所剩餘者，祇殘廢孤獨之老幼，日惟食草根樹皮以苟生，餓死者已達十餘萬人；奄奄待斃者，數十萬人。若不從速施救，魯民將無噍類矣。我軍雖沿

途略予賑濟，然杯水車薪，無補於萬一，伏望火速運糧來魯，大舉放賑，以救魯民，迫切陳詞，爲民請命。國民革命軍第二十六軍政治訓練部主任蔣堅忍叩聲印於濟南。

（録從報章）

山東的情形是這樣，那就即使賑濟，也是無濟於大家的了。我們把這些貧民怎麽辦呢？這是一個問題，一個很大的問題，這是急待解决而值此軍事時期，急迫中又無法解决的問題。

別忙，我們自己雖一時無法解决，但別人却能給我們以一個極痛快極輕便的解决，這就是我們的高鄰大日本帝國自“五三”以來在濟南給支那人的恩賜，現在且將日本給我們解决的大略情形——録從這幾天的報章。前幾天的報，已失散了，對我們的高鄰之深仁厚澤，尚有許多不盡之處，乞高鄰原之——述之於左：

五月十二日《時事新報》：

東京電　由濟南開往青島車中，載有麻包千餘隻，中藏尸體，顯係日兵炮火大屠殺後毀尸滅迹之確證。

青島電　自八日起，至今晨五時止，日軍以炮火强占濟南及其附近，因炮火猛烈，華人民死傷者甚多，至少在二三千人左右。但確數極難查明。因日軍隨地掩埋，冀圖滅迹。

中央十日青島電　普利門一帶盡成瓦礫，徒手居民死傷遍地，日兵現在努力於埋尸滅迹之工作。

又《新聞報》：

柏林電　德報北京通訊員報稱：日軍第二次炮轟濟南時，中國平民死五百。

徐州電　據十一日晨濟南難民至泰安者聲稱，自八日至十一日，日兵開炮之數業有千發，城内軍死者甚衆，日軍又組織便衣隊，以五人爲一組，軍民被殺者亦不少。

又《中央日報》載首都衛戍司令部某君談話：

自三日起，竟見華人開槍。我更見一車夫爲日兵以馬槍擊倒，割去耳鼻復加一槍。車夫已斃而日兵猶嫌不足，又發機槍碎其尸。現日軍更在屋上置大炮無算，炮口向濟南西城，已聞現開炮，斃死我軍民千餘人，毁屋無算。

又《時報》濟南通訊載死者姓名三十餘人，記者的按語説："兹就所知列之於左，其未知及雖知其被禍而未悉其姓名者，不下千餘，下列不過百分之一二而已。"

十四日上海《民國日報》：

日軍八九兩日炮轟濟城。南關一帶，炮火延燒時間甚久，損失甚重，尸體纍纍，血流滿地。損失死亡確數待查。濟南郵局人員死亡最多。（青島電）

十一日日軍將我留濟傷兵約三千人悉數槍殺。并殘殺民衆萬餘人。（泰安電）

又《時事新報》通訊：

日兵在防綫内外一見華人經過，立即開槍射擊，鮮有幸者。即年幼小孩，亦以最慘酷之手段殺死之。沿途積尸纍纍，血痕斑斑。有一婦人，手中抱一小孩，被日兵以刺刀，戳穿該婦腹部，倒卧血泊中，但小孩無知，尚在啼哭，日兵亦以槍柄擊斃之。紅十字會前往收尸，當被阻止。商埠内駐扎之北伐軍隊，一被包圍繳械，俘至郵務管理局内拘禁，不給飲食。發狂時拖出幾人，或槍斃，或梟首，恣意所爲，以取樂笑。至於防綫内之華人居户，一律不准開窗户，違者即遭槍殺。其餘慘酷情形，不勝枚舉，死傷軍民，大約截至五日止，約已千數百人。據商埠緯一路逃出之怡記茶莊戴兆蘭云，目睹有父子三人，在其莊門前經過，被炮炸斃。此外車站方面及緯一緯二緯三緯四等路，沿途伏尸近五百餘，其餘被隨時掩埋者尚不計其數，但死者老百姓占三分之二，而軍士占三分之一云。

又《申報》通訊：

三日上午，日兵無故開槍後，所有徒手華人，遇見即殺，無論小孩老婦乞丐，均難幸免。捕獲青年婦女時，先撕其衣褲，將兩乳割去，然後用種種惡刑慘殺。四日上午起至下午逃出時止，日兵仍開槍射擊行人。經過四馬路時，見路旁有婦女數人，倒卧死於血液中。尚有懷抱嬰孩之婦女，亦被慘殺倒地，令人目不忍睹。途中有被殺已斃命之兩士兵。另有一小孩腹部被刺刀刺入，腸已流出，尚未斃命，近由紅十字會運往救治。據紅十字會某君云：日兵并禁止紅十字會收尸，因之受傷者無從救治。

又《新聞報》：

十一日晨，東南西三城均大火，日兵向火勢盛處發炮，傷斃人命及毀屋甚多，滿街均係瓦礫，民衆死者在二千餘人以上，至十二日晨火始熄。十日日飛機向濟城擲炸彈，在電局前炸裂，局員姚昭生兩腿飛入雲中，立斃，又受傷者十八人。沿膠濟路一帶，死尸甚多，其眼均被挖去，腹腸外流。濟南方面交通人員因日人强逼開車不服，致遭槍斃十餘人，餘被日人閉押黑洞，已餓數日。

十五日《國民革命軍日報》：

濟南人民被日兵毒死二千餘人。連日秘密由濟運來被慘殺之我國軍民尸體甚多，每在夜間用油焚燒或弃之入海。我被圍一軍二師兵士一團，僅衝出十餘，且多受傷。方振武部兵團，幾全數被殺。四十軍千餘人，七日起陸續槍斃。日兵入城後，傷兵、俘虜，或被刺死或被焚斃。徒手警察，亦遭慘殺。滿街血流尸積，慘不忍睹。我軍留醫於濟南西門外前方病院之陣傷官兵二百五十六人，五月十日竟全數被凶横残暴之日兵慘殺，逃出者僅二人。

十六日《時事新報》：

路透社青島電　濟南日總領事因公來此。自五月三日至今，日兵掩埋之華兵尸骸，共一千零四十具，現信華人自埋者至少尚有千具。日兵受傷者共二百三十六名。

十一日，濟南居民，凡有出門者，一概槍殺。惟一般貧民，家無過宿之糧，自然須出門覓食，因此而被日軍慘殺者，不勝枚舉。稍爲膽怯者，多畏日軍之慘殺，不敢出門，但飢渴交迫，而致於死者，尤難勝數。當濟南停戰以後，日軍按家搜查南軍。稍有拂其意者，及操南方口音，一律格殺勿論。最令人痛心者，當每逢開火時必先抓華人數名殺死，濟南郵務局職員遭此慘殺者甚多。昨據濟南消息，昨有擔販數人至北關附近叫賣，當被日軍殺死。後一華警急赴該處探望，日軍群捉警察，警察遂急向一森林内奔命，當被日軍用槍擊斃，旋有四五日軍將該警察用刺刀亂刺而去，至今警察尚在血泊中。此次華人統共死傷若干，尚無確數。

十七日《國民革命軍日報》載總政訓部某君報告：

九日拂曉日炮擊尤烈，十二時許突來日飛機抛擲炸彈六枚，我電報局電話局全部被毁。同時另有飛機散發傳單，謂我將官兵士居民如不迅速出城，即全數轟殺，計是日放大炮八百餘響。我軍將士及居民死者九百餘人，房屋焚毁者百數十處。十日上午，日軍重炮迫擊炮連環攻城，彈如注雨，衝破普利門，我軍不得已退守内城。詎日軍進城後，竟將我二十六軍前方病院（在外城普利門内内城大西門外）之九十餘名受傷兵士，一律用手機槍掃死。似此慘無人道之野蠻行動，實爲有史以來所絶無之獸行。日軍將所擊死之尸骸一部分以火焚化，一部分裝入麻袋，運埋他處以絶迹。本日上午十時至下午六時大炮向城中射擊，約一千六百餘響。我軍將士死傷達八百餘人，民衆死亡達一千四百餘人，房屋倒塌焚毁者，約六百餘處。西門大街一處尤爲凄慘，所有兩旁房屋幾已全部倒毁，居民逃者極少，大都死於炮火之下，馬路上不隔數步即有死尸一具，類多血肉狼藉，不辨人形。有將肝腸炸出者，有將頭部炸爛者，有將全身炸作兩截者，更有全家五六口死於一巨彈之下而成血肉一堆者。種種慘狀，目不忍視。

又通訊：

（一）見一老婦左手牽一小兒，右手持破罐，由緯二路中之一小胡同出折而南行。爲日兵瞥見，即有一日兵馳出防綫，奔至乞婦前，但見其連刺三次，此老婦仆地。小兒驚懼，伏老婦身上，猶牽老婦衣襟，欲避去，日兵又刺小兒一刀，始猶蠕動，終遂寂然矣。（二）見一壯男，負一重袋，自車站東旁之一小胡同而西行，過緯二路北口時，日兵連射數槍，始則急奔，後竟命中致死。由日兵之射余兩槍，及殺此三人，余始知日人之目標，固不僅在乎軍人也。抵城内，因已出危險地帶，心始稍安。翌日聞蔣總司令已下令禁我軍與日兵衝突。而市中槍聲仍未止且時兼以巨炮聲。余欲窺其异。繞道至緯六路一帶，遥見街中尸體狼藉慘不忍睹。而最令人驚心者，小緯六路北一小横街，適在日本警備範圍内，街中可十餘户，多土房矮墻，一見知其爲窮民窩也。遠望之，約可卅餘日兵，逐户驅其居民外出，不別老幼婦孺共六十人，令其魚貫而行。至一曠場，由日人别出十餘人，其餘五人爲一組，列横隊，又令各負其手而俯視，遂以機關槍掃此五十餘人，因紛紛應聲倒矣。聞凡日兵警衛之區，死人可達兩千名，其中大致爲普通百姓。嗚呼慘矣！又據膠濟路職員蕭君言，伊押車歸，見日人已將擊斃之中國人，均易以日本服飾，然後割腹剜耳，解割手足運至青島轉船赴大連，以昭示各國僑民謬稱係日人被華所殺，而使各國深信華兵之野蠻。其用心可謂盡陰險詭詐之極致。

又《時事新報》:

（一）二十六軍有傷兵一百餘人，逐個破肚而死。（祇有十二人，因在後園厠所内大便者，得由墻上逃出。）（二）被日人繳械之徒手兵二百五六十人，站成横隊，用兩支機關槍對之掃射，無一生存。西門裏迤南一帶，被日軍炮火焚燒二十四小時，物質損失，固不計其數，而焦頭爛額，化身爲灰之商民，尤難計其確數矣。督署省署省議會附近之房屋商家，均被害甚巨。商民多由東關，向外逃走，日軍即在此處架設機關槍，所有出逃之商民，盡被機關槍掃射而死。及日軍進城以後，逢人便殺。中國外交署，完全焚毁。最堪憐者東流水有某醫院，内有病夫甚多，均被日軍殺死。有謂東關美國醫院美宣教士亦被日軍殺死云。至各商店，無故被日軍殺死者，比比皆是。現經約略調查，濟南商民死亡在五千人以上，軍人死亡者尚難考其數目。

够了够了，不必再抄下去了，假如高興抄，把那一切劫掠奸淫脅逼蹂躪的情形，匯集起來，當然可以成一本專書，可惜我没有工夫來做這一番勝業。有人説，侮辱人的人比那被侮辱的更可憐，這是大日本怕大兵毫不放在意中的事，反之這正是大和民族的偉大精神之具體表現。

你看，你們支那的貧民不是太多了嗎？那些貧民，在張大帥孫大帥看來，在我們大日本帝國看來，從前未成貧民的時候，也許還有些用處，但現在總已是無用的廢物了，來，我們來解决，我們來解决！於是機關槍啦，大炮啦，炸彈啦，閉起眼睛亂放一氣；於是看見祇要是支那人就毫不躊躇地開槍開刀；於是就把那些徒手的菜色的男婦老幼像牽羊趕猪上屠場地排列一齊了用機關槍掃。你們的傷兵跑不動嗎？婦女同小孩跑不動嗎？有辦法，有辦法，切一切腦殻，砍一砍肢體，割一割乳房，這竟真是頂有趣的玩意兒。并且大日本向來是寬仁博大的，你們支那人死了之後，還要給你們一種光榮的追封，等於你們陣亡的將士，上校會追贈少將，少將則追贈上將的一樣，就是把這些死者，穿起大日本的服裝，裝上大日本的車船，運到大日本的屬地。從此以後，不再説是卑賤的支那貧民，而説是大日本的國殤，使天下後世，都説是大日本國民而不知道那卑賤的出身。怎麽，由卑賤的支那貧民，一死而爲頭等强國大日本的國殤，還不够光榮嗎？還不是大日本莫大的盛典嗎？想你們死者有知，定也會含笑於九泉的呀。

可憐的自然是已死的支那貧民了。生前在大帥們的榨之下榨乾了渾身的血液，現在革命軍來了，想以爲有一個看見天日的時候吧，然而閉門家中坐，禍從天上來，大日本的大兵忽然從夢中給他們一齊解决了。誰教你生在支那的呢？誰教你是貧民呢？假如你真是大日本的國民，你也可以隨便殺人了；假如你雖是支那人而能爬到張大帥孫大帥的地位，大日本也會保護你幫助你了！那不幸的死者們喲，你們究竟有幾千呢，有幾萬呢，還是幾十萬呢？你們死後，你家鄉少了許多人口，黑麵包總該可以廉價了吧；而你們的家鄉，將要成爲大日本的領土，那些後死者將要成爲强國之民，總該可以揚眉吐氣了的吧！從今以後，一切的榨都榨不到你們頭上來，你們究竟是悲哀呢還是欣慰呢？

或者有人説，你所找的材料，都是得從你們中國的報紙，未見得怎樣可靠吧，日本人未必這樣野蠻吧？對呀，我也希望這些材料不可靠，中國人一個也没有死，我更希望大日本是極古今中外之頂不野蠻；我希望這衹是一個惡夢，這夢趕快覺醒，回復我美妙的現實！然而，一切的希望，都是空幻，大日本的大和精神，横亘在我的面前。我找的材料雖都是見於中國報紙，却也有一條來自外人的刊物即十二日《新聞報》柏林電“德報北京通訊員報稱，日軍第二次炮轟濟南時，中國平民死五百”。這一條消息如果不是德報捏造以討好於除了死人以外别無若何辦法的中國時，我們衹就這一條分析出來，也可以證明大日本并没有什麽不野蠻。我要請懷疑我的材料的公正的先生們注意下列幾點：

（一）這條新聞，衹限於第二次炮轟濟南。第二次的炮轟，死了五百，第二次以前及以後，有什麽理由擔保不死得更多呢？

（二）死者衹限於平民。官員與軍隊不在内。中國外交官之死與中國軍隊之被槍殺繳械，是大日本已經承認了的。

（三）又衹限於炮轟的死者。既能用炮轟，就不能説不會用槍刀射殺。最慘忍的是：較不慘忍的槍刀當然比炮用得更多。

（四）死者衹有中國人。中國人是五百（當然不能説一個不多，一個不少），大日本人没有一個。假如大日本也有死傷，旁觀的德報，决不會厚於中國而薄於大日本。

此外還要請公正的先生們注意的，這次的事件是發生於中國領土以内的濟南，不是在大日本的任何地方；中國人民是死在大日本的武裝之手，不是死在大日本貴國的僑民之手。無論怎樣説，總是大日本先有軍隊開到濟南了纔會有這件事發生，而大日本開軍隊到濟南，却絶没有可以成立的理由。如果説，中國有戰事，大日本就要派軍隊保它尊貴的僑；假使大日本有戰事，我們中國可不可以派我們的軍隊去保我們的僑呢？或者説，保僑，當然因爲中國人都是毫無人性的惡獸，而何以這次死的却偏不是大日本尊貴的僑，而是惡獸的中國人；挑釁的不是惡獸的中國人而偏文明國的大兵呢？在這種情形之下，還説日本人未必野蠻，中國的報紙未必可靠，或甚至説這次的責任該中國方面擔負，人間也就真無所謂是非之可言了！嗚呼！國難方殷外患尤亟，中國人，中國人，我們應當如何努力以圖自救呀！

（原載 1928 年 6 月 5 日《黨基》創刊號）

無政府主義者與軍閥

無政府主義者把一切現存制度都反對了。

然而，他們又把一切現存制度都承認了。

這話是矛盾的。但無政府主義者正是這樣。

無政府主義者是矛盾的。

這社會是一個大欺騙，一個大罪惡。一切的制度，什麼國家啦，政府啦，軍制啦，家庭中的婚姻啦，財産啦，以及明文規定的法律啦，非明文規定的道德啦，這同那，那同這啦，都是欺騙與罪惡的表現，維護少數人的特殊利益，而桎梏大多數人的自由，阻礙人類進化的東西。這社會太不能令人滿意了，太不合理了。重新來過，重新來過，在現社會生活着，竟直是一件奇耻大辱呀——無政府主義者這樣想。所以，無政府主義，據説，是最徹底的主義。

然而，思想雖是徹底，精神未必足以赴之，手段更未必足以赴之。他們一面既不能一脚將現社會踢翻，所以現社會還是存在；另一面又不肯自殺，以避免這個生活於現社會的奇耻大辱，所以他們也還是在這存在的現社會中存在。

現社會是欺騙與罪惡；而最殘酷的，是這欺騙與罪惡，也毫不客氣地臨到無政府主義者們頭上，要他們投降。而他們呢，也許有倔强的吧，而大多數却因爲這樣那樣的理由，人到矮檐下，不敢不低頭地卜龍東（不是蒲魯東）跪在欺騙與罪惡的面前。

他們因爲要生存或要“革命”的原故，不得不向現社會投降；换言之，就是不能不服侍少數特殊階級，或蠅營狗苟地在别人不注意的地方，去分一點别人榨取那些大多數人的血汗的餘瀝，以爲自己維持生命的條件。也許他們會自承是羞耻吧，但又不得不去做這羞耻，以在羞耻中討生活，所以他們竟直是把一切都承認了。

而且他們是反對一切現制度的；一切制度，在他們眼中，當然没有比較的餘地。那就無論是狄克推多，法西斯蒂，德末克那西，都是一樣；無論是摩西的十誡，劉邦的三章約法，羅馬的十二銅版法，現代各國的現行法也都是一樣；無論是拿破侖，列寧，慕索里尼，孫文，凱末耳，張作霖，蔣中正；帝國主義，軍國主義，馬克思主義，孫逸仙主義，也無不一視同仁，毫無區别。他們的觀念中，假使也有區别這回事，那就一定“有”或“無”，决不是“一”或“二”，“萬”與“千”。所謂青紅皂白，是在無政府主義者的知識範圍以外。古人有言，四體不勤，五穀不分，至少後一句是他們的傳贊。以“道德文章，名滿天下”（見某書店的吴稚暉文粹之廣告）的吴老丈，尚衹能説於“昏”之一字，力自掙扎；雖衹説“力自掙扎”，而以我們看來，也不過自吹而已；也不過“掙扎”而已。

無政府主義者既反對現社會的一切，却又不能不生活於現社會，更不能不去做他們所不願做的事，竊取别人榨取大多人的血汗的餘瀝。前面已經説過，刻薄一點説，這種行動，竟直是賣身。據我的觀察，他們也自己承認是賣身。又因爲他們没有比較的觀念，所以賣身就不擇雇主。這并不是他們特别比人低劣，實在是在他們看起來，用不着選擇的原故。横直是這麽一回事，何必分出什麽張作霖的部下，曹錕的白宫，或段祺瑞的幕府與孫文的大本營呢？因此，大名鼎鼎的秦抱朴先生，就可在張胡帥那兒做官，國會議員的梅几先生就可以寫“曹錕”兩個字了拿五千錢的支票。聽説（聽説者，并未看見，又不能證明者也）還有一位某先生，曾與李寶章發生過關係，而一位三個姓的北京國立某大學校長，據説，還是幾大名流之一，也時常出入於段祺瑞的執政府，一直到被段祺瑞通緝的時候。當然的，什麽張作霖啦，曹錕啦，他們的錢，都是搜刮的民脂民膏，所謂不義之財。不義之財，取不傷廉，似乎這種話古已有之；并且我不取，他們未必因此少刮幾個；更未必不給别個去取，而别個也許取得更厲害。譬如説吧，曹錕要做大總統，那是定了的。除他，没有别人可做，即使年高望重的蔡孑民先生，那時也不過僅有一點微弱的呼聲而已。你想，誰還能够奈何他嗎？所以，國會議員，就不可背了他的意旨而做呆事。横直我舉他，他也是做；不舉他，他也是要做的。而且，舉他的人又不止我一個，人家有許多人都舉他，多我一票與少我一票，没有多大關係；我不舉他，既不能拆他的臺，又何不乘此拿五千塊錢呢？五千塊錢，雖在曹錕不算什麽，而我窮措大，却是很能做些事的了，最少，鴉片土一項，也足够消受啦。至於僅僅與軍事或政治當局，發生點友誼的關係或僅僅行走一下，那竟直是家常便飯，平平無奇。即使“道德文章，名滿天下”的吴老丈，雖天天在叫人家别爲“所識貧乏者得我”，而到了“傷賢者之飢餓，乃若有應負之責”的時候，據自己説，也會“轉托朋友”或自己直接“丐過王叔魯，張岱山，葉玉虎，陳瀾生，龔仙洲，王儒堂，鹿瑞伯”（見《致邵飄萍先生書》——吴稚暉近著頁一七六）。不過，我們還有一件應當留意的，就是上列的諸位先生，除了秦先生我不知道外，都如吴老丈所説，“燒成灰了也是國民黨員”。所以又可以在敝國民黨來當監察委員或特别委員會（據説，也是國民黨的）的什麽委員。這豈不是明明告訴我們説，什麽張作霖，曹錕，段祺瑞，李寶章以至於王克敏，張岱山……與孫文（據吴老丈自己説，曾向總理叩過頭，見《中央日報》“書汪先生最近言論後”），什麽直系，安福系，研究系，國民黨，都不過一丘之貉，誰耐煩去分判呢？汪精衛先生最近復駐法總支部函云，“其（吴老丈及某某等）視第四次全體會議與特别委員會，毫無所擇”，就是這個意思。不過，汪先生尚祇知其一，不知其二三四五六……罷了。那麽，我前面説，無政府主義者，雖説是反對一切現存制度，而實際却把一切都承認了，無政府主義者是矛盾的這些話，該不見得冤枉吧。

然而他們的矛盾還不止此。無政府主義，也可叫做無强權主義，是社會主義之一種。説起來，無政府主義者，當然是反對强權，反對英雄式的個人主義，而以社會爲前提的了。其實不然，他們崇拜强權，崇拜英雄，比誰都厲害。秦先生，梅先生，某先生與某校長都不是無政府主義者嗎？何以曾與張作霖曹錕李寶章段祺瑞諸軍閥爲緣的？就因爲張作霖曹錕李寶章段祺瑞手裏有强權，而有强權就是英雄的原故。三先生雖又燒成灰了都是國民黨員，而國民黨在没有“强權”的時候，也就不配與軍閥的曹李段相提并論的原故。到了國民黨既得到了“强權”的時候，三先生，自然比你我都忠實得多，“燒成灰了也是國民黨員”了。而且他們不但崇拜强權與英雄，而并想自己英雄，做强權所有者。華林先生曾作過一部新英雄主義的大著，而吴老丈平生對於英雄之推崇與體現，尤爲極盡能事。不過吴老丈眼中的英雄是軍人（不必都是軍閥），而强權也僅限於兵柄。我們現在就來看看這位道德文章名滿天下的吴老丈之嘉言——不過在此有兩件事應當聲明：

（一）吴老丈的著作，浩如烟海，手頭没有全集，文存等書，對於他老丈的嘉言，衹能略舉示例；

（二）吴老丈的意見是“有奶就是娘”，所推崇艷羡的是軍人，并不限於軍閥。爲説話便利起見，假如有把武裝同志和武裝而非同志的排列一起了，希本黨軍事領袖及别的同志不要誤會曲解。

聲明已過，恭録正文：

甲　推崇篇

（一）一般的推崇　現在無可諱的，正如蔣總司令所説，止靠武裝同志有决心。我却不贊成他説“服從”……就是武裝同志，真正服從，忘了他也是黨員，委曲（似應作屈）聽命於七張八嘴……軍人也不曾想自己就黨中柱石的辦法……目前我有一個非常可駭的提議，就是把黨也交給武裝同志，權也交給武裝同志……（讀了汪先生兩件大事）。

（二）少數的信任　但是我們堅决相信廣西諸位通張作霖是不會的，附和共産黨是永遠不會的，唐生智那種無限的野心，是决没有的。一個不留神，形成一個小新軍閥……

（三）個別的推崇　個別的推崇又須分段列下：

甲，於吴佩孚　當蔡孑民先生們打電報，叫孫中山先生退位，好讓吴佩孚出來試試的時候（蔡先生聽着），我……贊成這個主張。我個人有兩議：（一）中山先生當時没法一試（因爲没有兵——滕文公敬注）。雖有位，等於無位。故暫且退了，讓給具有可試的力量，所謂吴佩孚者試去。（二）倘試得好，爲國家起見，盡可勸中山先生預套段執政之調頭曰，“成不必我”（《軍閥問題答一涵先生》）。

乙，於陳炯明　（甲）我又向陳竟存先生説：“我勸你先把廣東成了模範省，做個實際自治……”（《中國政治改造從何處下手問題之附言》）（乙）孫文没有陳炯明，更成爲草頭革命（見《汪精衛先生復法總支部函》）（丙）其他——找不着書來抄。

丙，於閻百川　（甲）愛國愛民都是第一，所以才力雖雄，而野心剛剛爲所反對……北方世界，我們完全仰仗……（讀了汪先生分共以後贅言）。（乙）實際上山西没有土匪……不種鴉片……（《中國政治改革問題之附言》）。（丙）其他。

丁，於馮焕章——在許多條中，這一條的材料最豐富。什麼南方國民黨是没有那種能力矣，還是去請馮焕章來罷，什麼艱苦公平愛民如子喲，什麼軍閥問題答高一涵咯，什麼西北軍的什麼啦，假如我幾時發一個願心，專抄其拍馮之作，總可以印成吴稚暉近著大小的本子兩百個拍己。現在可是抄不來。

戊，其他。

乙　艷羡篇

（一）致汪精衛　汪精衛寫信給我，問我時事怎麼辦呢，我絶不思索地回報他道，我買兩隻軍帽，一隻戴在你頭上，一隻戴在我頭上，就有辦法（《弱者之結語》）。

（二）致戴季陶　我告訴溥泉先生，我要做兵官，不是憤言，亦不是戲言……先生那麼，有我理想上的兵官，我心裏會不想做的麼

（《致戴季陶君論做兵官》）？

（三）其他。

并且他老丈的一篇文章，前面已經引過，題目叫做《弱者之結語》。意思是因爲没戴上那隻軍帽。因爲没有戴上軍帽，竟直就毫不客氣地自承是弱者，而説戴着軍帽的是强者。出於别人口中，猶可説也，無政府主義的吴老丈也公然這樣長他人的志氣，滅自己的威風，真也有點像諸葛亮説劉禪的話，“妄自菲薄”了，真也把“强權”這東西看得太尊嚴了。好一個三千年的無政府主義呀。汪精衛先生説，彼輩心目中衹知有武人，不知有黨，由來已久。我可更進一解曰，彼輩實不知有自己，不知有其“三千年後”與“大器晚成”之無政府主義。那麽，我説他們崇拜强權，比誰都厲害，該不至於是捕風捉影的話吧。

説到這裏，有一個問題，應當解釋的，就是無政府主義者之與軍人甚至軍閥爲緣，并不是偶然的問題，或某個人的問題，而是無政府主義必然的結果。假如是人的問題，如吴老丈的人格之高潔，是大家都承認，尤其是他老丈常常放在口裏説的。他老丈坐汽車或頭等船總是揩油，當總政治部主任的時候，連總政治部所在地的户部街都不曾到過，你想，這何等高潔！我自己雖没有同他老丈一樣高潔的事，想揩車船的油也揩不到，不到部辦公，别人會説我不負責而不發薪，一天幾餐就發生問題；但總還有别的高潔的事而不曾自己説過，吴老丈常常自己説，可見其高潔還勝過我了。以吴老丈之高潔，尚不免對有强權的軍人或軍閥有上述的推崇與艷羡，何況下焉者的我呢？國外的無政府主義者，因爲相隔太遠，又爲他們的宣傳所蒙蔽的原故，知道他們的懿行頗少；但國内的無政府主義者，除了同我一樣不知名的人外，實在不容易找一個他本身不在矛盾裏討生活的人。他們既向現社會投降，則所投降的當然是足以代表現社會的力量的人的面前。在中國，在社會上顯然有强固的力量的人，就是手裏有槍的人，所以無政府主義者所投降的，就是有槍階級。到了明天，如果力量從有槍階級移到别的什麽階級，他們一定從舊的有力者，移向新的有力者面前了。

所謂無政府主義者，就是這麼一回事。

（原載 1928 年 6 月 15 日《黨基》第 2 期）

麵包，怎樣略取呢？

我讀完了一部《麵包略取》。

這是安那其主義的教主克魯泡特金先生最偉大的名著之一。早年，我在克先生的故國，到處訪問過這一部書，可是到處問不着。哪知《麵包略取》，在所謂無産階級專政的國度裏還是一部禁書呢！回國以來，看見缺乏麵包的人特别多，總想找一條出路，讓大家取得自己的麵包。出路，也許已經找到了；可是不敢自信。聽説，安那其是最徹底的一個主義，這個主義中最合乎科學的首倡者又是我們的克先生。克先生既有一部《麵包略取》的寶典，我們要給大家取得麵包而没有出路或有出路又不敢自信的人，最好是把這部寶典翻得看看；好像要用口頭宣傳祇需將中央制定的宣傳大綱看看了就不愁没有材料一樣。因此，我於《麵包略取》這部書，竟害了一場强烈的相思，一直到看見她的時候。

她是我多年懷慕的書，現在我已經看見了，并且還是很好的中文譯本。我看她時，當然不肯苟且，當然她也不能不給我許多印象，我爲怕這印象日久消失的緣故，更當然不能不有所記述。

現在就開始我的記述。

這一部書從頭至尾是克先生偉大的人格與精神，同情心與愛心的表現。因爲克先生有很高的天才與技巧，使再麻木的人也要一見就感動，覺醒，以至走向他所指示的道路而忘記這是一部説教的書。“筆鋒常帶情感”，就是這部書以及還有克先生其他著作的定評。可惜他不專致力於文藝，否則，當可與托爾士托以及朵思妥耶夫斯基争一席地。這是我五體投地地佩服克先生的地方。而且克先生所説幾乎没有一件不是真理，不可以全盤接受。他所説應當的，我似乎不敢説不應當；他所説不應當的，我更似乎不敢説應當，他的出發點與理想境，也可説是我的出發點與理想境，這又是我五體投地地佩服的地方。他説現在許多人没有麵包，你能説都有或衹有極少數人没有嗎？他説有人没有麵包就不對，你能説對嗎？他説没有麵包的人應當向有多麵包的去略去，到人人都有麵包的時候，就是地上天國實現的時候，你又能反對嗎？你不能，我可以斷定。因此，他就成爲偉大的教主，而你，衹能聽他的説教。

我聽信了他的説教，又爲他偉大的愛與同情所激發，而且飢餓又同義憤一道來造成我的信仰，給我以勇氣。我不能再這樣因循萎靡下去了，我要起去，去略取麵包，爲自己又爲别人。出發了，在路上我想起了一個問題：那有麵包的人們是如何的高貴，我怎能褻瀆他？又是如何的强有力，我又怎能奈何他呢？我向他乞討，然而他是個忍人；我向他硬要，然而他是個强者。我不能擔保此去的成功，很怪自己的粗心，獨忘了略取麵包的辦法：這是最重要的東西。於是回來，翻開我的寶典，想找略取的辦法。寶典翻完了，找不出。我急了，狂叫出我迫切的問題——

麵包，怎樣略取呢？

我還怕是我的粗心，獨遺漏這最重要的一點。於是逐章逐句逐字地仔細讀了一次，還是找不出。你不信，我可將各章的要點默述出來：

第一章，我們的財富。説明我們已經“開墾了土地，排泄了沼澤，斬伐了森林，開闢了道路，貫通了山脉”，“建築，發明，觀察，推理……終於創造出複雜的機器……役使了蒸氣和電氣”，無論是農業方面，工業方面，都能以有限的努力，换得極大的財富，這財富是足供萬人的安樂而有餘的。那麽，爲什麽現在還是有貧與富呢？他説這“是因爲……生産上所必需的什物：土地，礦山，道路，機械，食物，居住，教育知識盡被少數人强占了”！其結果：“那些少數人使多數民衆陷於不能繼續一月甚至一星期間的生活的地位，於是僅允許他們在少數人自己應收得生産物的大部分的條件之下而勞動……少數人禁止其他的人生産他們必需的物品，而强迫他們去製造那些於大衆生活不需要而於獨占者却有最大益利的東西。”於是富者越富，而貧者更貧了。爲什麽這許多東西要被少數人强占呢？“一種思想，一種發明，無一不是過去和現在所産生的共有物；那表現人間天才的各種機械的發明，也無一不是由知名的與不知名的死於貧困之中的千萬發明家所協力而成的。”“這長篇的紀録中，有許多不成眠的長夜，有悲慘的運命，有恍然大悟，有無限歡喜；有無名工人世世代代所發明的部分的改良”，爲什麽能讓少數獨占而還説“這是我的，不是你的”呢？所以他的結論就是“萬物爲萬人所有”，而充分地給我們以社會革命的暗示。

第二章，萬人的安樂。證明“萬人的安樂并不是夢想”，人類的生產力已經能產出超過他所需要的物品而有餘。“現在的制度之下各國的生產者差不多整整有四分之一在一年之中有三四個月是得不到工作的，還有四分之一的勞力（其實可説是二分之一）的結果完全是造就了富人的娱樂和公衆的掠奪。”“假若把經濟制度改良一下，使得更要合理些，必要的生產物便會有很多的蓄積了。”“但是要萬人的安樂至於實現就不該認這無限的資本——城市，房屋，耕地，工廠，交通的道路以及教育等——爲一種可由少數壟斷者自由支配的私產。”其結論就是“充公”！隨後他説革命要爆發了。於是説什麽什麽都不是革命，并且惟妙惟肖地描寫一般投機的新貴，正同我們所常見一模一樣。新貴們如何挂着新黨的徽章以自豪，所謂革命者如何茫然不知所適，法律條文如何是撞見了鬼，討論決議又如何不與民衆發生關係，民衆如何迷信他們的領袖；領袖如何不管他們没有飯吃。如是等等，應有盡有，痛快淋漓，衹是未説怎樣略取麵包。隨後，又説了些别的什麽，這一章完了。怎樣略取麵包呢？没有説！或者是我找不出。

第三章，無政府共產主義——不；我不應當像這樣寫。這本書有十幾章，若是一章章地寫下去，我竟直是當“滕文公”；寫成了一定可以成爲一本小册子，題上一個“麵包略取取略”，交到上海無聊書店去出版。這不是我的本意，我不能再謄録下去了。總之，一句話，麵包略取從第一章到最後一章，説有人没有麵包怎樣不好，都有了麵包怎樣好的道理很多很多，却没有説怎樣略取麵包。

然則依克先生所説，麵包略取的時候的情形是怎樣呢？這也不難想象，有這麽一天，忽然有一個都市（這都市最好是巴黎，巴黎是克先生所時常贊美的）。在“平民”最多的地方，忽然有這樣一個人，振臂大呼一聲：“没有麵包的人們都來呀，我們去略取麵包！”於是無數的平民都像受了催眠地跟着這人跑；於是軍隊警察都茫然了，拿起槍不曉得打誰的好，政府的長官呢？造反的平民呢？政府的官僚大人們，貴族，富有的資本家，工廠主，銀行長，土豪劣紳等等也都怕起來，恨爹娘少生了兩條腿，急忙忙如喪家之狗地跑了，跑慢了的就倒了霉。這樣，一切的一切都落在平民的手中，平民們用他們的智慧去分配取得的麵包——自然連同房屋衣服之類，分配得是想象不到的美滿，全市都充滿了幸福與愉快。接着，鄉村也響應了；别的都市，遠的鄉村也響應了；接着，别的國家也響應了，反動派已經失去了麵包，不能不投降；無政府共産主義就這樣宣告成功。

你想這是多便宜，多美滿，多痛快，多麽足以使人欣動，使人嚮往！“怯夫慕義，何處不勉焉。”我也真想到一個都市裏，（即使不能在巴黎）去試試這振臂一呼應者雲集的滋味！然而我若真地去這樣做的時候，無論是在上海北京或任何地方，其結果，定是不到三分鐘我已躺在自己的血泊裏了；如其真有附和我的人，定也與我差不多的運命。這樣，除了騙乾我的父母妻子兄弟姊妹或愛人（假如我有這些玩意兒）的眼雨以外，對於人類社會還有什麽補益呢？若一定要説有，怕衹有已經有一個人不需要麵包了。因此，我真不敢去冒險；不但不敢發難，甚至有人發難，連附和一下也不敢。我自然是太怯懦了；但是你呢，他呢，她呢，克先生自己呢，那些安那其主義者呢，敢去嗎？未必吧？哈哈，安那其主義萬歲！《麵包略取》萬歲！

或者説這是我的捏造，或者説在《麵包略取》這部書上可以不説出怎樣略取的方法；那麽，我們到旁的地方找吧。

《近世科學和安那其主義》第十四章，大書特書地標着“進行的方法”幾個大字，難道在這裏也不應説出進行的方法嗎？翻吧，這裏定是可以翻出方法來的了。然而結果，衹看克先生告訴我們説：“限定將來怎麽樣做是不可能的。我們所能做的，不過是推想它（革命）的主要傾向，和掃清那條道路給他們（平民）去走罷了。”在這裏我纔明白安那其主義，本來是没有計划，没有方法的。而他們的能事，衹是在推想什麽主要的傾向和掃清什麽道路了讓别人去走。他們自己是不去領導革命（大約他們是根本反對所謂“領導”的）。也不去革命——“走”——的。領導或走，是在他們能力範圍以外，自然，方法在他們是不需要的東西了。

克先生自己既没有進行方法，那麽，他以爲“進行”究竟是怎麽一回事呢？《近世科學與安那其主義》第一四三頁上這樣説：

> ……所有的革命都由平民裏頭發端，從來没有武裝足用然後起事的革命黨。所有的革命——除了它們孕育的時期，它們的進化時期。當此時期中，那群衆始初的要求，不過很卑謙——漸漸覺得徹底的改革之必要：他們對於那時候的問題之概念，愈加大膽，他們自信脱離舊日失望的態度，擴張他們進行的計劃了。他們發端時的“卑謙抗議”，一步一步成爲真正的革命要求了。

一切的革命都是由“卑謙的抗議”而到“真正的革命要求”，也許是吧，這種“革命的進化論”。但是似乎衹能説明過去的革命之起源，未見得今後我們要動手革命，也還是應當從“卑謙”做起。過去没有武裝足用了纔起事的革命黨，那是過去的事實所困厄；未見得今後的革命黨，明明可以充實自己的武力的，也還是故意不去充備。過去的失敗，就是現在的龜鑒；過去的成功，就是現在的師法。我們不能因爲過去以如何的缺點而失敗，今後也還是依樣葫蘆地具備那些缺點以走入失敗的路，我們就不能不在可能範圍内想出方法，以免去一切失敗的慘劇。可是克先生的意見是，無論過去、現在或將來，革命總還是那種老套頭。他所想象的革命總是：“一點一滴的那小群的人染了那反叛的精神了。他們要造反了——有時希望一部分的成功，例如求罷工的勝利和得些麵包以撫養子女，或掃除那些可憎的機關等等；他們一旦起來，革命也不過因爲忍無可忍，常常不是想一定可以成功的。法英的革命之前，這樣的小小反叛以數百計。這又是不能免的，没有這樣的反叛，决不能有革命的發生。……”（前書頁一四四）這就是克先生所想象的“進行方法”的全部了！不用説，“卑謙抗議”與“小小反叛”，也并不是可以輕視的，在不能有僭妄的要求與較大的運動的時候，“卑謙”與“小小”也很可貴。但時代與環境不是固定的。某種時空之下，也許一開始就用不着卑謙與小小。卑謙，也許是革命之原始的雛形，但不是革命進行的全部；小小，更衹是進行方法之一種，而不是唯一的方法。在這裏，我們尤該注意的有兩點：（一）克先生所謂“不可免的”“小小反叛”是一種無組織無聯絡無計劃的自然現象。其實這種反叛，實際上有没有人從中奔走呼號以至精疲力竭，克先生并没有深察。假使真有這種無組織無聯絡無計劃的自然現象，它也不過是盲目的蠢動，結果，常常是得不償失甚至徒然的犧牲。在革命的方法上説來，决不是怎樣高明值得贊嘆的。我們没有許多革命的經驗，不曾受過失敗的痛創，也許衹有這樣盲目地蠢動。而在得了許多教訓的現在的我們，還以爲那是不可免的，不想方法去避免它；甚至明明有方法，偏要置之不理，是要去那樣“小小”，我們也未免太自甘暴弃了。（二）革命的成功，是一種不期而來的獲得，所以説，其初不過僅僅想兩毛錢的小費，而“一旦起來”之後，却得到了十塊大洋的正賬。所以革命是不必有什麼預期也用不着什麼計劃，不過這麼莫明其妙的一回事罷了，你衹要去幹，酬報是出乎意外的豐裕。其實事實剛剛相反。有許多的預期完全失敗，有許多以爲勝算在握的而結果却很悲慘。至於那以爲未必成功而竟成功了的，也還是許久的要求，决没有人知道完全無萬一的希望而偏要去幹的。不期的獲得，不過是得到所預期的之後又作進一步的要求罷了，决不是自己不要而人家偏要給予的。

然而，克先生還説：“假若這樣的革命在法國，即是説在巴黎爆發了……各巷各街各區都組織了志願隊，各隊的委員互相聯絡，協同動勞，進行得很有順序的。衹要雅各賓的槍刺不在半途妨害他們，衹要那些自命爲科學的理論家不衝進來胡鬧，結果總是很好的。……那種可贊嘆的團結心，是民衆所固有的。特别在法國……説起那‘偉大的被誤解者’——平民——的團結的才能，在巴黎的街巷防禦戰時代或在倫敦船塢大罷工的時候，已表現出來了。凡在巴黎或倫敦身歷其境的人，會告訴諸位，説他們的團結心是如何的崇高，决非官吏的愚妄無能可比。”（《麵包略取》頁九二—九三）所以，他主張：“讓平民去自由行動吧，在十天以内供給食物方法，一定會整頓到很可贊嘆的地步。”（頁九三）這些話，我除了覺到説得太高興太有把握以外，實不能再得到什麽。我老實地招供，我不懂得巴黎同倫敦的平民的團結力是否如克先生所説，也不能證明他的話之實否，然即使如克先生説得這樣有把握，革命也未必就可操勝算，麵包也未必得到手或既到手了不至於失去。光祇巴黎或倫敦人的團結力强，是無用的，革命不僅是巴黎或倫敦内面一部分人的事；光祇有團結力也是無用的，團結力固然重要，而光祇團結力并不就是團結，光祇團結也并不就可略取到自己的麵包。一句話，革命或略取麵包，决不是這樣簡單。我們的眼光不可祇注視到巴黎或倫敦，要同時注於巴黎同倫敦以外。而且巴黎歷次的革命，我們已經領教過了。因此，我可以説，《麵包略取》，即使不是怎樣無價值的書，而在怎樣略取麵包這一點上，它未給我們以若何貢獻。

克先生的著作上找不出實現的方法，我們不妨去請教别人，看他説安那其主義的方法如何。《新生命》第三期有一篇無政府主義解剖，是我的同事張任天先生所作，内中涉及安那其主義的方法的，有如下的述叙：

> 高德文，蒲魯東，是想利用現社會中的法則而成就的，這是改革論者；德嘉爾，托爾斯太，是想不用暴力而破壞現社會的法則而成就的，這是抵抗論者；士多奈，巴枯寧，是想單用暴力破壞現社會的法則而成就的；克魯泡特金，是并想依宣傳行動而準備着的，這是暴動論者。

作者在篇末曾説他的文章“於各個無政府主義者的本旨是不會錯

的”；假如可靠，我們可以把安那其主義者的“方法”臚列於下：

一　改革論——利用現社會的法則。

二　抵抗論——不用暴力而破壞現社會的法則。

三　暴動論——

（甲）單用暴力破壞現社會的法則；

（乙）不僅用暴力破壞現社會的法則，并依宣傳行動而準備。

關於“一”，我們一望而知是非革命的，談不到革命方法，衹有讓巴枯寧與克先生們去笑它；至於“二”，不用暴力而又想破壞現社會的法則，本身就是一個大的矛盾，也是巴克二先生所不取的：現在也可以不談。至於暴動論者，尤其是克先生的革命方法，雖是在各派安那其主義中比較進步，却也不能不説聲可憐！所謂“一粒爆裂彈，勝過十萬卷書”，這樣就算暴動嗎？所謂“漫天灑下自由種，佇看將來爆發時”，這樣就算是宣傳嗎？這樣的暴力的結果不下（一）飛蛾投火似的投入魔王的巨吻中，像《聊齋》所載白蓮教中的巨人，那是即使再多吞幾個人也是不在乎的；（二）兩敗俱傷，像安重根之於伊博文，還是無濟於朝鮮的滅亡；（三）即使得到理想的勝利而毁滅一兩個人類的魔王，人類大敵的全體并不能因此而消滅。這種壓迫多數人的魔王并不衹是一二人，也不僅是已成爲魔王的人。等你打倒這一個，那一個又起來了；毁滅那一個，另一個又起來了；而且它又不是衹坐着讓你去進攻它而没有回敬的，它對於你這種無力的暴力，并不怎樣放在意中。一動手，你就成了粉碎。所以安那其黨的暴力，除了添加一兩頁悲壯激昂的歷史記叙外，并不能給人類以若何貢獻。即使暴力不僅指此，而少數人没有紀律没有訓練的暴動，歷史并没有告訴我們以他們的成功及能保持他們的成功。至於宣傳呢，那不過是把一些麻醉的靈魂唤醒起來，更靈敏地感受自己的痛苦而找不着出路，於是自我懷疑起來；正如招回已死的幽靈來目擊自己尸骨糜爛的慘狀一樣。宣傳與暴力是要是的。但是太少了，取不到麵包，枉賠上生命與靈魂！

我們要知道，革命少不了兩個法寶，一個是政權，一個是武力。你要將麵包從敵人手中奪回而支配一切，衹有奪取政權，而奪取政權要武力；你要防止敵人的反攻而繼續支配一切，衹有保持政權，而保持政權還是要武力。(一）你要抵抗一隻老虎，一定要同它有同等的力量，你要降伏它，一定要有超過它的力量，否則任你有再大的志願也是不成功的。因有大的志願而投身虎口，即使他也有人矜惜贊頌，終於是弱者的行爲，而這矜惜與贊頌，實無補於死者的犧牲，死者的犧牲更是於未死的人們，不能給以若何利裨。所以，不革命則已，革命就一定要有武力！(二）在一天尚有主人和奴隸的區别的時候，最好是自己做主人，主人纔可以有自由意志，纔也可以支配一切，實施自己的策劃：而奴隸則不能。如其你没有意志，不要遂行自己的什麽，當然没有問題；否則，除了自己做主人外實無任何方法。假如你不願當主人，那你就當奴隸，既没有非奴非主的中間位置，而你的主人又不肯屈尊來同你做非奴非主的朋友。你要廢除主與奴的稱號，這也是你的意志，也衹有當了主人纔可以辦到；否則，你就是不度德不量力的與虎謀皮，你的主人會使你陷入奴隸以下的運命。所以不革命則已，革命就是要取得政權——取得主人的地位！(三）并且取得了這個位置之後，還要當心，舊的敵人會捲土重來，新的敵人也會取以自代，假如你不設法維護，已得了的地位還是會失去的。失去了，你依然衹有當奴隸甚至連奴隸也當不成，一切的意志與策劃，依然是活見鬼！那麽，怎樣維護自己的位置——保持政權呢？當然是用武力。武力是取得政權與保持政權的必要條件，政權是施行自己的意志與策劃的必要的條件。政權與武力是革命的必要條件！不幸的安那其主義者，獨把這兩個必要條件都反對了，拋弃了，那麽，找不到出路，是他們必然的運命。自然，武力與政權可以造出許多的罪惡，然能造出罪惡就正顯出它之有用；假如是無用的，就該連罪惡也造不出來。天下決没有衹能造罪惡不能造福利的東西，也没有衹能造福利而毫無流弊的東西。這是衹能見到事物之一面不能見到其另一面的安那其主義者所不知道的。因此，麵包的略取，在安那其主義者，是辦不到的事。

怎樣略取麵包呢？自然是歸到我前面所説，奪取政權與保持政權。

則奪取政權與保持政權，必要先養成强厚的武力，但怎樣養成强厚的武力呢？那就要有黨，有組織有紀律有訓練的黨；有主義更不在話下，有嚴密的組織，嚴肅的紀律，嚴格的訓練的黨纔會有力量；由這有力量的黨去與民衆結合，使民衆成爲黨的民衆，黨成爲民衆的黨，把黨同民衆打成一片，分不出革命是爲民衆或是爲黨，這黨纔會有力量；再由這有力量的黨去培養武力，這武力就成爲民衆與黨的武力，不用説就是極有力量的武力，當然能够取得政權，保持政權，略取全人類的麵包了。

（原載 1928 年 6 月 15 日《黨基》第 2 期）

時事述評

粵政分會主張遷都北京

廣州政治分會某次會議，一致表決請國府遷都北京，因爲北京是從明代以來的國都。北京是明代以來的國都，我們便不能建都於別處；正如從古以來我國都是君主專制，我們便不能建立民國的理由一樣可笑。假如我們要俯首帖耳去受那東交民巷的太上政府的羈絆，要去吸收那歷來的封建餘孽腐敗官僚以至任其把持操縱我們的黨與政府，我們當然衹有遷都北京。捨此，就是很難找出遷都北京之必要的理由。

南京是總理指定的首都。我們即不必持此理由，以爲建都南京之根據；而遷往北京，實有許多的危險。現在各帝國主義者，正因我國政府遷都問題，造作種種謠言，説他們各貴國及各貴國的公使，若是我們建都南京的話，就會感到這樣那樣的不便，因爲他們各貴國及各貴公使不便的原故，我們就不能不遷都北京；尤其重要的是，如果不遷都，則各貴國勢不能不有預備與對北京相等之什麼名目的武裝的麻煩。你中國如果是乖覺的，爲避免各貴國的增兵麻煩計，便不能不遷都；怕各貴國在你境内增兵，更不敢不遷都了。這麼一來，我國民政府如果本沒有遷都之意（近中央政治會議已改北京爲北平，可見無遷都意），自無問題；否則，即有意遷都，而此時也萬不可遷。因爲此時遷都，好像我們并不是爲自己要遷，而是爲迎合列强，怕列强的要挾而遷，示列强以一個老大的弱點。從此，列强因爲我們屢次示弱，懼怕他們的原故，其得尺進丈的要挾，必愈演愈烈，不但廢除不平等條約，國際平等地位永久得不到，而國基必由此更見動摇了。

我們要知道，列强此次造作謡言，明明是對我們的一種試探和威嚇。我們遷都與否，是我國内部的問題，列强完全無權干涉，何况北京是數百年來封建餘孽所盤據的地方，足以使尚不能稱爲有强固組織與嚴密紀律的本黨受其蛀蝕糜爛；最近的局面，我們即不敢故爲危言聳聽，使本黨武裝離携，而北京當局，有許多不能盡如人意的地方，則又不可諱飾。我們更不能斷定遷都北京以後，能得到什麽好的結果。所以我們對於帝國主義者什麽名目的武裝的恐嚇，衹要外交當局，應付得法，當可無事；至於粤方主張，如非别有用心，我們可以置之不理。

馮玉祥預備國民會議提案

《民生報》載十七日新鄉電："馮玉祥令郭春濤鄧哲熙等，預備將來在國民會議中，應提各項議案。"大約馮總司令也者，對於國民會議，大有擦拳磨掌，躍躍欲試之概。

關於國民會議，有些人以爲總理遺囑上，明明寫着"尤須於最短期間促其實現"。從前，段祺瑞張作霖時代，我們無法促其實現，倒也罷了；現在，本黨已經可説是統一中國了，國民會議，豈可遠不"促其實現"？老實説，懷着這種錯誤意見的人，實在不少，我們馮總司令，不過其中之一。爲糾正其錯誤及避免一般人走入歧途計，除本刊上期所表示過的意見外，我們不能不有如下的申説：

我們要知道總理的遺囑是寫於一九二五年的三月，離現在已經三年多了；那時是段祺瑞執政，總理要用和平方法解决國是，且破壞安福系的狄克推多，不得已，纔主張開國民會議，想用本黨及各民衆團體的力量來制服他。那時本黨偏安一隅，既不能統一中國，又不能坐視反動的安福系的政權穩固，主張開國民會議，實爲對於時局的一種必要的策略。運用這種策略的時候，定要具備下列幾種條件。

一、本黨不曾統一中國；

二、握有政權的敵派在表面上，有容納本黨意見的可能；

三、本黨在民衆中有堅强的信仰，能够指揮民衆團體。

如果没有第一個條件，就是本黨已經統一了中國，則本黨的政綱政策，都可施行；根本用不着類似的議會政策來解决國是。假如統一中國了，還要同黨與政府以外的人會議，纔可以解决國是，實無异宣告本黨破産，宣告本黨統一中國，取得了政權，還不能措國家於磐石之安，那祇好趕快偃旗息鼓，各自知趣地滚蛋，讓别人來幹給你看。

如果不具備第二個條件，則本黨根本就没有説話的餘地，即使主張，也祇空言徒托。所以段祺瑞執政以前，總理從未主張過開什麽國民會議。

如果第三個條件缺乏，即使主張貫徹，而會議的結果，本黨必處於失敗的地位。

現在，第三條件因停止民衆運動而動摇，第二條件談不上，而第一條件尤是已經消失。開國民會議，開國民會議，究竟爲什麽呢？而且本黨是要以黨治國的，開國民會議，未免破壞本黨的以黨治國，破壞本黨黨治，就是本黨的敵人；在本黨的立場及中國國民革命的立場上説來，實是反革命；所以現在還主張開國民會議的，不是無知，就是反動。這是望死讀遺囑的先生們，再四思維，要明白總理若是活到現在，也决不會主張開國民會議的。

雖然，我馮總司令，又何足以語此！

粉墨登場後之王正廷

在此時局緊張之際，王儒堂博士，一躍而登新政府之政治舞臺，而吾儕小人，尤天天在盼望王博士的外交新猷。乃王博士登臺之後，其足以新人耳目者，則惟好整以暇，作風光之留連而已。報載無錫通訊："外交部長王正廷，十六日晚由寧來錫，游覽名勝，同來者有……均住無錫飯店。十七日上午八時，由秦縣長等陪同王部長一行人，乘坐畫舫，由汽船拖駛，前往太湖鼋頭渚萬頃堂梅園等處游覽，至下午六時許，始返棹回城。"你看，這種態度，好不緩帶經葛，風流儒雅乎哉？

然王博士之從容不迫，若無事然的，并不是没來由，我們看他最近的言論便可知道。十八日滬報載王氏對新聞記者的談話有如下的一節：

余對於外交，此後惟根據黨綱，力求修改不平等條約之實現，俾中國早日獲國際間之平等地位。至各國對我態度，目前以美爲最善，法亦不惡，惟英尚須力求其諒解。現美國正在準備改選總統，自由黨已提出胡佛爲候選總統。查胡佛前曾在我國充當開灤煤礦公司之礦師，與唐少川先生交誼頗善，將來如當選，必可格外增進美國對於我國之諒解，有裨於外交環境，當非淺鮮。

你想，列强對華，“美國爲最善，法亦不惡”，而美之候選總統又曾在我國當過礦師，且“與唐少川先生交誼頗善”，將來自然是“有裨外交環境”，不言可喻。於此，我王博士，豈不大可高枕無憂了嗎？

然而有下面幾個問題要請王博士留意：

1. 唐紹儀的朋友，是不是一定可以當選總統？

2. 當選之後，肯不肯因一個外國朋友之故，而放弃本國的利益，不向中國侵略，使帝國主義的美利堅變爲非帝國主義呢？

3. 肯這樣顧全友誼，而該大總統，能不能絶對把持外交？

4. 美利堅一國對中國這樣要好，是否就可以使“不惡”的法，變而爲善，“尚須力求諒解”的英，其“諒解”可以不必“力求”呢？

嗟呼，冰山易頹，求人不如求己；且因人而立，亦足自慚，王博士其三思焉可。

最後，王博士所謂，“力求修改不平等條約”，似乎要請“修改”一下，我們總理祇説過廢除不平等條約，并没有説什麽“修改”。

熊希齡護柩有功

熊希齡是研究系的領袖之一。研究系全盛時代，曾做過所謂人才内閣的首揆。研究系一直以來，就是本黨的政敵，本黨的革命工作，屢次頓挫，研究系多有力焉。這一回第三集團軍收復北京，代表無耻的研究系居然用其領袖熊希齡藉口鬼畫符的理由，出來大事活動。研究系向來是誰有勢力，就當誰的走狗，正同胡同裏的窑姐兒一樣，誰有錢就同誰流其第三種水，倒也不失其無耻本色。所謂人間羞耻事，本來是不載在研究系所用的詞典的。所可怪的，是我們黨國要人，在這本黨無數武裝青年的頭顱與鮮血换來的現局之下，公然好作冶游，容許研究系大流其第三種水。北京特别市黨務指導委員會，因爲看不順眼吧，於是，通過了一條議案，請北京軍事當局對熊希齡通緝嚴懲。所謂軍事當局呢，不用説，春風馬耳，像煞没介事一樣；不料倒驚動了在南京的幾位要人，竟因此而做了一件出人意表而且之外的事業。就是據滬報所載十三日南京電："譚延闓，張静江，蔡元培，吴敬恒，楊杏佛等五人，用葬事籌備處委員名義，致電北京閻總司令，因熊希齡曾派遣香山慈幼院學生護衛總理靈柩甚力，今聞有人與熊爲難，特電請保熊安全。"從此，熊希齡固然安如泰山，即研究系亦未始不因其有人曾護柩有功，互相援引，來本黨内部，重要一套共産黨的金箍棒的把戲。瞻念前途，真令人不寒而栗了。嗚呼！

李宗仁電賀李寶章

李寶章在上海的時候，屠殺了本黨同志數千，去年寧漢合作之際，更銜孫傳芳的命令，率師渡江，進迫首都，結果，龍潭之役，兩軍死傷殘廢合計起來，解决了中國人不下十萬，爲北伐以來一次最大的血戰。至今回想，即我們不是凶殘的魔鬼，而爲那些死亡的冤魂計，也恨不能食其肉而寢其皮。這次北京收復，李竟被我們的閻總司令任爲第三集團軍第五軍團的副指揮；恭順的我們，不知怎麽也似乎免不了多少的反感。不料第四集團軍李總司令，却更是寬宏大量，竟馳電致賀，謂：

燕京克復，共著勛勞，既屬同澤同袍，允宜謀功謀賞，閻總司令實仰體總理大公博愛之心，公等又服膺本黨互助共存之義，祥和感召，薄海騰歡，遥企鴻儀，不勝燕賀。（滬報十七日南京電）

云云。真奇怪，我們的李總司令，縱然不管在上海被殺的幾千同志，難道龍潭之役，使自己的“鋼軍”受了莫大的懲創的這回事也忘了嗎？説者謂，李寶章姓李，李總司令也姓李，“五百年前原是一家”；其然，豈其不然哉！

（原載1928年6月25日《黨基》第3期）

沙基在哪兒?

來　函

紺羽:

這幾天來，報紙登載沙基慘案三周紀念的消息很多。麻木的我，當然不知慘案是怎麼一回事，更不知道沙基在哪兒。因爲報紙上登載得很凶，禁不住要打聽打聽。據説，慘案云者，乃大英帝國殺了的我們“千那滿”也；沙基云者，乃廣州市之一部也。嗚呼，大英帝國在沙基殺了咱們千那滿，於與沙基風馬牛不相及的地方有什麼相干?與沙基風馬牛不相及的地方猶且到處開會紀念；我想，沙基附近的地方，其紀念更不知怎樣的熱烈啦。於是，我就翻開報紙，想找一找廣州市的紀念大會。可是中國的報紙真不行，竟直一點都没有登載。不，不是報紙的消息不靈通，没有廣州市的消息，因爲報上載着，六月廿三日爲伍廷芳博士逝世的六周紀念，廣州市舉行什麼大會。夫六月廿三日，爲伍博士的忌辰固矣；難道不也是沙基慘案的忌辰嗎?報紙能載廣州市追悼伍博士，難道就不能載廣州市紀念沙基死者嗎?今報紙衹載紀念伍博士，而未載紀念沙基，可見廣州市竟未舉行沙基紀念，乃是事實。否則，報紙何至察於彼而忽於此，且至於如此之甚耶?

廣州市竟未舉行沙基紀念，我百思莫得其解。除非沙基不是在廣州市，或廣州市現在已經不是中國的了。紺羽，沙基究竟在哪兒?廣州市還是屬於中國嗎?

曙　南　沙基三周後三日

復　函

曙南：

卿所云云，我亦咄咄。但所提二問，有可答復者：即廣州市尚確屬於中國，因其爲我國民革命軍第八路總指揮李公任潮駐節之地也。然李總指揮現正與大英帝國修好睦鄰，若紀念沙基，勢必至有反英之過舉，此非我李總指揮之所願出也。

抑又進者，紀念追悼之類大會之召集之無聊舉動，嘗爲各級黨部之所爲；現廣州特别市黨務指導委員會，方忙於馳電敦請孫科、伍朝樞、鄒魯、許崇智、蕭佛成、李石曾諸黨國要人回國主持黨國大計，區區紀念沙基百餘無名死者之事，蓋以爲瑣屑不足道也。由是觀之，其不舉行沙基紀念，又何間然？敬復。

紺　羽

（原載 1928 年 6 月 25 日《黨基》第 3 期）

南京特别市黨務指導委員會宥電

中央黨部各省各特别市黨務指導委員會，各報館轉各民衆團體暨全國同胞公鑒：吾黨於十五年出師北伐，兵不滿五萬，徒步遠征，苦於交通，設備不周，限於財力；而敵則兵逾數十萬，器械精良，并借鐵道以便運輸，得外資以爲奥援，與我黨軍人數與物質之比較，奚啻霄壤？何以我黨軍所向披靡，如摧枯朽，未及二年，統一全國？此豈僅武力所能奏效，實由於總理主義適合吾國需要，如餓之於食，渴之於飲，復經全黨同志之努力，使革命行動，深得民衆之同情與擁護，則彰彰明甚矣。兹有少數軍人，未具常識，隱以功高自居，漸露驕矜，若不早予糾正，兵禍恐將復作，而訓政與建設工作，更無從實施也。吾黨北伐以來，本總理天下爲公之旨，招降納叛，不追前愆，凡願信奉三民主義者無不以寬大爲懷，即其言論失檢，行動越軌者，或因軍事緊張，或以情境特殊，亦未遽加制裁。現在軍事將結束，遼東一隅，可以政治解决，非拔劍擊柱之日，正遵守法紀之時。如有嘉謀嘉猷，當依其性質分向所屬黨部及政治機關陳述，不應以私人名義，濫發通電；對於國府要職，各省政委，苟無去留之權，何得竟作去留之舉，其非向我言去者，更何至因我而留？乘機賣情，藉故邀譽，當事者固别有用意，而旁觀者早見肺肝。此風不戢，法治謂何？本會深望吾黨同志，與中華全國民衆，共起監視，嗣後遇有此項僭越舉動，隨時嚴加糾正，以挽頽風，共張黨權。尤望我武裝同志，潔身遠嫌，自絶干政之習，共維黨國之紀。臨電不勝盼禱之至。中國國民黨南京特别市黨務指導委員會叩宥

按：我們讀了這個電文，對於京市黨指委諸同志表示十二萬分

的敬意。内面所説，差不多盡是我們所要説的話；不過由指導首都黨務的京市黨指委説出，更見精神，更有力量罷了。

但此電文根據於某次常會的第一項決議，查決議原文爲："北伐完成，由於總理主義適合中國需要，及全黨之努力，民衆之擁護，絶非單純的武力所能居功。近有少數軍人，不明斯旨，以功首自居，往往用個人名義，電陳黨國要政，或推薦國府部長分會主席，一人辭職，群起相推挽留，黨義如何，職權如何，概可不問。如此僭越，將置中央職權於何地？應通電各黨部、各民衆團體、各報館，遇有此類越軌舉動，應隨時嚴加糾正。"今與前電參照，覺對"推薦國府部長分會主席"一語，竟未發揮，未免遺憾——其"對於國府要職，各省政委，苟無去留之權……"云云，衹能算是闡合於決議"一人辭職，群起相推挽留"一語而已。

以一"武裝同志"，公然能"電保"某某爲國府部長，或政分會及省政府主席，不能不説是僭天下之大越，何况其所"電保"之某某，無一非電保者之私人？武人干政，以此爲尤，市黨指委竟未留意，真是大可惋惜的事。我們不敢用卑劣的推測，説革命的市黨指委因何顧忌而然，然總望嗣後别將決議遺漏得這樣厲害。

（原載 1928 年 6 月 25 日《黨基》第 3 期）

中國國民黨的以黨治國

前　言

好久就想作一篇以黨治國的文字，因爲在革命的首都，實在聽了關於以黨治國的名言議論不少。甲偉人說，以黨治國，不是以一黨治國。換句話說，就是以多黨治國。這意思，好像共産黨也不妨同來治治，至無政府黨，青年黨……之“路見不平，拔刀相助”（吴老丈的話），當然更可以“分治合作”（李老丈語）了。乙名流說，以黨治國是僅以黨義治國。換句話說，就是治國不用黨員，或不必黨員。這意思，好像祇要把建國方略，建國大綱，三民主義及第一次全國代表大會宣言……交給張作霖，孫傳芳，吴佩孚或者誰了，就算革命完成，大責已卸，黨員當然袖手旁觀，而本黨也可關門大吉。章老丈曰，“革命軍起，革命黨消”，其義至今，已摇身一變而爲“以黨義治國!”丙學者說，以黨治國，是一黨在朝，多黨在野以督促之；换句話說，本黨向以博大爲懷，當然容許黨外諸黨，林立於野。這意思是，本黨天生是個没出息的黨，如果没有共産黨，無政府黨，青年黨，第三黨以及第四五六七黨草兒在前，鞭兒在後地“督促”，本黨是怎樣也治不了國的。丁委員說……

你想，我在聽了這偉人名流委員學者的名言議論之後，我的真正老陸稿薦的以黨治國論，又怎能不爬地爬地要從肚子裏爬出來呢？然而，我要寫這篇文章，有兩層障礙：一、說話的先生們，早已知道我要寫這篇文章似的，先就安好了一個法寶，就是，假使你要說真正老陸稿薦的以黨治國論，你便是共産黨；知道世界上有一個什麼法西黨的人則加上一句說，否則就是法西黨。法西黨還不大要緊，如果被稱爲共産黨的話，實有隨時都可抓到衛戍司令部或特種法庭去褫奪生存權全部終身的危險。他老先生們的這種辦法，好像盛名之下的商店一樣，門口常常挂着一面旗，上面寫着“衹此一家，并無分出子孫在外”，你想，誰肯因爲要賣貨而情願作人家的子孫呢？二、聽説上海出版了一部書，叫做《黨治問題》，當然是討論以黨治國的，如果我的文章寫出，剛剛是别人已經説出了的，豈不大有滕文公之嫌？所以，爬地爬地要爬出來的以黨治國論，終於雌伏於我的肚中。

然而，夾攻有言，寧爲三民主義奮鬥而死，不與腐化分子妥協而生；那些偉人名流學者委員，雖未必都是腐化分子，然我的真知卓識如不説出，豈不是畏死而妥協？畏死而妥協，又豈不貽羞見笑於夾攻了嗎？所以，第一個阻礙不成問題，如果我不妥協的話。

第二呢？更容易解决啦，買本《黨治問題》來看看就是了。

現在《黨治問題》已經看過了。雖是馬濬，胡夢華，薩孟武諸先生的意見，使我敬佩；而僥幸似乎還有話留着我來説。現在我就開始寫我的以黨治國論。我所要説的兩個要點，也同别人所討論過的一樣，是——

（一）以黨治國之解釋；

（二）以黨治國之時間。

上篇 以黨治國的解釋

1. 黨

要知道以黨治國的意義，就要先知道這裏所説的黨是什麽。在許多討論以黨治國的文章中，對於這一點都未注意。好像他們對於黨是都已瞭解了，其實呢，未必還有問題。自然，這裏所説的以黨治國，是中國國民黨喊出來的，當然是説中國國民黨以黨治國，以中國國民黨治國。但中國國民黨是什麽呢？戴季陶先生説：

中國國民黨是信奉中華民國創造者孫中山先生所主倡之三民主義爲最高原則，在民主的集權制之嚴格的組織訓練之下集合全國各階級中，具救國熱誠的革命分子，造成强固的團結，以革命的方法，取得政權，遵照孫先生所定的三程序，運用政治的權力和方法，完成中國之國家獨立，民族平等，改造中國的政治和社會，完成民主的國家組織，圖人民食衣住行育樂等生活需要之均等的滿足，國民文化之世界的發展，并爲達此目的，聯合世界上以平等待我之民族，共同奮鬥，以反抗掠取世界大多數人類利益，阻礙人群進化、世界大同的帝國主義而消滅其勢力之革命的政黨（《中國國民革命與中國國民黨》上編頁一）。

這二百三十一個字的定義，老實不客氣地説，累贅的地方太多，挂漏的地方不少。約略言之，其失有三：

一、國家獨立，民族平等……人民食衣住行……之均等的滿足，已盡包於三民主義四字中，而三民主義，不僅止此而已；

二、完成三民主義，固必需消滅帝國主義；但消滅帝國主義，并非三民主義完成；

三、僅具救國熱誠，未必即可爲中國國民黨黨員，如狹隘的國家主義派，未必不也有的有救國熱忱的，然不能爲本黨黨員。蓋本黨的主義，非僅救國，且將進而救世，故本黨黨員不能謂僅具救國熱誠爲已足。

所以我們以爲與其分條列舉而仍不能詳，倒不如用一個簡單明了的定義以籠括全部。我們的定義是：“中國國民黨是中國各階級的革命分子，代表中國一切被壓迫階級的利益，信奉三民主義爲最高原則；在民主集權制的組織之原則下而結成的革命黨。”

馬濬先生對於黨的見解，以爲“當然包含有兩種要素：一是精神的要素，即是主義黨綱；一是人的要素，即是黨員。精神的要素，是根源於人的要素的客觀的要求；而人的要素，是根據於精神的要素的主觀結果……”（《黨治問題》頁一七六）。這本是一加一等於二，二加四等於六的平常道理，不意在黨治問題許多文字中竟成鳳毛麟角的精義。現在拿馬先生的話，和我們的中國國民黨定義關合起來，中國國民黨，實如下式：

黨{
精神的要素（主義）——三民主義——根據其主觀選擇衹容納自身信仰者絶對排他
人的要素（黨員）——中國各階級革命分子——根據其客觀要求絶對信仰三民主義
}中國國民黨

（附注）馬先生的精神要素，還有黨綱，似可包括於主義之內，因黨綱乃根據主義而定者。再，黨除上述兩要素之外尚須有組織與紀律，因與本文無多關係，不論。

由此可知——

一、中國國民黨具有特殊的精神要素，三民主義，如果没有它，不能成黨；或者是旁的主義，則不成其爲現在的中國國民黨。

二、中國國民黨必需有信仰其主義的各階級的革命分子，爲其人的要素。没有人的要素，不能成黨；没有其特殊的人的要素，不能成爲中國國民黨。

此外中國國民黨猶有其特點，即——

一、革命的黨。因爲它的主義是革命的，黨員必需是革命的，與歐美一般的政黨不同；

二、代表各被壓迫階級的革命黨。因爲帝國主義者鐵蹄下的中國，封建餘孽勢尚猖獗的中國，被壓迫的不僅無産階級，也不僅工農。與僅代表一階級無論壓迫與被壓迫的利益的共産黨及法西黨不同。

重複地説，記着，黨，一定要有缺一不可的兩大要素，主義與黨員；中國國民黨，有其特殊的兩大要素，三民主義與信仰三民主義的各階級革命分子（我想總有），所以與其他的任何黨不同。那麽，我們以後再談起黨或中國國民黨的時候，就别以爲衹説的黨義或黨員；也别把本黨與保守黨或共産法西等等量齊觀。

以下，説一説治。

2. 治

好多人以爲以黨治國就是以黨專政，這意見并不能恰如其分地正確。我們的黨，是個革命的黨，是要依照總理所著建國方略建國大綱三民主義……繼續努力，以求貫徹的；爲求貫徹，當然不與任何黨妥協，而造成一黨的狄克推多；但不是衹造成狄克推多就算完事。爲明瞭起見，不妨把專政與治國的意義來解釋一下。

什麽是政呢？依總理的説法，政，就是衆人的事；那麽，專政，就是把衆人的事，獨攬起來。獨攬了之後，怎麽辦呢？以黨專政，并没給一個什麽限制；那就是福國利民或禍國殃民，是有條不紊抑亂七八糟，尚在不可知之數。

至於治國可就不同了。治，據總理説，就是管理，就是擾亂的反面。治國，就有一個嚴格的限制，就是衹許治，不許亂；衹許福國利民，有條不紊；絶對不許禍國殃民，亂七八糟。就外延上説，治國較專政爲狹小；就内包上説，治國則較專政爲充實。所以，以爲治國就是專政的意見，實是忽視了治的意義的誤解。

3. 黨與治

根據前面兩節所説，可知我們所説的以黨治國，是以中國國民黨

（連同精神與人的要素）來治理（不是擾亂）中國全國人民的政事；或者説是中國國民黨以自己來治理中國全國人民的政事。而因爲：

> 一、黨是必需具有兩要素——精神要素不能捨人的要素而成黨；人的要素也不能捨精神的要素而成黨；所以不是僅以黨義或僅以黨員治國。
>
> 二、中國國民黨是革命的黨，要貫徹精神的要素，不與任何精神要素不同的黨妥協，所以不是多黨共治。
>
> 三、中國國民黨，認定祇有自己的精神要素，爲領導中國國民革命以達到世界革命完成大同之世的唯一途徑，絶對消滅一切非完全與完全非自己的精神要素所組成的黨。所以，不但不是多黨共治，而且不許他黨在野。

我們明瞭以上三點，則舉凡黨義專治，多黨共治，野黨督治之説，都不是我們所説的以黨治國。

抑又進者，本黨的以黨治國，與其他國家的一黨專政不同。不僅治國與專政，其歧點已如前述，而因爲所代表的階級利益殊懸的原故，其他國的一黨專政，未必能治國；而本黨的以黨治國，則獨能臻於郅治。前面説過，其他國家的黨，多代表一階級的利益，而本黨則代表在被壓迫中的各階級的利益。譬如蘇俄共産黨，代表無産階級；勞苦的農民以及凡非産業工人，均在歧視之列，托洛斯基派更主張儘量提高工業品的價格，以儘量剥削農民。如此，第一，使全國農民受無産階級之壓迫，以致生活困苦而仇視政府，即使表面上得暫時的穩定，實質上已不能謂“治”；第二，國内企業家亦因感受壓迫而不願或不能在本國投資，必於可能範圍内，携其資本，（蘇俄私人資本并未没收）離開祖國。結果，實業不易開發，産業不能進展，無産階級雖能以其領袖專政，却不能保其群衆失業，名爲專政而實即飢餓。結果，國家要使本國實業開發産業增進，本可不必藉助於外資的，一變而必需藉助於外資，本來可少藉助於外資的，一變而多藉助於外資，使無産階級從容易控制的本國資産階級的小剥削之下而趨於不易控制的外國資本家的大剥削之下。所以，其一黨專政之後，能否治國，實爲天大的問題。至於本黨，一面“改良農村組織，增進農民生活”，“制定勞工法改良勞動者之生活狀況，保障勞工團體，并扶助其發展”，以謀農工之利益，已非單獨代表無産階級之可比；何況對於在國際資本主義及國内封建餘孽雙重壓迫之下的有産者，除節制資本以防其無限量地發展外，亦予以種種之扶助。由此，可知本黨的以黨治國，是名實相符的，迥非共産黨的一黨專政之可比；共産黨猶不能比，則極反動之能事的法西黨更可不談了。

或者説，中國國民黨的以黨治國，固可如上述，然以黨治國四字，實含有其他的歧義。你所説的固好，别人的話亦未嘗不能自圓其説；假如别人説的也行得通的話，又何必一定要照你所説的？於此，在解釋了以黨治國之後，不能不進而討論以黨治國的各種謬論行不行得通。

4. 黨義專治

第一，主張黨義專治的人，其意見一定是可以無黨。但黨義之所以得名爲黨義的，正因爲它是黨的精神要素的原故。如果無黨，則任怎樣徹底的思想，怎樣透闢的理論，終不能稱之爲“黨義”；如果先有黨而現已無黨，則曾爲黨的精神要素的主義，衹能説是前任黨義，而不能説是現任黨義，即不能猶稱之爲黨義。因此黨義專治之名，實不可通。

第二，黨義治國，如果不是信仰黨義的人去治，那麽，誰去治呢？治的人，如果是不信仰你的黨義的人，當然不曾拿他所不信仰的主義去治國，而信仰的人，則已經做了本黨黨員。如果雖有信仰，而尚非黨員，則其人一定是尚有見理未明，信道未篤，行仁不勇的地方。换句話説，就是動摇分子，懦怯分子。本黨黨義，不交給信仰它的黨員治國，而交給動摇分子懦怯分子，已屬可笑之至；何况他因爲動摇與懦怯的原故，能不能或肯不肯拿你的黨義去治國，尚未可知。

第三，把本黨黨義交給别人去治國，這并不是他能不能用本黨黨義去治的問題，而是他肯不肯的問題；不是他口頭接不接受的問題，而是他實際奉不奉行的問題。他如果是黨，則自有其自己的黨義，不用借重於他黨的黨義；如果他是系，也自有其特殊的目的，亦不用借重於他黨的黨義；如果他是個人，則個人的力量，决不及一黨系的力量，即肯采用，亦未必能治。舉實例來説，想把黨義交給共産黨安福系或張宗昌、吴佩孚去治國，豈不笑天下之大話？

第四，如在本黨尚未取得政權的時候，説衹要誰能以本黨黨義治國，本黨也就衹要國治，成不必我，其理猶有可説；現在本黨已經取得政權了，還説僅以黨義專治，難道教那些已握政權的本黨黨員一個個解甲致仕，把政權同黨義，同交給那已經倒臺的或從未得勢的誰去嗎？即使本黨黨員有這樣三揖三讓的謙德和光，其於歷來犧牲的革命先烈何？而且，如果是讓已倒的東山再起，則本黨革命目的，衹爲要交給他以黨義，果爾，則衹需幾分郵票爲已够的事，用不着小題大做地講武稱兵；如果是要從未得勢的來發硎新試，則衹需從旁勸道指點爲已够的事，更用不着爲人作嫁地講武稱兵。如其不然，則此時説黨義專治，有何意義與價值之可言？

5. 多黨共治與野黨督治

主張多黨共治或野黨督治的意見，實是一個媽媽的雙生子，都是建築在容許黨外的黨一同發榮滋長的原則上的。所不同的是，一個主張政權須操在兩個以上的黨的手裏，一個則以爲僅操在一黨手裏也可以，不過餘黨應在野以督促之。他們的根據，是歐美諸先進國多是兩黨對峙互爲消長，以謀國是，而英國工黨組閣，更證明有三黨鼎立的可能。他們攻擊别人主張一黨治國是襲取共産法西之故智，以擁護其多黨共存之説。這種意見，根本未看清歐美的政黨與本黨的性質不同之所在，其錯誤已入膏肓，不得不爲下文以闢之。

第一，歐美政黨，都没有革命精神，亦没有革命的志願；所以或主保守，或主改良，以得活動於政治舞臺爲已足。夫保守與改良之間，相去無幾，當然有妥協的可能；原則上既有妥協的可能，事實上更當然有并存的現象。至於本黨，是革命的黨。所謂革命的黨，是在原則上，不與任何反動勢力妥協，當然不與任何黨外的黨共存；共存且不可，更當然談不到共治。

第二，歐美政黨，多代表一階級的利益，而其國家，决不僅止一階級的存在。代表一階級的利益，勢不能不掠奪别階級的利益，更不能不引起别階級的反感而擾亂社會秩序。爲維持表面上的秩序計，除了容許多黨的存在，實無良策。本黨呢，是代表一切處於被壓迫地位的益利而反對國際帝國主義及其卵翼的洋奴買辦與軍閥，與國内封建餘孽貪污土劣與軍閥（軍閥有雙重頭銜，一是帝國主義走狗，一是封建制度的餘孽）的黨。如果黨外的黨，是代表被壓迫階級的呢，則其階級已經在本黨代表之列，無需乎有這樣一個多餘的黨存在；如果是代表壓迫階級的呢，則其階級，在本黨打倒之列，更不容有這樣一個反動的黨存在。那麽，黨外的黨，是代表處於壓迫地位的呢，還是被壓迫地位的呢？難道還有一個既不壓迫又不被壓迫，既壓迫又被壓迫的中間的玩意兒而有組黨的必要嗎？

第三，反對派攻擊以一黨治國，是襲取共産法西的故智，這種無聊的卑劣手段，實不值一駁。共産黨與法西黨的一黨專政，其能否治國，實爲問題，已如上述；即退一萬步説，我們不應有取法共黨法西的迹似，然多黨林立或三黨鼎立抑兩黨對立，豈不是又襲取了歐美各帝國主義國家的政治的故智嗎？那麽，如果我們反脣相稽，主張多黨存在的先生們，豈不是景慕嚮往於各帝國主義的國家的政治，想將中國造成帝國主義嗎？想將中國造成帝國主義，就是本黨民族主義的叛徒，凡是本黨主義任何部分的叛徒的，就不是本黨忠實的明白的黨員，就應當從本黨滚出去。本來，一國的政治要適合世界的潮流，不能不采取别國所長以爲他山之助。但采取别國的長處，應當先明白下列幾點：A. 采取甲國的某部分，不能絶對禁止采取乙國另一相异的部分；B. 采取别國的一部分，并不等於采取其全部，更不是就與被采取的某國是一樣的東西。具體地説，采取帝國主義國家政治的某一部分，不一定自己就是帝國主義，采取與共産法西相似的某一部分，自己更不就是共産黨或法西黨，正如共産法西均以一黨專政，而共産自共産，法西自法西，絶對不能混爲一談一樣。何况共産法西，也并未登報聲明，祇此兄弟兩家，并無分出子孫在外呀；何况本黨之以黨治國，并不是采取共産法西之一黨專政，即使没有共産法西之一黨專政在先，本黨也還是要以黨治國的呀。

第四，捨開理論不談，就事實説，本黨就是要與黨外的黨，共同治國。究竟與誰共治呢？第三黨之不健全，不够黨的條件，本刊汗文君已詳爲證明；青年黨之國家主義，假如有優點，本黨以一民族主義賅括之而有餘；無政府黨，不要政治，據張任天先生的無政府黨之解剖上説，而根本就没有黨；共産黨當然是主張一黨專政的，與共治主張根本相反；其他進步黨，新中國黨，新社會黨……或早已嗚呼哀哉，或僅留已死的殘骸，或到了臨命的五分鐘。此外，誰還配稱爲黨，可以老起臉來同本黨治國？難道，主張多黨共治的先生們，想做一批投機生意，從今天起，趕快去製造出一個或幾個黨來與本黨共治嗎？

多黨共治説，不過如此。至野黨督治，更根本祇足危害本黨的以黨治國。因爲無論任何黨决不久甘在野，自然日圖破壞在朝的黨，使在朝黨的政策失敗，信用減低，以便自己取得政權。所以，説野黨造亂或野黨催命則可，謂野黨督治，實爲大謬。我們如果不信仰本黨的主義足以治國，自己又不肯努力貫徹主義以治國則已；否則，野黨督治之説，實是糊塗之至的夢囈。

各種謬説既闢，以後討論本黨以黨治國的時間問題。

下篇　以黨治國的時間

1. 錯誤的意見

以黨治國的時間問題，比以黨治國的解釋，更見分歧，幾乎找不出一個正確的意見。正如寓言上所説，一群瞎子，大家争論着自己撫摸過的象，你説象是一個大鼻子，我説象是一個大軀幹，他又説是一隻粗腿。這樣辯論下去再説到一千年，究竟象是怎麼一個玩意兒也還是不能解决。現在且把這個被尸解了的象——以黨治國，分成兩類陳列於下：

一、主張以黨治國是永久的。主張這一説的是雪崖。他的《黨治時間問題的討論》上説："黨的權力無論在什麼時候都是高於一切的，黨治主義無論在什麼時期都是適用的。"换句話説，就是天長地久有時盡，黨治綿綿無絶期。

二、主張以黨治國是暫時的。主張以黨治國是暫時的的人最多。有的主張以黨治國是衹限於軍政時期、訓政時期，可謂爲半黨治時期，憲政時期爲黨治消滅時期（胡行之：《黨治問題的總批判》）。有的主張以黨治國至訓政時期爲止，憲政開始之日，必須先開國民大會，既開國民大會，則黨治便不能存在。亦有一説，憲政時期，雖已放弃獨裁，但事實上仍可保有其獨裁（薩孟武：《以黨治國》）。有的主張以黨治國實可行之於憲政時期之一部分。試節舉南京特别市黨務指導委員會對中央第五次全會之建議案以實之。建議案上關於以黨治國的時間問題，説：以黨治國，僅適用於軍事訓政及憲政開始三時期。憲政成熟，黨須還政而施行民治。故以黨治國，亦可謂之以黨攝政。因人民無管理政治之知識與能力，不得不由代表全民利益之黨，代爲統治，同時訓練之，組織之，以保證民治之確能實現。是憲政時間以前之黨，猶憲政時期之民，此即黨權高於一切之理由與必要。而在此訓政時期，尤當特别擁護者也。

除了上述的各種意見以外，尚有以爲以黨治國是以自治治國，及以黨革命的意見。這種意見，與我們所説的以黨治國，根本不發生關係。因爲無論是以自治治國或以黨革命，都不是以黨治國。黨的意義既非等於自治，而治國的意義又不就等於革命。他們的意見，既不能歸之於以黨治國的解釋上去討論，當然更不能歸之於以黨治國的時間上來討論。并且那些作者，似乎根本也非本黨黨員，其反對本黨的以黨治國，用些莫名其妙的解釋，想淆亂一般人的視聽以達到其反對黨治之目的，也是意中的事。我們衹要明白這一點了，對於他們的意見，在此處衹好暫時不理，讓他們去狂吠。

至於那些對準以黨治國的時間發揮意見的先生或黨部，我們既認爲有不妥當的地方，當然當仁不讓，不能默爾而息。現在將他們的錯誤指出如下節。

2. 以黨治國不是以黨建國

最不幸的是他們一提及以黨治國的時間問題，就離不開《建國大綱》上的話，好像《建國大綱》的神通廣大，足以保障他們的意見不至走上錯誤的路似的。自然，《建國大綱》，是我們建國的寶典；然而它對於以黨治國的問題，因爲“隔行如隔山”的原故，未免有點愛莫能助之概。何以故？因爲建國大綱，衹是“建”國的大綱而不是“治”國的大綱故；以黨治國所討論的是“治”國問題，與“建”國問題各自有其分野故。不信，且看我們總理的演詞：

> 我從前見得中國太紛亂，民智太幼稚，國民没有正確的政治思想，所以便主張“以黨治國”。但到今天想想，我覺得這句話還太早。此刻的國家，還是大亂，社會還是退步，所以現在的革命黨的責任，還是要先建國，尚未到治國（《黨員要大家團結起來爲國》——十三年一月廿日講）。

這幾句話，不但把以黨治國與以黨建國的意義分得清清楚楚，同時也把以黨建國與以黨治國的時間分得清清楚楚：就是建國必在治國之先。如果國未建好，便想治國，其弊害一定很大，所以總理接着便説：

> 從前革命黨推翻滿清，不過推倒了清朝的大皇帝。但大皇帝推倒之後，便生出了無數小皇帝，這些小皇帝仍舊專制，比較從前的大皇帝還要暴虐無道。故中國現在，還不能像英國美國，以黨治國

（紺羽恭按："還不能像英國美國以黨治國"者，是説，即使像英美的以黨治國，尚談不到；更別説本黨所主張的以黨治國了。并不是説本黨的以黨治國，是想比附於英美，如果一誤會，便是差之毫厘，謬以十萬八千里了）。（因爲）今日民國的國基還未鞏固。（怎麼辦呢?）我們必要另做一番工夫，把國家再造一次，（建國）然後國基才能鞏固。

索性用總理的用語來説吧。"如今日上海廣州常見之青草地上起洋樓，必先經過一棚寮時代"，"由此乃可以建築洋樓"。而建築之際，又必然經過經之營之，庶民攻之，日出而作，日入而息的勞苦力作，始可把洋樓建築成功。這勞苦力作的"棚寮時代"，就好比建國的時代。及至洋樓建築好了，然後去規定哪一間房子睡覺，哪一間房子會客，哪間吃飯，哪間洗澡出恭；以及怎樣陳設，怎樣裱糊，優哉游哉，輪焉奂焉，猶之就是治國的時期。房子未造好，便想分配住室，固"衹是空中樓閣，永不能實現"（參看《組織國民政府案之説明》）。而徑謂棚寮就是洋樓，尤屬指鹿爲馬，愚不可及。所以，討論以黨治國的時間却到建國大綱上去找材料，正如錯認棚寮就是洋樓，經營力作，就是陳設裱糊。不知道建國大綱最後一句，纔説到"建國之大功告成"，至於治國之實施開始，不能不到接續建國大綱的書上去找。不幸的是我們總理，衹説到建國之大功告成就捨我們而去，以致討論以黨治國時間的人們，到建國大綱上去找保障，結果碰了一鼻子灰。

3. 建國時期談不上治國

在許多錯誤的意見之中，尤其錯誤的是説軍政時期是完全黨治時期。説這話的這位先生，不但不知道以黨治國在哪兒住，簡直連治國的條件也不知道。夫治國，必定先要有政權。政權在握，纔能遂行一切的策劃，纔能治理一切的政事，没有政權，不用説，衹有袖手旁觀，讓別人去治國或亂國。軍政時期，是以武力奪取政權的時期，此時的政權，還在敵人手中，多也不過一小部分軍事權而已。這種情勢之下，任你有怎樣好的建國大綱，治國細目，都無從實施，再大的治國志願，也衹是空口白話，而且（一）當此時期，黨的全力，都集中於軍事方面，戎馬倉皇，軍書旁午，大家都衹求怎樣能使軍事勝利，以縮短此不幸的時期，哪裏有工夫去談治國？（二）這一時期，是頂危險的時期，即使有一小部分的政權或軍權，都在風雨飄摇，驚風駭浪之中。勝負乃兵家常事，成敗利鈍，多不可逆料，又怎能有十二萬分把握似的，便高枕無憂地來談治國？（三）這一時期，不但是政權或軍權衹限於一小部分，而以地域的範圍言，也必是偏於一隅，或是一縣數縣，或是一省數省，而這一縣數縣，一省數省，去全國幅員，必尚相差很遠，必不能妄自尊大，稱之爲國。那就即使一面整軍經武一面又勵精求治，而實際上，也似不能便大言不慚地謂爲治國。所以，軍政時期，是最不能稱爲以黨治國的時期，若有人偏以爲是完全黨治時期，其錯誤實已入於膏肓，雖有和緩，也就不能起死回生，大施其回春妙手了。

同時，訓政時期也不能説是以黨治國。軍政時期，是奪取政權的時期，而訓政時期則爲鞏固政權的時期。政權既經取得之後，若不使它鞏固起來，則舊的敵人會捲土重來，新的敵人也會取以自代，結果，五日京兆，就是想治國也將不被容許。所以必需經過訓政時期，使黨的人材輩起，足以領導全國，統率全國；民衆的認識統一起來，能够信仰黨，服從黨，以鞏固所取得的政權。

而且，憲政時期，也還不就是以黨治國的時期，這個時期衹能説是政權鞏固的時期，第一時期奪取政權，第二時期鞏固那已取得了的政權，但雖鞏固政權，而政權究竟能不能鞏固，還是問題。必須經過憲政時期，纔足以證明政權已經鞏固，纔可以放心大膽地掌黨去治理全國的政務而没有什麽危險。

總之，在建國三時期中，都談不上以黨治國，以黨治國的開始，是“建國大功告成”之明天的早晨。總理説，“其實我們現在何嘗有國呢？應當先由黨造出一個國來”，造出國來了，纔有國可治。這就是治國與建國的分野。好多人以爲本黨最終目的，衹在建國三時期而止，所以拿起以黨治國四個字，無處可以安放，便想馬馬虎虎地在建國時期中找一個位置；不知建國大功告成之日，本黨使命更爲重大，本黨的前途還很遥遠。因爲他們都有這樣一個錯誤的觀念，所以就是主張“黨治主義，不是一時的策略，乃是永久的策略”，“黨治主義，無論在什麽時期都是適用的”的雪崖，也説“不衹行於軍政訓政兩個時期，并且可行於憲政時期”。他所謂“永久”的範圍，就這幾句話看來，實在很狹小，衹限於建國三時期。

4. 以黨治國并不永久適用

就是雪崖的所謂永久，并不限於建國三時期，而“什麽時期都是適用的”這話，也還是錯誤。天下决没有一件東西或一種主義是無始無終，永久適用的，以黨治國當然也不是例外。無黨之始，固然談不上以黨治國，而如前所述，建國時期也談不上以黨治國。但我們不必牽强地談，雪崖的“永久”，一定包括着過去；也許他的意見衹限於將來。那麽，以黨治國，在將來會永久適用嗎？不！以黨治國的成立，其必需的條例，除前面説過的政權（治）以外，還首先要有黨，有國。據“三千年後”的革命家們説，政治這玩藝兒，將來必有一天會坍臺。這個問題，暫不討論，爲的他的證明，要等待“三千年後”，我們不是八千歲爲春秋的大椿，當然無從知道其實否。但無論是各派社會主義或本黨的三民主義，幾乎一致認定人類社會必有一天走入大同世界。所謂大同世界，就是説人類不分畛域，既没有什麽國界，又没有什麽黨派的世界。人類社會既没有國，又没有黨，甚至也没有治，則以黨治國，當然完全不能存在，即使曾經存在過，也當然不適用了。那麽，説以黨治國適用於任何時期，究竟何所見而云然呢！

5. 以黨治國的起點和終點

以黨治國既不見容於建國時期，又不是永久適用，那麽，究竟從何時起，至何時止呢？這裏，不能不有個交代。

第一，以黨治國是從“建國大功告成”之日起，建國與治國的分野，前面已反復申明，用不着再事煩聒。正如洋樓造好之後，不能讓它空寂荒落以至頹敗，故建國大功告成之後，即需馬上以黨治國，不能因循，也自無問題。其所以建國之後還需以黨治國的，就因爲本黨最終目的，不僅在建國，而在實現三民主義的大同世界。“建國大功告成之日”，是不是三民主義的大同世界已經實現了呢？怕誰也不能透徹地作個肯定答復。大同世界是要人類社會没有一切現在所有的人爲的畛域，是全世界的事，而不僅是一個國家的事，其路程何等遥遠？以黨建國，僅在“全國實過半數省份達至憲政開始時期……開國民大會，決定憲法而頒布之”（《建國大綱》第廿三條）。比起前者，何等容易？由此可知，就是建國大功已經告成，而去本黨主義實現，本黨最終目的達到之期還很迢遞。這個時候，如果不把政權操在本黨手裏，實行以黨治國，則政權一定會漸漸落在别的黨或系的手中。而别的黨與系，因爲其所代表的階級利益不同，以致主義不同，目的不同，決不會來實現本黨的主義。本黨雖已把國建好，也不過爲他人作嫁衣裳，正如工人們造好了洋樓，却讓别人去居住，自己還是上無片瓦，下無立錐一樣。本黨的主義，還是白紙上寫的黑字，如果本黨不要主義實現，目的到達，自無問題；否則，就非以黨治國不可了。

第二，以黨治國是到大同世界實現之日止。這句話有兩方面的意義：一面是必須到大同世界實現之日始可終止，一面是既到大同世界實現之日必須終止。因爲本黨最終目的，是在實現大同世界，大同世界一天不實現，就是本黨的目的一天尚未達到；本黨目的一天尚未達到，本黨的責任一天就不能放弃。如果本黨中途放弃了責任，則本黨的政權，難保不轉入反對黨反動黨的手中，而反對黨反動黨的主義與目的，是不是在實現大同世界實爲問題，即大同世界能否實現，本黨目的能否達到，實爲問題。故大同世界未實現時，本黨的以黨治國決不能終止。然而無論是個什麽黨，什麽國，一定是尚有民族，國家，階級，人種……等等畛域存在的社會中的産物。這種社會的畛域，在歷史上不知造了多少殘酷的往事，人類有史以來，就是人與人相砍的時期，就是這些畛域從中作祟。在往昔民智未開，衣食猶難，爲自己生活而相砍，猶有可説；晚近帝國主義一面侵掠弱小民族，一面壓迫本國勞苦民衆，并非生活問題所使，而是這種畛域的遺毒所發揚光大，我們更不能不對這種畛域加以深深的詛咒了。本黨的任務既是在消滅這種畛域，在畛域既已消滅的大同世界，當然不能讓自己這種畛域社會的産物存在，而實際上也已不能存在。故大同世界實現之日，就是本黨的以黨治國壽終正寢之日，以後人類歷史，地久天長，以黨治國於彼時毫無所用，而永久適用之説，實爲未加深思的淺薄之論。

6. 以黨治國的疑難和解答

以黨治國的時間，既已説明，而還有兩個疑難亦必趁此解答一下：

（一）以黨治國與民權主義　好多人以爲以黨治國，與本黨的民權主義有衝突的地方；不知本黨之民權主義與所謂天賦人權者殊料……唯民國之國民乃能享之，必不輕授此權於反對民國之人，使得藉以破壞民國。……凡賣國罔民以效忠於帝國主義及軍閥者，無論其爲個人或團體，皆不得享有此種自由及權利（《第一次全國代表大會宣言》）。“蓋個人不過社會之一分子，個人非自然的存在之物，乃社會的存在之物，個人之衝動熱情，思想行爲以及所謂權利，皆依存於社會，故對於個人權利與以最後之决定者，非個人本身，乃爲社會之安危。從而社會不必盡須承認個人之請求權利，反而個人請求權利之時，必當顧及社會之安危如何。今日中國社會……須用三民主義以救其弊，换言之，惟三民主義始能救中國。故惟服從三民主義之人，始有權利。”（薩孟武：《以黨治國》）换句話説，就是衹有服從奉行三民主義的中國國民黨的人（對於一般民衆，可以包括着非黨員，但以服從爲限），始有民權。既衹有這種人纔有民權，那麽，由這種人所選舉的有能的政權（遵民權主義上的術語説，應當説是治權。治權，就是前面及一般人習慣上所用的政權）掌握者，還會全是本黨以外的人或反對本黨的人嗎？這樣，民權主義與以黨治國，還會有什麼大不了的衝突嗎？

（二）以黨治國與地方自治　有許多人又以爲以黨治國與地方自治，是不能并存的，這也是未加深思的原故。第一要問的，本黨的革命是僅爲本黨而革命呢，還是爲大多數被壓迫的民衆而革命呢？如果爲大多數被壓迫民衆而革命，則我們總理明明召示我們："必須喚起民衆"，當然不能讓民衆一齊沉酣於睡夢之中，一切不聞不問，都交給本黨治理；就是説當然要民衆自己起來，擔負自己所應負所能負的責任，以輔助本黨力所未及，及督促本黨勇往邁進的步驟，糾正本黨一時或有的策略錯誤，以期本黨以黨治國的精神，不致有一時因人的問題而頓挫的現象。所以以黨治國與地方自治，不但毫没有衝突，而反相輔而成，相得益彰。不過地方自治，有一個必需的條件，就是以大多數被壓迫民衆的利益爲前提，而以本黨的主義爲依歸。絶對制止根本反對民衆利益，反對本黨主義的反動分子，假借自治的名義，操持民衆，乘機搗亂本黨，阻礙本黨主義的實現。這樣，地方自治越是有成績，本黨的以黨治國，就越有精神，越有能力，大同世界的實現期間，越是短促。第二要問的，就是地方自治的時候，本黨是不是依然存在？如其是，本黨黨員是不是應當到民衆中去做喚起，組織，訓練，領導的工作？而民衆之能够自治，是不是有待於喚起，組織，訓練，領導呢？如其答案是肯定的，則地方自治，不過是本黨以黨治國的表現之一種，不過這種表現，不僅行於治國時期，在建國時期就已經開始罷了。更有一説，就是當本黨改組的時候，上海《民國日報》的編者葉楚傖曾作過一篇文章叫做《中國國民黨回到民間來了》。這意思是説，本黨本來是民衆的黨，本黨黨員，本來不過民衆之一部。本黨黨員既爲民衆的一部，在地方當然有構成自治團體的資格。一面既爲民衆本身，有自治資格；一面又在民衆中努力宣傳本黨主義，喚起，組織，訓練，領導民衆。使民衆儘量地參加黨，黨儘量地接近民衆，黨與民衆儘量地努力於革命。這樣就可使本黨成爲民衆的黨，民衆成爲黨的民衆，民衆意識與黨的意識，都變成一致的東西，以黨治國與地方自治自然毫無衝突之可言了。

總結起來，以黨治國與民權主義及地方自治，不但没有衝突的地方，及還有互相依賴，互相限制，互相輔助的地方。明白這一點則無論是時間問題或解釋問題，或者可以有多少的明瞭了。

後　語

以黨治國的解釋與時間的問題，這裏似可告一結束。然這都僅就理論説的，但實際上以黨治國的這回事，未必如理論上所説的這麼漂亮。本黨的軍事發展到長江以後，本黨黨員一天天加多，而本黨的革命精神，却不能與黨員數量成正比例。爲什麼呢？爲的是一部分老同志（這裏的老不是指年齡）爲革命勢力發展的迅速，免不了驕矜起來，看輕了革命；一部分則原來的目的就很淺近，以爲目的（無論好壞）已達，用不着再繼續革命。雖然有不少的仍是繼續地努力。新同志呢，當然有不少忠實努力的分子，但一部分因爲未經過長期的訓練，不知道艱難困苦，把革命當作兒戲；而另一部分，甚至本來就是腐惡投機之流，其加入本黨，不過看見本黨勢力高漲，有很多升官發財的機會，可以從中找一個出身以博得高官厚禄。

尤痛心的，就是無論新舊，好多都把黨籍當作科甲，工作當作爵位，主義或政治當作升官發財，揚名顯親，喝奴使婢，狎妓置妾的工具。聽説某要人的公館（其實應當説是“母館”：公者陽也，母者陰也，公館多以陰性而得名也），林立京市，每一公館，都是高樓大厦，都是粉妝玉琢，都是錦衣玉食，都是民脂民膏。其餘類似的或稍遜的要人或準要人非要人，更是數不清的千千萬，説不明的萬萬千。這種情勢之下，奈之何官不貪且污也，不窮且盜也，黨不糟且危也，國不弱且亡也，我不太息痛恨於一般昏庸老朽貪污腐惡投機分子，而又不能生食其肉也！這種時候，我們説以黨治國是包含着黨員在内，而治國的時期又這般悠長，這般昏庸老朽貪污腐惡投機的“黨員”，當然不勝高興之至，因爲他們也有治國的資格。換句話説，就是將終身有升官發財，揚名顯親，喝奴使婢，狎妓置妾的機會。那麽，我的以黨治國論豈不似特爲助他們張目而作嗎？所以我在文終結之後，一定要補上幾句話。我想，這幾句話，衹要是本黨忠實革命同志，衹要承認本黨是或應當是革命的黨的人們，都不會以爲是不該亂放炮的吧。現在就把它寫在下面。

以黨治國，決不能以昏庸老朽貪污腐惡投機分子治國！

昏庸老朽貪污腐惡投機分子衹有禍國亂國，決不能治國！

昏庸老朽貪污腐惡投機分子是國賊，是民蠹，是革命的對象，是本黨的叛徒！

昏庸老朽貪污腐惡投機分子潛伏本黨，就是本黨絶大的危機！

要實現本黨主義衹有消滅昏庸老朽腐惡投機分子！

要實行以黨治國衹有肅清昏庸老朽貪污腐惡投機分子！

五中全會開第一次談話會之明晨三時完

（原載 1928 年 7 月 5 日《黨基》第 4 期、8 月 5 日《黨基》第 7 期）

問與答（通信）

一

紺羽先生：

有幾個也許是普通的問題不能明瞭，雖然我不耻下問，而竟無人可問。所以，來請教主持《黨基》的你，望勿以我爲不可教而不教之：

一、裁兵聲中的招兵旗幟。蔣馮閻各總司令不都有裁兵的明令嗎？即兩湖的李總司令，亦何嘗没有？但是，一二三集團軍未見實行裁兵，也許是時候未到，四集團軍却爲何還大招其兵呢？昨天我接到湖北來的兩封信，一封是我的朋友何君做了第幾軍的新兵訓練處主任的捷報，一封是我的同學孫君做了第七軍的副招募委員長的好音。以我這個常做“旅長”的混蛋比來，好不光宗耀祖乎哉?! 不過我同時便發生了疑問了。也許是李總司令眷戀兩湖無業游民的慈善之舉罷?! 或者是預備打到東三省去獨著勛勞捍護黨國罷?! 敢請有以教我。

二、廣州黄埔中央軍校改了名稱了。今天我接到黄埔發來的一封信，封面是國民革命軍陸軍軍官學校的，拆開一看，却是留學黄埔軍校的同志陳君寫的。爲什麽陳君到了這個學校來了？仔細看完了信，纔知道原是一個學校呵。但是，中央二字爲什麽要改爲“國民革命軍”呢？這個學校現在還是屬於黨或是屬於哪一個人呢？陳君還説，他和一些同學，很想跑了過來。衹是學校戒備極嚴，不便行動，好在薪餉加了四元，種種待遇都比從前好得多了，倒還好過日子，要我不必挂念，那我自然不挂念了。衹是他們貴校的這種舉動，却又爲什麽呢？敢請有以教我。

三、三民主義與孫文主義之區别。吴稚暉先生在漢對《京報》記者説三民主義不是孫文主義，那麽，三民主義與孫文主義的區别點何在呢？抑或有人將三民主義曲解作另一種孫文主義罷？這倒不能不弄清楚，敢請有以教我。

這幾個疑問，也許有多人和我一樣的不識不知，如必要時，敢請一一答復於黨基之末，以釋群疑。

作　霖　七，三，　太平橋

二

作霖先生：

承你“不耻下問”地“下問”於我的幾個問題，謹上答於次：

第一點，李總司令之裁兵主張，乃裁他人的兵，自己的兵則又當别論，李總司令之裁兵主張，乃文電上之裁兵，行動如何則又當别論。且李總司令壯志若雲，勇氣吞天，豈僅“預備打到東三省去”而已哉？蓋將不打平“天下十八省”（二十二省除兩湖兩廣）不止也。然則其招兵買馬，積草屯糧以及令友之發揚光大，胡足怪哉！

第二點，李總指揮改中央軍校爲國民革命軍軍校，此蓋天公地道者。本黨中央監察委員會首席委員吴稚暉先生曰：“我最近有一個非常可駭的提議，就是把黨也交給武裝同志，權也交給武裝同志。”李總指揮者，“武裝同志”也，對中央監察委員黨之“交給”，當然是“長者賜，不敢辭”，黨既接受了，則中央與國民革命軍（尤其是第八路）實爲一物而二名。本無更易之必要；而更易者，表示已經接受了黨也。且李總指揮，近方修睦於大英帝國。大英帝國曾有一陛下曰：“朕即國家”，李總指揮，亦何難師其意曰：“本總指揮即黨乎？”至軍校學生，每人月加餉銀四元，亦接受黨之表示也：昔者聖王御極，罔不大赦天下，見官加級，李總指揮之澤被軍校，此物此志耳。

第三點，三民主義之區别，昔有人以爲三民主義不足代表總理全部思想，言行，精神，人格，故倡孫文主義之説：蓋以三民主義爲孫文主義一部也；亦有以三民主義之名，未能十分表示其整個性，故易稱爲孫文主義者；意謂三民主義即孫文主義也。然此皆謬説，不足爲訓，當今黨國耆碩已另有正解，則三民主義非孫文主義也。《三民主義》者何？由民智書局出版，定價大洋五角而各書店皆有翻印之一本書也；孫文主義者何？

某校長曰，是爲基於中國之傳統思想的哲學；

蔣夢麟先生曰，是爲固有的道德；

李石曾先生曰，是爲分治合作；

吴稚暉先生曰，是爲武裝崇拜；

李德鄰先生曰，是爲與帝國主義者同一戰綫。

總結起來，孫文主義者，“基於中國武裝崇拜之傳統思想與帝國主義者同一戰綫分治合作之一種固有的道德或哲學”也。然則謂孫文主義非三民主義，或三民主義非孫文主義，又何間然？

上述僅就管見所及，拉雜書之，是否有當，尚希鈞裁。

紺　羽　七月四日

（原載 1928 年 7 月 5 日《黨基》第 4 期）

編　　後①

這一期的本刊，承社外的先生們的惠稿，至爲感謝。感謝的表示，照例是在於“物質”，而本刊因爲……衹能腆顔地説我們是“精神文明”的崇拜者，給與惠稿的先生們的，也衹是“精神”。我們雖没有什麽給與惠稿者，然無厭的要求或希望則還有幾點——

1. 繼續地惠稿；

2. 以真名（假如有非真名的）及詳址見示；

3. 對於本刊的缺點（當然没有優點）不吝賜教；

4. 惠稿不用横寫，不寫兩面；

5. 字迹以能使排字房認識爲準。

這一期因爲社外惠來有價值的稿件甚多，本刊幾個擔任撰稿的夥計，竟直都偷了懶。汗文的《孫文主義與馬克思主義》，還未寫起；紺羽的《中國國民黨的以黨治國（下篇）》竟直寫不出來，甚至於寫不寫還是問題了。好在紺羽的續稿有不有，不關重要，樂得多載點有精彩的佳構使愛讀本刊者飽飽眼福。

有幾封來函需要答復幾句的，分述於次：

克桴兄説我的孫文主義定義，似乎與“聰明才智”會發生得上關係，這不禁使我受寵若驚而以爲是不慮之譽。文學家們常常説，第一次説的是天才，第二次以後才説的是笨伯。我把黨國耆碩們的説話，偷集起來，實笨之又笨，何聰明才智之有？至於怕讀者先生們中有人發生誤會；不是我説一句近似挑撥的話，未免太看不起讀本刊的先生們了。克桴兄放心吧，本刊的讀者，至少，决不至低能到連紺羽的話都看不懂的。

---

① 編者注：本篇爲《黨基》第5期編後語。

作霖先生的“請教”中，祇有問第三黨是否共黨變相及第一二黨是什麼的話，像是真在“請教”。關於第三黨，本刊第三期汗文的文字可作參證；第一二黨，從無此名，大約就是本黨與共産黨吧。第三黨也者，本來是個莫明其禮拜寺（廟，諧音妙——編者注）的玩意兒，它的名稱，正足以爲其象徵。

（原載1928年7月15日《黨基》第5期）

在日本帝國主義對文化運動高壓之下產生的一個老英雄

中國有一句老話，叫做“生死人而肉白骨”。還有“使頑夫廉，懦夫有立志”一句話，則以和上一句話完全不同的含義被使用着。我以爲這兩句話的意義應當是一樣。在古舊的使用場合，前一句話，大約是感恩戴德；後一句話則是對於所謂聖賢豪杰的特立獨行的稱頌。無論在哪種場合，都是對個人説的，一方面誇示着個人，一方面也把用語的意義弄狹小了。以現任的眼光看來，這是一種僭妄。無論個人有多大的力量，是不能誇大到這種程度的。世界上有一種真能生死人而肉白骨，真能使頑夫廉，懦夫立的力量，但决不是個人，而是這時代。

我們生活着的這一時代，是個偉大的時代。是從來没有過的偉大的轉换時代，也就是革命與反革命，壓迫與被壓迫的勢力鬥争得最激烈，最尖鋭的時代。在這尖鋭的鬥争中，一面是無數英雄爲了未來的光明而獻身的悲壯的表演；一方面是壓迫階級在回光返照中的瘋狂的殘虐。這兩種相反的行爲，無論哪一種，在一定的情勢之下，都是可以使人感奮，自覺而勇敢的。用老話説，就是：死人也可以使他活，白骨也可以使它長肉，頑者廉，懦者立。世界上决没有比死人還死，比白骨還朽的人，除非他自己就是壓迫階級的一員。

高爾基的《母親》，畢竟是一部偉大的名著。他把我們這一時代中的這一意義，最好地表現出來了。母親，是一個没有知識的老朽的人物，對於這社會的本質的不合理，一點也没有理解。然而因爲目擊在工廠裹做工的兒子及兒子的同志們的英雄的獻身，和工廠主，官憲，警察，軍隊們的一貫的殘暴，自己也終於覺悟而成爲最前綫的鬥士。固然，你可以説，因爲獻身的被殘害的是她的兒子，所以她能自覺，没有什麽稀奇。

但是，請注意，我對你説過，革命（或反革命）是出於所謂自由人，第三種人的同情，義憤，而路見不平，挺身而起，拔刀相助麽？要是没有，這正足以證明革命（或反革命），大而言之，和全階級的利害；小而言之，和個人的私生活密切地關聯着呀！

在日本，有和高爾基所表現的母親一模一樣的一個老英雄，就是日本文化運動的指導的理論家藏原惟人的父親藏原惟廓。所不同的，衹是高爾基所表現的母子都是工人；而這裏的父子都是知識分子而已。

在日本帝國主義的法西司蒂政府對於新興文化運動的瘋狂的摧殘之下，藏原惟人的被捕，被拘囚，不過是成千成萬的事件中之一而已。在這樣的場合，我們的文化戰綫上的鬥士們，雖然不被公然地宣布死刑，像另外更野蠻的東方古國一樣；然而他們被加上的生理上的損害，是在死以上的。種種非法的，秘密的嚴刑拷打，不宣判罪名而長期地拘禁等等，不用説，是已習爲故常；就是這班囚徒們，有朝一日，僥幸有脱獄的可能，若是他是個比較重要的人物的話，則他的脱獄，是要比被關在牢裏，嚴刑拷打，甚至於死還要可怕到不知該多少倍的。因爲聰明的日本法西司蒂政府，會用很巧妙的方法，來損害這脱獄以前的囚徒們的生理上的最重要的機能，使他出獄之後，即使活着，也永久成爲白痴或殘廢。不然的話，就是使喝上可驚的分量的毒菌，如肺結核，梅毒之類，於是，這個人決不會等到三年五載，就要一命嗚呼。所以，有好些人，從他被捉的第一天起，至少在工作立場上看起來，簡直是和宣布死刑是没有分别的。藏原，不用説，就是許多被送進這殘酷的，黑暗的運命的人們中的一個。現在，藏原的全集，已經由作家同盟出版了，這内中，是含得有多麽悲痛的，壯烈的，絶望的紀念的意義喲！

但是，無論法西司蒂政府用怎樣殘酷的手段來摧殘這新興文化運動，來屠殺文化戰綫上的鬥士們，也决不能撲滅這已經燃起了的革命的火焰。剛剛相反，衹是更煽起這火焰的擴大而縮短燒毁自己的臺基的速度！爲什麽呢？因爲這瘋狂的行爲，一定會增加敵階級的憤怒，一定會加强戰士們復仇的决心，一定會使本來猶豫絶望着的人們，加深自己的認識與勇氣。藏原和他的夥伴們，即使已經完了，新的藏原們却十倍百倍千倍地在群衆中生長起來而使這階級與階級之間的鬥争日益激化。

在這樣場合，在與被殘害的鬥士們是屬於同一階級的人們之中，最容易憤怒，最清楚地瞭解這鬥争的嚴重的意義而且最容易鼓起復仇的决心與勇氣的，往往是鬥士們的家屬，尤其是痛愛兒女的父母的這回事，恐怕是用不着怎樣解釋就可以明瞭的吧。那麽，我們在藏原被捉之後，看見他的父親，已經六十來歲的老藏原挺身走上文化戰綫上來的，這種英勇的表現，除了感激之外，還有什麽可以驚奇的呢？固然，老藏原是已經老了，如他自己所説，對這文化運動，也没有很深的瞭解。但是這有什麽關係呢？我們生在這生死人而肉白骨的時代，“老”，或者“不很瞭解”，是决不能阻止人成爲一個鬥士的。

第一次知道老藏原，是在一家書店的書架上看見藏原的最近的論文集《新興階級與文化問題》。這集子是藏原在入獄以前，用好幾個筆名，在好幾個刊物上發表過的文章。入獄以後，由老藏原搜集起來出版的。末尾，有他一點短短的《書後》。《書後》，從他自己到監獄裏去探望藏原的經過説起，隨後説到這集子内幾篇文章的來歷，末後，“爲了他（藏原）和他今後恐怕一刻也不忘記的新興文化運動，希望這本書爲關心惟人的理論與實踐的所有的人們所讀到”。這，也許祇是點平常的文章，我當時看了，却受了很深的感動。

發現老藏原的英雄的姿態，是在作家同盟的書記長小林多喜二被日本法西司蒂政府嚴刑治死之後。老藏原在文學新聞小林追悼會上，發表了一篇追悼小林的短文。短文的末幅，我們的老英雄對文化戰綫上的人們這樣説：

> 我决定把身體弄强健，無論到甚地步，也做你們的後援者。我看見你們的鬥争的英雄姿勢，就抱着絶大的快樂和希望。爲了做你

們的後援，無論會陷入怎樣悲慘的境遇，也不敢辭。請對夥伴們全部地這樣説吧！我是除了這樣辦以外，没有什麽活下去的心情的。爲鬥争，哪怕衹活一天，也就很够了，我想。……諸君，莫把小林君的死，弄成白死了呀！

就衹這幾句話，在我，是覺得好久之間没有看到這樣直率的，富於情熱與刺激性的文章了。當然，這點短文以及這短文所表示的决心，如果是出於一個年青人，或一個作家同盟的作者，也許我不會這樣受到感動。但是，現在不是。是出於一個六十來歲的所謂“將就木焉”的人，一個對文化運動，“不很瞭解”的人！高爾基的《母親》是偉大的，但是，老藏原，却比“母親”更使我們感到現實！

在偉大時代面前，不知該有多少戰鬥的英雄，而這些英雄，又都以各各不同的悲壯的勇敢的姿態而顯現。假如我是一個作者，我將把這些英雄在自己的作品裏怎樣地表現出來喲！遺憾的是我不是，辜負了這時代，辜負這時代的英雄！

最後，親愛的朋友，我在此重複地説，老藏原已經六十來歲了，現在我特爲介紹給你，希望你，我，咱們二十幾歲的年青人，要能够在他面前敢於不低頭，敢於用眼睛看他，敢於向他説一句：

“我無愧於你！”

1933，3，12，Tokyo

（原載1933年3月30日《中華日報·十日文學》）

追論京派海派什麽的

舊戲的勢力真不小，我們的文人們，也模仿着在大鬧其什麽“海派”、“京派”以及“新京派”的問題了。

有人説，“京派”是胡適、梁實秋、章衣萍。“海派”是劉海粟、曾今可、崔萬秋。“新京派”是徐悲鴻、沈從文、何家槐。原來的名單，除了章衣萍、何家槐應當屬於“海派”，沈從文應當屬於“京派”以外，我不想改變什麽。不過，“京派”中没有劉半農博士與周豈明老人，殊屬恨事。并且，“海派”除了藝術大師、麻將詞人之外，也應當還大有人在。文剪公余慕陶、詞典專家顧鳳城、三角大王張資平，乃至批評家凌水即杜衡先生等，至少，也該是二三流的海派。至於王平陵、向培良、韓侍桁、楊邨人諸先生則又確確乎應推爲“新京派”的健將，不在話下。

所謂“京派”、“海派”、“新京派”等等，它究竟的含義是什麽呢？依鄙人的拙見——

“京派”者，官僚化、紳士化也。“海派”者，市儈化、流氓化也。“新京派”者，黨棍化也。如斯而已！

（原載1934年4月11日《中華日報·動嚮》）

文壇洗冤録

《文學》四月號有人説杜衡的《藍衫》是魯迅的《孔乙己》的模仿。我説不是。試舉例以明之……

1. 題目：魯迅的是《孔乙己》，杜衡的是《藍衫》。

2. 主人公：前者也是孔乙己，而後者則是祥茂叔。

3. 主人公的嗜好：孔乙己，喝酒；祥茂叔，上茶館。

4. 主人公的食品：孔乙己，茴香豆；祥茂叔，羅漢豆。

5. 主人公的詞藻：孔乙己是“多乎哉不多也”，以及“者乎”之類；而祥茂叔則是“知之爲知之，不知爲不知，是知也”。

6. 主人公的衣着：孔乙己雖然也穿長衫，可没有注明顔色，也不知多少件；祥茂叔則明明白白：“青布大褂”，并且有三件之多。

7. 主人公的出身：孔乙己“終於没有進學”；祥茂叔則在“前清也是有過功名的，戴金頂子的秀才”。

8. 其他。

總之，《藍衫》與《孔乙己》没有絲毫共同之處，所以，《藍衫》没有模仿《孔乙己》。

（原載 1934 年 4 月 15 日《中華日報·動嚮》）

廢稿示衆

有人問：《動向》不收怎樣的稿子呢？這話很難答復。我常想，幾時有一篇不用的稿子，特爲刊出來給大家看看，具體地告訴發問的先生們説“不收這樣的稿子”就好了，恰巧達五先生來了一篇《吹毛求疵》。正是我所要舉出的例子。達五先生的文章，老實説，再好没有，不過爲什麽要同新聞記者講修辭學呢？得罪新聞記者，在作者或者不在乎；但附驥於新聞記者的副刊編者，就没有那麽多的發稿自由。何况，講修辭學，倒不如勸讀《莊子》、《文選》來得更根本些。因此特將廢稿示衆，仰投稿諸君周知勿違，本編者有厚望焉。

（原載 1934 年 4 月 15 日《中華日報·動嚮》）

奴才與環境

主人有好環境，奴才没有。
主人能自己改造環境，奴才則不能。
奴才的環境，永久是壞的。
如其好，就是主人的仁慈。

奴才最需要適應環境。
奴才没有角，没有牙，也没有爪子。
甚至没有眼睛、口、耳朵。
也許本有的吧，叫“環境”磨光了。

有角，有牙，有爪子，免不了要搏鬥，傷或死；
殘酷，悲慘，
奴才都看到眼裏了。
奴才是聰明的。

主人不喜歡别人有角，牙，爪。
該不疑惑我要抵他吧?
該不疑惑我要咬他吧?
該不疑惑我要抓他吧?
除掉!
奴才是聰明的。

奴才有個偉大的才能：

在主人的背後慨嘆。

奴才有句永久的辯詞：
“我的環境不好！”

(原載 1934 年 4 月 29 日《中華日報・動嚮》)

娜拉與現代婦女問題

曹聚仁先生在《自由談》上發表了一篇《娜拉出走問題》，是根據《國聞周報》幾期的辯論，而想更展開以引起普遍的注意而寫的。不用說，用意是很好。不過，作爲史學家的曹先生的言論，那篇文章的說法，覺得似乎有點偏於感情。

曹先生說：

> 婦女運動的成績，僅有男女同學與女子剪髮二件事……
>
> 女同志卸下武裝，到深閨去享福，固不待言。各機關的女職員變成了花瓶，女子爭遺產雖平時見之報載，最多的還是以誘奸未滿什麽年齡的罪名訴求贍養費；所謂婦女職業，除女招待舞女之類不計外，多少女店員仍依靠她們的脂粉來過高度享樂生活。無論以什麽方式演出，仍是以傀儡始，以傀儡終，絲毫没有變更。

不錯，曹先生舉出的是事實；不過應該知道，這衹是事實的一部而不是全部。爲了避免論點分歧，這且不談，衹就曹先生舉出的事實說，雖然看起來，好像不值一顧，但這不值一顧的事實，比之於十年以前，即男女不能同學，女子不能剪髮，軍隊中没有女同志，機關内没有花瓶，法律上没有女子繼承權的規定，女招待女店員舞女不能成爲公然的職業的時候，顯然不同，并非什麽“絲毫没有變更”。曹先生說：“方式”雖殊，其爲“傀儡”也則一；我說：雖然同是傀儡，性質大相徑庭。十年前的傀儡完全是家庭的，個人的；而現在的像曹先生所說的那種傀儡，并非那樣。

現在，有許多得意的人們在用許多言語和行爲高喊一句無聲的口號：

“回到封建”，甚至“回到義和團”；中國目前的很多社會現象，比起這十幾年中所達到的最高點，倒退了很遠，這也是事實。不過，這事實對於那些高喊着的人們，衹是肥皂泡上的光彩。肥皂泡越大，光彩自然越美，離最後也就越近；而且就這事實説，仍和十幾年前，不是絲毫没有變更。

曹先生抹煞了十幾年來中國歷史的進步！

爲什麽要同曹先生争執這一點呢？因爲曹先生認爲現在與十年以前没有絲毫變更，或還原到十年以前去了，所以提出的口號，衹能是魯迅在五四以後，五卅以前，對於當時讀書的小姐們的名言：“夢是好的，否則錢是要緊的”，而失掉了這名言本身的進步性，成爲在現代不適用的東西了，這是不敢苟同的。

現在的婦女問題是什麽？應該怎樣提出來呢？爲了慎重起見，我先在此敬候高朋的指教。

（原載 1934 年 5 月 31 日《中華日報·動嚮》）

爲愚民政策捏一把汗

秦始皇焚書坑儒，爲的要使人民愚蠢，便於統治，以遂其子孫帝王萬世之業的野心；可是結果適得其反，還有九千九百九十八世没有望見影子，嬴府上的基業就“可憐焦土”了。這樣的史實，真有點令當今的希特拉之流灰心。

不過秦室之亡，有人説是由於書還没有焚盡，儒也没有坑完，還給人民留下了不愚蠢的種子。一不做，二不休，如果爽性做它一個徹底，到了天下没有文字，人民没有識字的人，安知又不可以子孫帝王萬世呢？

這説法我一向有些相信，衹在懷疑這徹底要怎樣纔可能。現在可連這樣一點相信也動摇了，因爲我在報紙上看見了這樣一段消息：

> 余姚通訊：十二日晚五時許，第三區吾容，姚西，陡亹三鄉計三十九村農民千餘人，迎神祈雨，進城與第一區屯山鄉農民千餘人會集後，歸途至陡亹街（即徐一清住宅之所），時徐一清以身爲區分部常務委員，即對農民略加宣傳，大意謂防旱非迎神所能奏效。詎農民受地方流氓之煽動，將徐扭住凶毆。復强迫徐一清往吾容鄉理論。詎行至陡亹及吾容兩鄉交界之長慶橋地方，竟將徐拖出復大加凶毆，氣息奄奄，將垂斃矣，復將其拖入河中，嗣又打撈上岸，將其頭部用凶器劈開，并用尖刀向徐身上猛戳，有一農民竟將徐之喉管咬斷。——節《中華日報》十六日“農村都市”。

幾千無知農民，迷信神怪，把一個宣傳破除迷信黨部委員打死了，不但無法無天，并且愚不可及。

從報紙上學會了多少乖巧如讀報秘訣之類的人，也許會懷疑這消息的真實性；另外的人，也許不以這偶發的現象爲滿足，還想去研究黨部委員跟農民們平日的關係。我却無心去管這麼許多。

我要説的是：秦始皇希特拉之流，以爲人民聰明了，會造反，危害皇朝，所以要人民愚蠢。但現在這椿事實，却證明人民愚蠢了，也是造反，危害皇朝的。難道迎神求雨之類的事，還不足以證明人民的愚蠢麽？

在秦始皇希特拉之流看來，人民真是再討厭没有的東西了：聰明了要不得，愚蠢了還是要不得！人民愚蠢了也要不得。始皇有知，當喟然嘆曰："孤初念殊不及此！"説到這裏，我不禁爲提倡復古，提倡迷信，提倡讀經尊孔，迎神賽會，逃禪佞佛以及男女有别等等的大人先生們捏一把汗。

（原載 1934 年 8 月 20 日《中華日報·動嚮》）

穿製服的文學家

前幾年，軍隊裏面有這樣一種人：穿的製服，繫的斜皮帶，徽章上的金邊跟一顆一顆的星，表明他們是什麽校或尉，看起來倒也威風凛凛的。但是他們不帶兵，不打仗，衹跟着帶兵打仗的人們一路走：幫帶兵打仗的人們説話。他們不是軍隊，衹是軍隊的附屬品。他們叫做政治工作人員。

政治工作人員中間，有一種叫做女宣傳員的，全是“女同志”。這些女宣傳員，一般地是粉搽得白白，胭脂點得紅紅，開會有她們，舉手有她們，平常作爲主任秘書什麽的的“戀愛”的對象的也有她們。但是她們在政治工作人員中，一般地，地位都很低。大約因爲她們的能力有限，既不會筆的宣傳，也不一定能口頭宣傳，名爲宣傳員，其實是并不宣傳的。

現在，軍隊中是不是還有這種政治工作人員尤其是這種女宣傳員呢?我不大知道。知道的是：至少有一部分人，已經不叫做政治工作人員了；新的名義是：“文學家”。

這些文學家，也穿的製服，繫的斜皮帶，徽章什麽的都有，衹是穿戴在精神上，肉眼是看不見的。至於不帶兵，不打仗，一路走，幫説話，跟從前的政治工作人員一模一樣。

這些文學家，是不是也搽胭抹粉，不很知道；不過他們也開會，也舉手，甚至還做决議案，作呈文，作通電，居然像煞有什麽主張。可惜的是，一般地説起來，在文學家中，地位也很低。因爲，既是文學家，多少總該有點什麽；他們是既不能創作，又不屑翻譯，也没有論文小品之類，名爲文學家，其實是并不文學的。

既不文學，偏又稱爲文學家；這是製服的力量。

但是，祇要穿製服就算文學家；在大學生們正鬧着什麼“職業大同盟”的現在，文學家的數量，一定會馬上加多起來，説不定會發生製服的恐慌。不是報上已經又有文學家們的廣告戰了麼？誰知將來還會怎樣呢？我爲這些穿製服的文學家們的前途捏一把汗。

（原載1934年8月9日《中華日報·動嚮》）

零碎話

一

有一天，《每日電影》上刊載一條消息，説中央宣傳委員會嚴厲取締攝製以一個地方的土話爲字幕跟對話的影片。

我不禁想起霓璐、丹楓、幸之幾位先生反對土話的主張。中央宣傳委員會的主張，正跟人們的不謀而合。

我以爲這是可以引起我們（連同丹楓先生們在内）的反省的。

二

“學而時習之”，子曰。

這歐化，好——劉復博士説，譏誚地。

然而，這樣的“歐化”，其實古已有之。最容易記的蘇軾詞：“明月幾時有？把酒問青天。”倘照現在的寫法，應該是——

A式：明月幾時有？（我）把酒問青天。

B式：明月幾時有？——（我）把酒問青天。

跟“‘學而時習之’，子曰”一樣。蘇軾早已歐化了。

三

一個朋友從别處來，帶着一張護照，上寫着——

“照得發給護照事……須至護照者。”

什麼叫做“照得”？什麼又叫做“須至護照者”？

想來想去，不懂。問問别人，别人也不懂。究竟有没有人懂呢？

不知有没有人懂的文章，還一成不變地保存着，還繼續不斷地有人寫。這是文言文的象徵，也説明了文言文存在的理由。

四

論語鄉黨篇：“君在，踧踖如也，與與如也。”朱熹注：“與與”，威儀中適之貌。張子曰：“與與”，不忘向君也。亦通。

什麼叫做“威儀中適之貌”呢？何以見得是“威儀中適之貌”呢？什麼又叫“不忘向君也”呢？又何以見得是“不忘向君也”呢？大家在那裏猜謎，在自我作古。

究竟“與與如也”，是什麼意味，有人能答復麼？

九，三

（原載1934年9月8日《中華日報·動嚮》）

談梅蘭芳

梅蘭芳這回在榮記大舞臺唱戲之前，我看到《人間世》第十一期上有大華烈士的關於梅蘭芳的一點小文章。他説，梅蘭芳在美國唱戲的時候，有兩個大學送他的博士學位，因此他是雙料博士。外國人稱一個博士叫做“温博士”，叫雙料博士爲“two 博士”。

“two 博士”這名詞，用諧聲的老法子一念，是有很猥褻的意義的。這文章，雖然出於幽默專家大華烈士先生的手筆，幽默的意味却一點也没有，有的却是無聊。關於梅蘭芳的出身或幼年，本來有些猥褻的傳説吧。那些傳説是真是假，無須研究，我也不想在此爲梅蘭芳洗刷。不過我們可以説，即使那些傳説是真的，那責任并不該梅蘭芳來擔負。在封建社會裏面，地主階級纔是最有社會地位的人物，失掉了土地的依據的流動職業者，一般地爲地主階級所輕視，優伶，尤其被視爲與奴隸娼妓同列。我的故鄉有一句成語：“世上三件醜：忘八，戲子，吹鼓手。”唱戲的的社會地位，可想而知。由地主階級出身的士大夫，一朝權在手，無所不至地玩弄卑賤的人群以爲快，是常有的。《品花寶鑒》那部書，就告訴我們在過去不久，中國的社會，還是多麽野蠻。梅蘭芳，曾做過那種野蠻時代的犧牲者，他身上烙的有這醜惡的歷史的烙印，是可能的。然而這是我們中國歷史的醜惡，也是我們全中國人民的羞辱。現在竟有人把這種羞辱拿來加在某一個犧牲者的身上，以爲嘲笑的資料，真是無聊得很！

同樣，我又以爲用男扮女這件事來攻擊梅蘭芳，也是過分的。男扮女，我反對，可是不能因爲梅蘭芳是男扮女的角色，就叫他負起這男扮女的整個責任。梅蘭芳是幸而因爲男扮女的角色，所以有現在的這種聲譽與地位的吧；但他也不幸而因爲是男扮女的角色，身上有一個歷史的烙印而受到許多意外的非難。男扮女這件事，一定會逐漸減少而絶迹，不過不一定到梅蘭芳就及身而絶。在梅蘭芳之後，我們還會看見不少的這種舊時代的犧牲者。

梅蘭芳現在是很有社會地位的人了。許多人正在奉承他是藝術家。梅蘭芳是藝術家麽？這是個值得研究的問題。

在唱舊戲的中間找藝術家，是件不容易的事。從前有個汪笑儂，他自己能編改劇本劇詞，還相當地有點思想。例如，他要破除迷信，他就唱《河伯娶婦》；他要駡賣國賊，他就唱《獻地圖》；他痛恨專制，他就唱《博浪椎》；他不滿意官僚政治，他就唱《左慈戲操》、《洗耳記》；他不願亡國，他就唱《哭祖廟》；他恨帝國主義，他就唱《亡國恨》（安重根刺伊藤事）……經過他編或改過的劇本，大部分都有相當意義，也很切合當時的時局。雖然後來學他的人衹學會了《馬前潑水》！并且他有他獨立的人格，他不結納官僚政客名流學者，也不依附洋場大亨，更不假藉什麽遺老遺少名士才子以自重。

自然，嚴格地説，汪笑儂的劇本與辦法，還是很不够的。不過，以他的時代説在舊戲界，稱爲一個藝術家，馬馬虎虎，還可以。

梅蘭芳唱了些什麽戲呢？《天女散花》、《嫦娥奔月》、《黛玉葬花》、《霸王别姬》、《簾錦楓》、《太真外傳》等等封建的，迷信的，才子佳人與英雄美人的，落後的，無聊的玩意兒。一個藝術家，同時該是個思想家。至少他自該能够思想。他應該認識這社會，瞭解藝術與社會的關係及在社會上的任務，然後由他的認識來决定他自己的工作。梅蘭芳，從他所唱的劇本看來，雖然在外國大學得回了雙料的博士學位，他却是個昏頭昏腦，一無所知的人。他不能算一個藝術家。

最近，梅蘭芳因爲打算到蘇聯去，不免有些自慚形穢地説自己的劇本，封建氣味太濃厚，應該加以選擇。這自然是很可喜的，希望他是真誠地覺悟，而不是從官僚們那裏學來的官話。不過我們還得忠告梅蘭芳，要免除封建氣味，僅僅選擇了幾個劇本是不够的。他先得從一切封建關係裏解放出來！他得從玩古董討姨太太的私人生活中解放出來！他得從官僚政客名流學者的無謂應酬中解放出來！他得從洋場大亨的奴役中解放出來！他得從他左右的遺老遺少才子名士的欺騙中解放出來！

擺脱一切舊的枷鎖，勇敢地踏上新的前途，成爲一個藝術家，時代的藝術家，梅蘭芳，未必絶無希望。

九，一三

（原載1934年9月16日—17日《中華日報·動嚮》）

施蟄存先生好自爲之

這年頭兒，有不少的“我有筆如刀”的朋友做了官，發了財；次焉者，也能招朋引類，出刊物，拿錢。前些時，不是有一個文學家被請到巡捕房去了麼？據他自己説，每月從一個地方就可拿千把銀子。同是一支筆，有人能拿這多錢，有人却不能拿，此“作家之群”之“擱筆”而長嘆者之所以大有人在也！

拿那拿千把銀子的文學家來説吧，那一支妙筆，實在并不比“現代”文壇上的大作家像施蟄存杜衡先生之流還優秀；不，簡直相去遠矣。相去遠矣的人，還能出刊物，拿錢，真正老牌大作家，像施蟄存先生，反編了兩期《文藝風景》，就被書店認爲生意不佳而停刊；拼命作了一篇關於檢查的幫忙大文又未邀到“上峰”激賞，天下不平之事，孰有過於此者！

不過，這不平的現象，却足以警醒施先生們，使他們覺悟文章的市價，不是靠什麽心理，感覺或唯美主義來决定的。要使文章有價的秘訣，還得先向穿號衣的文學家們學習。我相信施先生是已經學習了。至少，把他們出的刊物，拿來研究過，秘訣也許很多，重要的一個，就是能駡。施先生領神令之餘，覺得自己已得之矣。於是什麽“荒謬”，“愚蠢”等辱駡，便通娘搗奶奶地在《現代》九月號的“獨白”上出現了。

既然肯駡，駡的又是十惡不赦的 Sulian，已經就可算眼明手快，探驪得珠；雖然未必馬上就會拿到千把銀子，别的好處，總不會少。我想，優秀的作家施先生，如果穿上號衣，將來的希望，該不止千把銀子而已吧。不過《文選》有云：“木秀於林，風必摧之；堆出於岸，流必湍之；行高於人，衆必非之”，在無文無行的號衣文人中，在大學生知識分子失業者多於狗毛，一塊骨頭，就會引起大的鬥争的現時，安知施先生會不似林黛玉之在大觀園?

前途遠大，望施先生好自爲之!

九，三

（原載 1934 年 9 月 7 日《中華日報·動綳》）

偉大的勝利

杜衡先生——又是杜衡先生，唉——這兩年來在文壇上無緣無故碰了許多釘子，是值得我們“作家之群”“擱筆”長嘆的。

像杜衡先生，如果照凌冰先生——注意，凌冰先生并非就是杜衡先生，有《現代》上凌冰先生給杜衡先生的信爲證——所説的天下之公論是“與葉聖陶有頗多的類似處……而其筆調之圓熟沉酣却往往超越前者(葉聖陶)，而魯鎮（魯迅的）和區鎮（杜衡的）之不同，在於前者去時代較遠一些……而後者則提供更充分的綫索”，一句話，是超越葉聖陶跟魯迅的。超越了葉聖陶跟魯迅，就應該享受我們比對葉魯的尊敬更大的尊敬，乃事實上不但没有，却反而碰到許多釘子，難道還不值得引起我們每個崇拜杜衡先生的人的義憤麽?

然而偉大的作家，不是無聊的攻擊所打得倒的，瞧我們的杜衡先生，不是絲毫無所損麽? 第一，有人説他的作品“意識歪曲”，這好像是個致命的打擊了；但杜衡先生説過，他所努力的是“藝術的完成”，“道不同，不相爲謀”，批評他的人，簡直摸錯了頭腦！第二，又有人説他的作品，在“藝術”上也并没有“完成”，這又好像得到要領了；而杜衡先生説，那是用假名寫的。大丈夫應該行不改名，坐不改姓，用假名字寫文章攻擊人，足見其人格卑下，人格卑下的人的話，還值得我們相信麽? 所以杜衡先生雖碰到幾回釘子，勝利却仍舊是屬於他的。

然而偉大的勝利還在後頭。

最後杜衡先生在《文藝畫報》上作了一篇《梅蘭芳到蘇聯》，跟梅博士出了三個策，最後一策説：

> ……留心史達林先生的感想。這感想，即使祇用一個字來表示

也好，梅先生應該馬上拿這個字打專電回來，托報館用特號字刊載。這一下，中國的輿論界定然馬上就把態度改變。

把關於梅博士的話撇開不談，這裏，杜衡先生揭穿了“中國的輿論界”的一個大黑幕：原來是唯史達林之馬首是瞻的，這真是“大有反動之嫌”了！從杜衡先生的這一指示，我們看出了他的偉大的勝利。

第一，“中國的輿論界”，既然都是遥承的史達林的意旨，不用説，對於杜衡先生的“輿論”自然也是史達林的“感想”。那些意識歪曲呀，藝術并未完成呀，什麽什麽呀，無非都是史達林的留聲機（趕快申明，凌冰先生的偉論除外），還有什麽價值可言呢？於是杜衡先生兩年來所碰到的釘子，都被打得粉碎！

第二，對於杜衡先生的“輿論”既是出於史達林的“感想”，就是杜衡先生的作品“超越”葉聖陶魯迅的鐵證。史達林固然不足道，然而公然能拜讀杜衡先生的作品，讀了公然有“感想”，這就又當别論了。史達林的“感想”，使“中國的輿論界”，攻擊杜衡先生，固然可惡，然而總算拜讀了，總算有感想。你們葉聖陶魯迅的作品，能够使史達林拜讀麽？能够使他讀了發生“感想”麽？不能！不能，就是你們不行，我“超越”！

啊哈，偉大的作家的偉大的勝利！

且慢，還有一點點題外的話。

第一，像杜衡先生這樣足智多謀的人，梅博士早未羅致，還要等杜衡先生來做毛遂，未免遺憾。其次，如果梅博士真得到什麽人的寵睞回來，中國的輿論界又果真改變態度；而偉大的作家杜衡先生不能如此，真令我們“作家之群”有寫文章不如唱小旦之感。假如我給杜衡先生摇鵝毛扇子，我一定勸他改行，不知還來得及麽？

（原載1934年10月26日《中華日報·動嚮》）

蠻子氣開宗明義章

我告訴你：我是在我的故鄉生出來并且長大的。我們那兒的人，差不多全有蠻子氣這東西。我呢，我也有！

最好你别講我的什麽——當然是指壞話一類的。我，你瞧瞧，就不會有壞話落在你口裏；如果有，如果你是聰明的，閉住你的嘴吧！如果你不，你要説我壞，我衹有越壞。打個比方吧，我抽鴉片烟，一天本衹抽五錢膏子，你一説，我非抽一兩不行！我本衹打過兩回野鷄，你一説，我以後非打二十回不止。我賭錢，不過偶一爲之，你一説，我就非偏要當做家常便飯不可。一句話，你不説，作興没有事；作興自己把壞改好。你既好説，那就不能怪我。你説我不好，我就不好，我就偏要比不好還不好些，你能把我怎樣？你喜歡説，你就説吧，你説你的，於我何干？莊子説，呼我爲馬則應之以馬，呼我爲牛則應之以牛；柳下惠説："爾爲爾，我爲我，雖袒裼裸裎於我側，爾焉能浼我哉！"就算與我有關，又有什麽要緊？桓温説："大丈夫不能流芳百世，亦當遺臭萬年"；又有什麽人説："笑駡任他笑駡，好官我自爲之。"并且説的人越多我越好，因爲《文選》上説："其曲彌高，其和彌寡"；"木秀於林，風必摧之……行高於人，衆必非之"，可見我没有錯。

我有這樣一個脾氣——蠻子氣，你不曉得，也難怪；現在我告訴你了，以後就各人知趣，閉口不談。要是你還説我壞，那是你存心逼我壞，我除了壞還有什麽路走呢？我是被"逼上梁山"，我就壞透頂兒，我自己也不能負責任。好，一不做不二休，我就壞給你瞧瞧；可是喂，你爲什麽要逼人壞呢？逼人壞的人，自己就壞，比壞人的還壞。我如果壞得撞到天，你就簡直壞到天那邊去了。你既比我還壞，就不配説我[①]壞。叫

① 編者注：《芒種》原刊此處衍一"還"字，據意删。

壞人説壞的人一定是好人，所以我是好人，衹有你纔壞！壞蛋，難道你就不會學學好麽？

頂好，我告訴你一個乖：你説我好。你説我好我就越好。你説我一點兒好，我就好十點兒給你瞧；你説我十點兒好，我就好一百點兒給你瞧，不是告訴你了麽：我有這種蠻子氣，不光止我，我們那兒的人全有。孔子説："君子成人之美，不成人之惡，小人反是。"你説我好，就是讓我越好，就是"成人之美"，就是君子。現在你説我壞，就是讓我越壞，就是不成人之美反成人之惡，就是小人。孔子説："惟女子與小人爲難養也，近之則不遜，遠之則怨。"你既是小人，你説我壞，不是你對我"不遜"就是你"怨"我。叫小人"怨"或者"不遜"的人，當然是君子。所以我是君子，你是小人。小人，滚開些，一個人是應該"親君子，遠小人"的。

作興你會説：我要説你好，要你本有好纔行。呸！難道我就一點兒好都没有麽？就算現在没有，過去總該有些。要是你早説我好，作興我一直好到現在，一點兒壞都没有。可是你不説，我白好了也没用，爽性把好都丢了，專門壞給你瞧。我本來好的，現在叫你説壞了。你專門逼人壞，人壞了，你又更説；更説當然更壞，更壞你又更説。天下有你這種人，好人都會叫你逼壞，再不會有好人了。好跟壞是比較的，對待的。既没有好，也就没有壞；既没有壞，你説我壞的話就是無的放矢，等於零，等於放屁。孔子説："君子坦蕩蕩，小人長戚戚。"你這小人，心勞日拙，專門説人壞，結果一場空，多麽可憐咯！

就算我真壞。一個人既然敢壞，就不能怕人説，就不能因爲人説了就回頭。誰要是不，誰就不是英雄好漢，誰就不是我們那兒的人種，誰就没有蠻子氣，不懂蠻子氣。

蠻子氣萬歲！

三、一九、一九三五。

（原載 1935 年《芒種》第 1 卷第 4 期）

蠻子氣誰有章

"地球是動着的!"

十五世紀末了或者是十六世紀開頭，有一位名叫尼可拉士·科泊尼枯士的仁兄説了這們一句話。那時人全以爲地是不動的。

"什麽話！這説得的麽?"

"地球是動着的!"

"媽的巴子，你再説，老子揍你!"

"地球是動着的!"

"這傢夥要造反，關他的牢!"

"地球是動着的!"

"唉，你活得不耐煩了麽？砍掉你的頭，下你的油鍋，上你的刀山，拔掉你的舌頭!"

"地球是動着的!"

"喂，朋友，咱們講點交情，衹要你説地是不動的，我們就饒你，以前的事，一筆勾消。"

"地球是動着的!"

"你要做官麽？要發財麽？要博士學位麽？要當神父或大學教授麽？有有有，要什麽有什麽，衹要你説一句'地是不動的'就够了!"

"地球是動着的!"

"好吧，科泊尼枯士先生，算你狠，我們怕你，一切都讓步，不要你説什麽，衹要你不説地球是動着的!"

"地球是動着的!"

一種學説，要是剛出世，哪怕是真理，反對的人總多，因爲常常跟既成權威是相反的；要是業已跟權威打成一氣了，哪怕是假理，擁護的人一定不少，因爲權威底下本來有不少的人。科泊尼枯士仁兄難道就不碰見存文會一路的角色麼？所以他到處碰釘子。

可是“真金不怕火來燒”，“火”縱然能燒死科泊尼枯士的身體，可不能燒死他的那句話。因爲那句話是真理。爲了一句話是真理，銀子堆齊頸項，官或榮譽撞到天，牢獄，嚴刑，死，買不活也嚇不到，要他變他總不變，越説越響，越説越强硬，這傢夥强説是個野種，可有點像我們那兒的人，有點蠻子氣。

不過且慢，我説“有點像”，不過“有點”罷了，其實是不同的，這傢夥爲了什麼鳥真理，就這們幹，我們那兒的人就不這們傻。試問：真理值幾個子兒一斤？它吃得麽？喝得麽？穿得玩得麽？可不是，白糟蹋了蠻子氣！在我們那兒的人看來，地球是動着的也好，它是不動的也好，誰高興扯那樣卵淡！

這樣説，你可不能以爲我們那兒的人全是隨隨便便的。隨隨便便，還有什麽蠻子氣呢？我們不過“作文”，説話，“要幽默，要玩玩笑笑，尋開心”；至於“做人”，可就不同了，我們懂得“孔子的做人之道，做人要正正經經，不好走入邪道……一走入邪道，一定失業。”現在的大學生們不是在鬧失業的饑荒麼？失業就是没飯吃，那多可怕，不過，那是活該，誰叫他“走入邪道”的呢？我們那兒的人，從來就不失業，因爲我們走的“正道”。

科泊尼枯士仁兄就是“走入邪道”的好榜樣。正正經經的事不做，好好的聖經不相信，一天想些怪心事，説地球是動着的。所以他不但失業，還要失自由，甚至還要失性命。他不懂得“孔子的做人之道”，他不“正正經經”，他不配有蠻子氣。“走入邪道”的人都不配有蠻子氣，有了反害了他，他也玷辱了蠻子氣。不，他的蠻子氣是邪蠻子氣，是假貨。

我們的是“正道”，是“正正經經”的“孔子的做人之道”。孔子説，“攻乎异端，斯害也已”，我們是跟“邪道”不同的。像文天祥、方孝孺、王守仁、史可法、曾國藩……這些先儒，都是“正道”，都有蠻子氣。我們的蠻子氣就跟他們的一樣。蠻子氣，用在“正道”上，就是“天地正氣”，就是“孤忠節烈之氣”。像曾文正公（諱：上“國”下“藩”——謹注），爲大清皇帝陛下掃蕩了髮匪，延了幾十年的大清基業；使得大清皇帝陛下留下一枝胄，諱：上“溥”下“儀”，到現在還爲“倭寇”所愛戴，奉爲“大滿洲國”皇帝，年年進貢，月月來朝，好不尊榮。這都是我們的曾文正公的偉績。像曾文正公，那纔真是有蠻子氣的偉人，有天地正氣，孤忠節烈之氣的豪杰，是懂得“孔子做人之道”的聖賢，任你什麽種族思想的邪道，都不能動他；任你怎麽駡他忘本，是漢奸，是什麽，他都滿不在乎！我們那兒的人，差不多個個都是曾文正公，都有蠻子氣，都得“孔子的做人之道”。

像辜鴻銘，像林紓，你總該聽見説過；現在還有一個大人物，鄭孝胥，在“大滿洲國”做一人之下，萬人之上的當朝一品的宰相，在那裏講王道，講仁政，想完成曾文正公的未竟之志，將來還怕不是一個“鄭文正公”？這些人：從文天祥，史可法到曾文正公，鄭文正公，都跟野種的邪道不同，邪道爲的是狗屁也不是的真理，這些人是轟轟烈烈堂堂正正地爲的他們的主子江山！懂得了麽？這就是正道跟邪道的分別，也就是誰有蠻子氣誰没有蠻子氣，誰的蠻子氣是真誰的是假的最好的説明。

滚你的，野種科泊尼枯士仁兄，别在這兒冒充了！

（原載 1935 年《芒種》第 1 卷第 6 期）

大隱在朝

南京出版的《藝壇導報》上的文壇消息有這麼一句話：一個姓田的和另外一個姓什麽的“因某種關係，蟄居南京”。

關於那位姓田的，近來報上常有些消息，有時候説他在演戲，有時候又説他在講演，有時候又在作文章，談“國防”，同時我們也常常看見他的玉照，他的題字，他的攝影名作，新舊體詩等等。還有一本電影畫報之類的刊物上并且説他的一個學生接到他的信没有到南京去演戲，後來特爲去賠罪，竟受了一回大的申斥。申斥中的警句是，“我從前辦××社，你們都拿我的錢用，現在我一個月有三百元的津貼，倒不想來分幾個了”(大意)。

一個人正成了話題的中心，他的言行不斷地巍巍赫赫烈烈轟轟地照耀在我們的眼前，同時物質方面又有一筆不小的數目的收入，這應該正是“大丈夫得意之秋”，憑嗎還要説是“蟄居”呢？莫非以爲田先生還没有到“盛極一時”的時候麽？

或曰，“蟄居”就是隱居的意思，不是有一句老話麽：大隱在朝！若田先生者，可謂大隱也已。

(原載1936年2月20日《海燕》月刊第2期)

雙十以前

雙十以前，中國民主革命運動，起義過九次。如果那九次中間有一次成功了，我們現在的“國慶”就不是“雙十”；如果“雙十”那一次也失敗了，一定還有第十一次十二次的起義，不過也不能太多，一定很快就會成功的。爲什麽呢？因爲那時候的革命運動，是適應歷史發展法則的。縱使萬難，也一定成功。起義多少次，經過多少年，衹是時間問題；這時間又衹需五年十年地算，不必五十年一百年地算的。

第一次起義以前，如果不是直接參加起義的準備的人，大概大多數是當順民，對革命及從事革命的準備的人不瞭解。已經成功以後，又大概歌頌擁護新政權的人多。關於這，我不想談什麽。想提起的是第一次起義以後，最後的成功以前，各色人等對於革命運動的態度。不過這也很難的，因爲自己出世太晚，在那時候還在大人的提携保抱之下，當然對那時候的人，没有觀察能力，因之也没有什麽印象。好在人爲萬物之靈，會用自己的腦筋，能够依據自己所看見過的事物，用比擬、推衍之類的方法去把握没有親眼看見的事物。那麽，撫今追昔，加以想象，大概也可畫出一點輪廓。自然，歷史不會是重複的東西，但多少類似的地方總會有的吧。

第一是爲“當今皇上”出力報效的達官貴人。在他們看來，革命當然是造反，要奪我主爺的江山。鎮壓，鎮壓，第三個還是鎮壓。成天調兵籌款，忙得喘不過氣來。如有緩急，自有“友邦”幫忙，皇上的聖意也是“寧贈友邦，不給家奴”的。此外呢，當然還把種種帽子加在革命黨員頭上，譬如“盜賊”“土匪”“亂黨”之類。太平天國被稱爲“髮匪”或“髮逆”是周知的。我還在小學的時候，也的確看見過據説是趙爾巽寫的一種名叫《國賊孫×》的小册子。這般大人先生，鞠躬盡瘁，死而後已，自不必説；而因此成功，生食厚禄死受廟享的也不是没有。姑且舉稍前一點的人做代表吧，像某大師所大捧特捧屢捧不一捧的曾文正公。

第二是幫忙的文人。既存勢力是於他們有利的，可是在既存勢力底下也不是什麽重要角色，衹能在旁邊出謀劃策，摇旗吶喊。什麽革命思想是洪水猛獸呀，孔孟之道亘古不磨呀，君臣爲人倫之首哇，忠孝爲崇高之道德呀，中學爲體西學爲用啊，青年責任衹在讀書哇，以及玩玩笑笑什麽什麽呀，無非是怕革命勢力擴大，先用堅壁清野的辦法來欺騙麻醉那時候的青年。這種人的極端代表，不但怕革命，并且怕任何改革。拿王壬秋説吧，他豈不是把張之洞都當作“洋人”的麽?

第三種人，説得好一點，是屬於昏聵百姓之流。革命也好，不革命也好，都跟他無關係。他們因爲自己的生活相當優裕，又没有能力或膽量觀察社會一般人的生活，即使能够觀察，也因爲革命於自己的身家性命有關，衹好置身事外，裝得像煞無介事。真能這樣倒也罷了；可又不能。有時爲了洗刷自己，有時又爲了自己的寧静，免不了爲皇家通風報信，請兵捉賊，縱然無榮無賞，也無不情甘樂意。至於從皇家直接派來的伶俐的便衣警察，用袖手旁觀來掩飾自己的真面目，暗中做出種種毒辣勾當給革命運動以打擊的，則更不在話下。可惜的這種人往往爲無論哪一邊所看不起，因之永久是無名小卒之流，不但在當時，就在整個歷史上都很難舉出出色的代表。

第四是假革命分子。革命的隊伍他們也參加，革命的言詞也播弄，平日表示得最勇敢更激烈的是他們，一到生死關頭或甚至未到生死關頭，就見風使舵，投降告密，臨難苟免，賣友求榮的也是他們。像吴稚暉先生筆下所寫的某一時期的湯薌銘之流就是。至於那樣之後，如果也有人自稱“覺悟”，發宣言，寫悔過書，并且辦刊物演文明戲，宣傳大清皇上的深仁厚澤，或者仍舊裝出革命的面目使用巧妙的言詞想騙取知識較低的群衆。手法自然比湯薌銘高明得多，品格可也就低下得多了。

此外大概還有第五第六，可是很少重要角色，也未必發生過大的作用，我想用不着一一給他們畫臉譜了。

話説轉去，無論這些人取怎樣的態度，雙十起義終於成功了。縱然雙十那天不成功，以後總要成功的。因爲那時的民主革命運動是合乎歷史發展法則的，凡合乎歷史發展法則的運動，總會成功。歷史不管有些人怎樣痛惡着革命，打擊着革命。

（原載 1936 年《禮拜六》第 661 期）

魯迅的錯誤

好像有人在尋找魯迅的錯誤，什麽晚年啦，什麽個性啊，什麽什麽呀。……我願意供給一點材料。

據我所知，魯迅一生的錯誤有三回。

第一回，那時候我在編《動向》，正和猛克先生打關於藝術形式的筆墨官司，他，魯迅，寫了一篇短文投來，通篇是反對我的。這篇文章後來并未收進什麽集子裏去，大概是自知錯誤了吧。

第二回是陳望道先生編《太白》的時候，我用"悍膂"這筆名發表過兩篇《談野叟曝言》，是關於林語堂大師的。該魯迅也在《太白》上發表了一篇文章，提到我，大概是説我竟和林語堂講道理，是傻子。也近乎反對我。

第三回，你該記得，就是那篇《答徐懋庸》的萬言長信，裏頭竟有一句"如聶紺弩等所致的錯誤"，又是明目張膽地反對我。

反對我就是他的錯。那還有問題麽！

爲了清算魯迅的錯誤，我想發起一"魯迅清算委員會"，請章士釗，陳源（可惜徐志摩先生升天了），楊邨人，杜衡……諸位先生們來參加。在細心的公正的名流，學者，教授，理論家們的清算之下，魯迅的錯誤是無所逃於天壤之間的。

魯迅死後三十五日

（原載 1936 年 11 月《熱風》創刊號）

請莫介紹稿件

這裹向文壇名人和要人們請願：請您莫介紹别人的稿子來。如果介紹來了，不看，不用，乃至不退回。請莫見怪。

我常常想，一篇稿子如果好，以爲編者必需有人介紹纔看得出，這是存心侮辱編者；如果不好，以爲可以看介紹人的面子而采用，那就在侮辱以外，還帶着一點壓迫的意思。如果作者和編者是熟朋友，偶然托另外一個熟朋友帶點稿子來，又當别論。

文壇上常常有些糾紛，也有些是因爲介紹稿件而引起的。不有一位若英先生麼？因爲介紹他的“亡友艾霞”的大作給《文學》，没有被采用，事隔幾年，還懷恨在心，并且遷怒到“太上編輯”，大放厥詞。我多僥幸咯，和這位若英先生并不認識！

把投來的稿子原封不動的編者是可惡的。不過假如編者已經知道裹頭有“八行”，尤其某一個人的“八行”（照若英先生的文章看來，《文學》編者是知道有八行的），不拆不看，又未嘗不情有可原。我很爲那“亡友艾霞”的大作慶幸，雖然未用，總算還完璧歸趙了；假如那編者是我，恐怕連尸首也不會找得着吧。

末了，奉勸青年作家，要敢寫敢投，千萬莫迷信名人或要人們的“介紹”。

（原載1937年3月1日《熱風》第1卷第2期）

馬德里曲可不可以唱

不大容易看見北平的報紙；從六月二十八日的《大美晚報》副刊裹一則《學府拾零》上，得知陶希聖教授在和別人打筆墨官司，問題是有人唱《馬德里保衛曲》，陶先生認爲不可以唱。我没有看見陶先生的原文，寫《拾零》的人的引文又很少，和陶先生相反的意見也没有看見；不過假如那很少的引文没有錯誤或歪曲的地方，我想在旁邊插幾句嘴。

陶先生説：

> 惟有唱《馬德里保衛曲》不行！我們自己已無法保衛自己，還能去保衛别人？西班牙是爲了革命纔弄成那個樣子，然而革命革到爲人家作工具的地步，已够可憐，我們爲什麽還要去學他？難道非分裂開，拼個你死我活，把這塊地盤讓人家奪去不行嗎？中國目前需要的民族自衛，不是分裂戰争。革命自有出路的，但那必須先保有這塊土地！

要“保有這塊土地”，痛恨“分裂戰争”，這種愛國熱情是值得感激的，但因爲材料太少，不知道被陶先生指摘的人們究竟説了些什麽話；如果没有另外主張“内戰”或反對“民族自衛”的意見，僅僅唱唱《馬德里保衛曲》，就一定説是想學西班牙的分裂這論調，未免太苛酷了。西班牙内戰的戎首，不屬於馬德里方面，好久以來取着攻勢的也還是叛軍；如果説政府軍没有自動放弃馬德里，没有自動解除一切武裝，就是不願停止内戰的表示，我不想再説什麽；如果没有人有這種意見，《馬德里保衛曲》裹面似乎并没有包括内戰的煽動，唱這歌的人，就談不上有什麽内戰的企圖。

不錯，“各人自掃門前雪，不管他人瓦上霜”，正是我們的古老的教訓，我們現在也的確被雪封嚴了大門，無力觀察別人家的屋瓦；可是假如把這話看得過分拘泥，豈不是連寄些少的同情給阿比西尼亞，也就成了中國人的罪過麽？這種道理是不應該有的。我們應該説，惟其是中國人，纔能深刻地瞭解亡國的悲哀，纔能深切地同情阿比西尼亞，所謂“同病相憐”，所謂“兔死狐悲”，就是這種意思。西班牙的形勢自然和中國不同，却也有些相同的地方；同是受着世界法西主義的壓迫；不過壓迫西班牙的是德意兩國，而壓迫中國的則是日本罷了。那麽，長期地處於危急中的中國人，對於危急的馬德里僅僅唱唱保衛的歌，那歌裏又并没有勸中國政府把自己的國難不管，先派飛機炸彈軍隊火藥到馬德里去助戰，或勸中國人到馬德里去投軍的意思，似乎不見得怎樣罪大惡極吧。

或者説中國人應該先唱《中國土地保衛曲》，主要的應該是《中國土地保衛曲》，這自然千對萬對！如果那些唱馬德里曲的人們，簡直没有唱《中國土地保衛曲》，是以“馬德里曲”爲主體，那確實荒謬。然而中國雖大，有充分的自由唱《中國土地保衛曲》的土地却并不怎麽廣闊。衹舉一個例子：沈鈞儒他們，不過唱了唱《中國土地保衛曲》而已，爲了這歌，他們受了怎樣的待遇，陶先生大概知道吧。旁的地方尚且這樣，那些不容易斷定還是不是中國土地的地方的情形，住在北平的陶先生，衹有知道得更多。可憐的中國人，喪失了唱自己的歌的自由，衹好“借他人的酒杯，澆自己的塊壘”，希望聽歌的“觸類旁通”、“舉一反三”，這苦心不應該遇到非難。

據陶先生的意見，西班牙之所以弄到如此地步，完全是因爲革命的原故；且深以西班牙革命做别人的工具爲“可憐”，我不想爲西班牙革命辯護一個字，熟悉西班牙問題的人，應該能給陶先生以明確的回答；我衹是奇怪陶先生何以把一切的責任都推在革命的頭上；何以對於反革命方面却毫無貶詞，何以對於西班牙的吴三桂——現在正明目張膽地“爲王前驅”、“引賊入室”來侵占國土、屠殺同胞的叛軍——的行爲取着容忍的態度！反對唱馬德里保衛曲，總要不被誤會爲可以默許唱“馬德里進攻曲”纔好。

（原載1937年7月10日《自修大學》第1卷第13期）

人與魯迅

、

魯迅先生説："我總覺得我周圍有座長城在圍繞，這長城的構成材料是舊有的古磚和補添的新磚。"（《華蓋集》頁五〇〇）這幾句話本是寫一九二四年以後某一時期的現象的，我以爲借來説近代中國，也非常恰當。那古磚是中國的封建勢力，新磚是國際帝國主義的侵略。中國的人民就不見天日地生活在用這兩種磚造成的長城裏。近百年的中國社會潛伏着一種要衝破這長城的偉大的思潮，這思潮不斷地爆發各種各樣的改革運動：洪楊革命，戊戌變法，義和團，辛亥革命，五四運動。

有人把五四運動比之於歐洲的文藝復興，文藝復興的根本思潮，又被稱爲人的覺醒，那就是説五四運動也就是中國社會的人的覺醒。其實豈祇五四運動，百年來的各種改革運動，無一不帶有人的覺醒的氣氛，不過那些改革者們未必充分地把握着罷了。

原來封建制度建築在農民剥削這一基石上，是最不把人當人的東西。從反映在政制上的君臣觀念看來：所謂："普天之下，莫非王土；率土之濱，莫非王臣。"所謂："君要臣死臣不敢不死。"所謂："君者發令者也；……民者出粟米麻絲以事其上者也；……民不出粟麻絲以事其上則誅！"可見，民一向祇有兩條路：獻出辛勞的成果——"粟米麻絲"，或者被"誅"。然而出了粟米麻絲，果真就天下太平，百事大吉了嗎？并不！還要隨時準備脱褲子給那些聖君賢相派來的青天大老爺打屁股，隨時挨受地主老爺紳士老爺們的凌辱，還要準備給盜賊像黄巢、張獻忠之流來殺戮，不然，就給本族的或异族的有道明君或無道昏君像永樂、乾隆之流來殺戮！天才們給中國人民取了一個雅號："蟻民。"就是説，人民的生命像螞蟻一樣地不值錢，生命尚且不值錢，别的什麼自然更談不到。如果是鳥，應該有翅子，嘴或爪子；如果是獸，應該有角，爪子或牙齒；

然而不是，他們是人！説是人，豈不是也該有人的羽翼或爪牙的麼，像思想，智慧，欲望之類？有大概也有的吧，然而聖君賢相們用刀，火，牢獄，鞭笞和仁義道德之類來剪掉了！於是他們變成鳥中的鷄鴨，獸中的牛羊！多麼長的日子喲，我們人民生活和死亡在這黑暗的世界裏！

滿清末葉，國際帝國主義的鐵蹄踏到中國來了，中國人民在舊的壓迫之上，添加一重新的壓迫。那些帝國主義者，根本把殖民地半殖民地的人民都當作應該征服、虐殺的野蠻人看待，所謂“有色人種”，除了日本帝國主義，就是人以外的一種特殊的名詞。殖民地半殖民地比之於帝國主義國家，真也有些落後或甚至野蠻的地方吧，然而落後或野蠻就不是人，就應該征服、虐殺的觀念，却是他們“文明人”所獨有的東西！

文章寫到這裏的時候，日本“皇軍”的飛機正在天空盤旋，雖然這裏離對壘的前綫是遥遥千里；機關槍和炸彈的聲音，使窗子的玻璃在格格地發抖，積年的揚塵，暴雨似的從天花板上落下來，此時此刻，不知又有多少中國人死在這響聲中間了！衹要那聲音再近一點，我和周圍的人和鷄、犬、老鼠或猫，都會化爲灰燼，是不用談的！因此，我似乎不必舉什麼另外的例子，敵機的空襲，就是充分地説明中國人在近百年來怎樣遭受了國際帝國主義尤其是日本帝國主義的濃渥的恩惠！

我們的改革運動就是在這種情形之下爆發起來的。

然而以前的改革者們，都把改革看得十分簡單：政治家以爲衹要一道皇帝的聖旨，革命家以爲衹要打倒一個皇帝，實業家以爲衹要開幾個工廠，教育家以爲衹要興學校，軍事家以爲衹要有槍炮戰艦，鄉下老百姓以爲衹要趕走或殺掉幾個洋教士……到了五四運動，纔覺得以前種種，衹是部分的，形式的或者枝節的，雖説除了皇帝的聖旨，什麼都需要，可是總合起來，仍舊是不够的。如果人民没有獲得人的生活，人的知識，那些改革是没有保障的，因此，真正的改革，還須從人民生活和知識上的每一個具體的問題上着手。於是男女平權，婚姻自主的要求被提出了，歡迎德先生賽先生的口號被提出了，文學革命，思想革命上的多多少少的勝利被獲得了……一句話，人的覺醒這根本思想纔被切實把握到了。

首先在自己的作品裏具體地明確地指出了這一根本思想的却是偉大的天才魯迅。

中國古代的聖賢説過很多漂亮話，“民吾同胞”，就是其中之一。但是那衹是一句空話，那精神在什麼地方表現出來，恐怕誰也没有看見。衹有在魯迅的作品裏我們纔第一次知道中國真有人有着這樣偉大崇高的情操。他告訴我們：“中國歷來是排着吃人的筵席，有吃的，有被吃的，被吃的也曾吃人，正吃的也曾被吃。”（《答有恒先生》）他告訴我們：“仁義道德”的“字縫裏”衹有“兩個字：吃人!”在這四千年來時時吃人的地方他高叫：

“你們可以改了，從真心改起！要曉得將來容不得吃人的人活在世上。”

“你們立刻改了，從真心改起！……”

（《狂人日記》）

且聽他説他拿起文學的筆來的動機吧：

有一回我竟在畫片上忽然會見我久違的中國人了，一個綁在中間，許多站在左右，一樣是强壯的體格，而顯出麻木的神情。據解説，則綁着的是替俄國做了軍事上的偵探，正要被日軍斫下頭顱來示衆，而圍看的便是來鑒賞這示衆的盛舉的人們。

……從那回以後，我便覺得醫學并非一件緊要事，凡是愚弱的國民，即使體格如何健全，如何茁壯，也衹能做毫無意義的示衆的材料和看客，病死多少是不必引以爲不幸的。所以我們的第一要着，是在改變他們的精神，而善於改變精神的是，我那時以爲當然要推文藝，於是想提倡文藝運動了。

（《吶喊》自序）

在《藤野先生》裏也有過同樣的記述，并且“示衆”那篇小説，也顯然是以這一段經歷爲題材。

這就是人的覺醒的最具體的説明。

這裏我們必需注意到“愚弱的國民”這幾個字。五四運動和文藝復興雖然同是人的覺醒，却也有顯然不同的地方：文藝復興期的歐洲社會，衹受到封建制度的束縛，所要推翻的就衹能是封建勢力，到了五四時代，歐洲的資本主義已經發展到了帝國主義階段，它的無情的侵略已經加到中國頭上，所以中國的思想革命，不僅是要中國人民從封建傳統解放出來，同時也要中國民族從帝國主義鐵蹄之下解放出來。這裏的“愚弱的國民”，是含有充分的民族的意義的。

然而這民族的覺醒和人的覺醒是不能分開的，我們不能從魯迅的作品指出哪一篇是屬於前者，哪一篇却是屬於後者，自然他曾專門描寫過帝國主義的壓迫像《談香港》之類；也曾表示過弱小國民的悲哀，像《藤野先生》裏所記的日本學生對中國學生的歧視；更時常發表對於高鼻子和“高等華人”之流在中國横衝直撞，“勿要哇啦啦啦”的憤懣，像《踢抄靶子》裏所表示，《隔膜》、《買小學大全記》、《病後餘談》等許多文章，又明目張膽地指出异族統治中國的黑暗。雖然這樣，這些文章也仍舊統一在人的覺醒這一基本思想之中，無一不是人的喊叫，正像别的專談中國的文章，也無一不帶着濃厚的民族色彩一樣。

> 中國人一向是被同族或异族屠戮，奴隸，敲掠，刑辱壓迫下來的，非人類所能忍受的楚痛，都身受過，每一考察，真教人覺得不像是在人間。
>
> （《病後餘談》）

他把“异族”和“同族”并舉，那意思是：凡不把人當人的東西，就都是人的敵人，正不必問哪是國貨，哪是舶來品。

反映在《狂人日記》以後的《孔乙己》、《風波》、《藥》、《故鄉》、

《祝福》、《阿Q正傳》這一連串的光輝的作品裏的中國人民的生活完全是黑暗的。魯迅不但對於那些被侮辱被損害的人們的生活苦痛，并且對於他們在那苦痛生活中養成的愚昧、卑怯、誇妄的性格，也給與了深的發掘。普希金，《死魂靈》寫出了舊俄羅斯人民的悲慘，魯迅的作品應該不在《死魂靈》之下的，不同的是他所寫的是中國不僅以現實爲題材的這些小説，就是那些以歷史故事爲題材的小説《故事新編》，也完全反映着中國人，甚至是現代中國人的生活，性格和情感。此外有些記叙文，其實是注了真名實姓的小説，像阿長、阿金、衍太太之類的人物，也和阿Q、孔乙已、閏土、祥林嫂一樣使我們不能忘記。

至於那些浩如烟海的雜文，更是直接地向我們指示。辮子，小脚，鴉片烟，姨太太，以及爬和撞，推和衝，無論大小精粗，衹要是非人的東西，一經他瞥見就必然會抓住，提出，并且好像在大聲疾呼："你們可以改了，從真心改起!"我不知道魯迅的雜文究竟有多少字，但是我相信那每一個字都充溢着"人"的思想。

或者有人説，人的覺醒本是資産階級的東西；歐洲的資産階級有了這種覺醒，纔從封建束縛中解放出來。現在把它和魯迅結合一起，豈不像在説：魯迅的思想就是資産階級的思想麽？不錯，人的覺醒是資産階級的，但這是指新興的革命的資産階級，并不是指没落的、腐爛的資産階級。五四運動的領導者正是新興的民族資産階級，魯迅又在五四時代就已經是個倔强的戰士，假如説他的思想和那時革命的民族資産階級簡直没有關係，豈不是很奇怪的麽？不過歷史告訴我們：資本主義一繁榮，資産階級就不是以前的資産階級了（指歐洲的）。封建制度固然建築在農民剥削上，把人不當人；資本主義却建築在勞動者剥削上，更把人不當人，於是所謂人的覺醒，却變成了資産階級的自私的貪欲的個人主義。這就是説，資産階級雖然有過人的覺醒，却并没有真誠地實現這一覺醒；人的實現，還須等到更高級的社會。人的覺醒，如果不中途褪色，變爲利己的個人主義，就恰恰是到高級社會的一種準備。因此，魯迅的思想雖然曾經和某一時期的資産階級有多少關係，却斷不是"資産階級的"

所可包括。

魯迅有幾次説過這樣的話：譬如一群人被關在一座鐵屋子裏，明知無法出來，與其把他們叫醒使他們敏鋭地感覺自己的苦痛，不如讓他們睡着，昏昏沉沉地死去。有人説這是悲觀主義。光看這幾句，誠然是悲觀，如果和魯迅的全部作品一齊讀，那意思就變爲：徒然的覺醒是無用的，如果不能實現，倒不如不覺醒好。怎樣實現那覺醒呢？依魯迅的指示，就是戰鬥。

魯迅一生的歷史就是戰鬥的歷史，是誰都知道的。他和一切壓迫中國人民的惡勢力戰，和一切壓迫者的幫忙幫閑的正人君子們戰，和一切有利於壓迫者的道德或教訓，如貞操觀念復古思想之類戰，和人民在黑暗生活中被養成的自私，自大，卑怯，苟安，中庸，微温等劣根性戰，乃至和一切假裝前進，或假裝并不不前進的分子戰。五四時代他反對舊文化最激烈也最徹底；五卅、三一八前後，反對上海英國巡捕槍殺市民，反對段政府槍殺學生，反對章士釗陳西瀅那班“媚態的猫”，“吸人的血還要預先哼哼地發一通議論的蚊子”，也最堅决；九一八以後，更是不斷地反對日本帝國主義，反對李頓調查團，反對恐日、媚日的中國人們。一直到死，差不多無時無刻不在戰鬥中討生活。

讓我們聽他關於戰鬥的教訓吧：

> 世上如果還有真要活下去的人們，就先該敢説，敢笑，敢哭，敢怒，敢罵，敢打，在這可詛咒的地方擊退了可詛咒的時代。（《忽然想到》之五）
>
> 我們目下當務之急，是一要生存，二要温飽，三要發展，苟有阻礙這前途者，無論是古是今，是人是鬼，是三墳五典，天球河圖，百宋千元，金人玉佛，祖傳丸散，秘制膏丹，全都踏倒他。（同上之六）
>
> 我之所謂生存，并不是苟活，所謂温飽，并不是奢侈；所謂發展也不是放縱。（《北京通訊》）

然而戰鬥并不是一件輕而易舉，悠閑自在的事，伴隨戰鬥而來的是刀鋸鼎鑊，飢寒困苦，譏笑怒罵。古人説：“富貴不能淫，貧賤不能移，威武不能屈”，到這種程度總該可以戰鬥了，説不定還會被父兄的訓誨，妻子的規諫，師友的誘導，輿論的指摘所動摇，所以往古來今，固然有不少的戰士，但是退縮的，投降的，悔過的“戰士”却更多。那麼，有什麼法子呢？有，一個字：“韌！”

魯迅解釋這韌字説，天津某處的碼頭工人很有這種工夫，假如你要他搬一點東西，他説：“一塊錢！”你説東西很輕，“一塊錢！”你説路很近，“一塊錢！”你説……“一塊錢！”一個戰士就要有這種工夫。他又有一個很好的比喻：

> 我有時也偶爾去看看學校的運動會……競走的時候，大抵是最快的三四個人一到決勝點，其餘的便鬆懈了……假若偶有雖然落後却盡跑的人，大家就嗤笑他。大概是因爲他太不聰明，“不耻最後”的緣故吧。所以中國一向就少有失敗的英雄，少有韌性的反抗，少有敢單身鏖戰的武人，少有敢撫哭叛徒的吊客；見勝利則紛紛聚集，見敗兆則紛紛逃亡。
>
> （《華蓋集》頁一五〇）

因此戰鬥就必需這樣：

> 他走進無物之陣所遇見的都對他一式點頭……頭上有各種旗幟……頭下有各樣外套……
>
> 但他舉起了投槍。
>
> ……一切都頹然倒地……
>
> 但他舉起了投槍。
>
> 他在無物之陣中大踏步走，再見一式的點頭，各種的旗幟，各

樣的外套。……

但他舉起了投槍。

他終於在無物之陣中老衰壽終……

但他舉起了投槍！

自始至終不屈不撓，要有這種精神，纔能戰鬥。魯迅自己就是這樣一個戰鬥者！

魯迅先生周年祭作

作者附記：讀者可以看到這篇小文是虎頭蛇尾地結束了，作者的本意是想從魯迅先生的偉大精神，來指明目前在抗日戰爭中消極怠工和積極替敵人當劊子手的那些非人現象的社會原因，作爲後方工作的參考，但因爲精力不繼，時間倉促，以及參考材料不够，終於没有能够接觸到主要論點，對讀者對自己都是非常慚愧的，希望不久有補過的機會。

（原載 1937 年 10 月 16 日《七月》第 1 集第 1 期）

記周佛海林柏生

我不是廣交天下英雄豪杰的人，可是實在碰見過各種各樣的人物。以前，我曾寫過一篇《游吕菊芬》，那位游太太是和詩人黄濬等十八個人一榜，在抗戰剛開始的時候，就爲“大日本皇軍”光榮地犧牲了的。現在又寫周佛海和林柏生了；這兩位先生，我想讀者一定更是久聞大名，如雷貫耳的吧。

最初認識周佛海先生，還是北伐以前的廣州。那時候他在廣東大學當教授，我在準備考黄埔，本來井水不犯河水，爲一點小事，却認識了。

誰都知道那時候的廣東是革命策源地，廣州市的革命空氣，簡直濃厚得像牛油一樣；我是個在山陬小縣讀詩云子曰的孩子，快二十歲纔離開家，離家以前，連世界上有一種東西叫做白話文的事都不曉得。雖然跑了幾個地方纔到廣州，廣州街上的標語，報紙上的言論，在我看來，真是目迷五色，萬花繚亂。爲了考學校，爲了希望不落第，對於那些從來未聽過見過的新東西，不能不先有點瞭解，於是除了自己拼命讀書之外，碰着人就發問，不用説，那些問題都是極其幼稚粗淺的。我祇認識兩三個人，不到幾天，都被我問窘了，我自己尤其窘，因爲考期就要來了。有一天，朋友對我説：“我引你去會一個人，他很有學問，一定能答復你的一切問題。”誰呢？周佛海先生。

我已經不能記清會見這位教授、學者、革命家的時候的榮幸和會見以後的感激了。總之，他給我解答了許多問題，解答得非常詳盡，尤其是帝國主義、軍閥這些古怪的名詞。他説，不一定帶兵就是軍閥，不一定有皇帝就是帝國主義，帝國主義是資本主義發展到了最後階段，必需向國外找尋市場……他説馬克思説什麽什麽，列寧説什麽什麽……一大段一大段的理論，滔滔不絶，使我這從未見過世面鄉下的無知的孩子，聽得目瞪口呆。我完全不像我的朋友和我講話的時候那樣容易提出問題了，記得衹提出一個，問馬克思是不是中國人，問得他和我的朋友都笑了。不過他還以爲我的話有什麽言外之意，接着就告訴我：真理是没有國界，没有任何畛域的，青年應該有接受真理，爲真理奮鬥犧牲的勇氣。并且引出見義勇爲，見危授命等中國古聖先賢的道理，我想，我現在正站在一個學貫中西的大人物面前，莫非是在做夢麽？

受了他的教之後，我覺得我突然聰明了，用白話文著的書，書上的一些怪裏怪氣的話，也不再念不上口了，而且考黄埔一考就考上了。當然，那時候我决不知道從黄埔出來之後，仍舊衹寫寫《記周佛海和林柏生》這種無聊文章的。如果知道，你想，我還考它幹嗎呢？

再會見他的時候，是十六年，在南京中央黨務學校，就是現在的中央政治學校的前身。那時候，我在那學校裏做事，聽説周佛海先生要來教書，我高興極了。説起來很不敬，那學校裏的教授們，自然都各有所長的吧，可是在政治經濟方面，似乎并不比我强得多少，這自然是一種年青的狂妄的看法，其實并不然的。我有許多問題要請教，却找不着師傅，現在我原來的老師周佛海先生要來，怎麽不喜呢？我想，他來了之後，我一定天天到他房裏去，挑一大擔問題去問他，不消三兩個月，一定會有可觀的進步。

没有幾天，我在學校裏的小組會議的預備會議上碰見他了。同學們每周要舉行一次小組討論會，由教職員分别出席指導，在出席之前，彼此交换意見，免得言人人殊。這交换意見，我們就叫做小組會議預備會議。參加這預備會議的有羅家倫先生，段錫朋先生，谷正綱先生，康澤先生……末座叨陪的是區區我。這一次纔又添上了周佛海先生。討論的問題你説巧不巧，却是“什麽是帝國主義”。開始討論時，我説，這問題還用得着討論麽，周先生報告一下就行了。再説一次，以上的諸位先生，無不各有所長，而現在又無不功業彪炳了，但那時候，我以爲對於“什麽是帝國主義”這問題，瞭解得最爲透徹的，應該是周佛海先生，因爲我聽過。這也不是我個人的私見，我一説出，大家都同意了，周先生自己也當仁不讓，没有表示异議，如是就報告。

“帝國主義的成因，由於政治、經濟、軍事、文化、人口、宗教……”

滔滔不絶的名詞，術語，例证，比喻，從他的口裏出來，隨着唾沫一齊噴到我們臉上，恐怕有一個鐘頭之久。衹是話裏頭没有馬克思什麽的，見解也似乎有些不同了。他講完之後幼稚的我就問：

“這些原因之中，是缺一不可，同等重要的呢？還是有主要的和次要的之分呢？”

他答復了。可惜不記得。再説一次，我很幼稚，幼稚的人往往狂妄，這時候我竟不以他的答復爲滿足，甚至因爲他的前後的言論矛盾而起了一點反感。於是我提出了新的疑問：

“帝國主義，是不是與資本主義有關呢？比如説，資本主義發展到了某種程度……”

“這不能討論”，他説，“這是×××的理論！”×××代表一個違禁品。

我的老師，這不正是你從前告訴我的麽？爲什麽現在“不能討論”了呢？不能討論就不能討論吧，爲什麽還加一頂性命交關的帽子呢？難道我的血還值得給大人物洗手麽？不過在會場上我不能這樣説，可也不能無理由地撤回已經説出了的話，於是我謙虚地同時也狂妄地笑着説：

“請原諒，我没當過×××，不知什麽是它的理論，什麽又不是的。自然不必拾人牙慧，可也似乎没有在任何一點上故意弄得和他們相反的必要，因爲真理是没有畛域的。如果人家説地球是圓的，我一定要説是方的；人家説白天是白天，我一定要説是黑夜，那我豈不是以反對他們爲職業了麽？”

我後來纔想起我的話裏頭有刺。但在當時，别的幾位先生，雖然支持了我的意見，而我的態度却受了批評。

這樣一來，我的一個夢幻滅了。本以爲可以向他討點教的，倒弄得連碰見的時候，點點頭都很勉强。以後不久，我離開了那學校，不但不曾碰見他，連他的名字也不容易聽見。到聽見的時候，他已經追隨他的汪先生到“大日本皇軍”那裏投效去了。

提起林柏生先生，更是熟人，他和我同學同班，在莫思科。二十二年，我從東京回到上海，他在辦《中華日報》。會見之後，就請我到他家裏吃飯。他告訴我報紙要買新機器，要改版，要找一個適當的人編副刊。我正没有職業，當時就毛遂自薦，并且提出編輯計劃和方法以及其它條件。他答應了；不過暗示應該在副刊上提出一種文學主張，如“民主文學”之類，那時候他們是主張“民主”的。我也并没有輕視民主文學或别的什麽文學之意，衹要是文學，我都有幾分愛好；不是文學而冒充文學，硬貼商標，我都憎惡。衹是文學界似乎并没有盛行獨裁文學或專制文學，提出什麽民主文學之類似無必要。不過我没有説，他既衹是暗示，我也就裝着不懂，呆呆地望着他的客廳裏的華貴的陳設，墻壁上的花紙圖案和他的汪先生曾先生們寫給他的太太的墨寶——這是一個特點，他家裏的當代名人字畫的上款，都是他的太太的雅號，有人説他是靠太太吃飯的，他的太太很漂亮，不過這不是我所要提的。

過了幾個月，報紙改版了，副刊編成功了。他的態度很開明，也很放任，除了冒犯他的汪先生什麽以外，在副刊上説話還算自由。這樣，副刊自然容易辦好。不但我編的副刊頗有聲譽，同時，姜君辰，吴清友先生們編的《中國經濟情報》，《世界經濟情報》，袁牧之先生編的《戲》幾種周刊，也無不精彩。一時，《中華日報》以副刊（連周刊在内）制勝，從每日數百份的銷路增加到三萬幾千份。我們大家都很高興，覺得這個報紙真是前途無量。縱然銷路上不容易與申新等老報争衡，却無疑地能够成爲學術文化上的一個重鎮，可是三個月之後，突然欠起薪水來了，稿費自然隨同不發。起初薪水還可以先支幾成，後來簡直連一成都支不到。漸漸，房東也來報館裏吵房錢，排字工人，印刷工人，他的汽車夫和保鏢也時常嘖有煩言，同時在經理室也不容易看見他的影子了，我們，我們幾個編輯先生，對於他，可以毫不慚愧地説，一些賣血汗，趕苦工的人們，生活上受了影響，稿件來源也比較困難，可是還忍耐着，因爲這報紙有希望。目前大概是政治上的什麽影響。再過些時，從接近他的人們口裏傳出，報館經費，與政治上任何事件無關，是他拿去在交易所輸掉了，而且不僅這幾個月的。這樣一來，大家都起了恐慌，不能不找他要錢。我也是一個，我知道有許多作者，是靠從副刊上拿一點可憐的稿費生活的。可是他不到報館來，或者來一下，就馬上走了，家裏又招呼不在家，簡直無法碰見。我在報館裏守了一個月之久，好容易碰見了，我告訴他一些作者的生活狀況，勸他無論如何，發一部分稿費。他答應給一百塊錢，即稿費全數欠項的五六分之一，還要到晚上纔給。晚上我又守在經理室（我是日班），一直到兩點鐘，還不見他來，我正要走了，已經出來，却聽見裏頭電話鈴響。有人在接，我從旁一聽，正是他打來的，他正在大滬跳舞場。我有一個缺點：脾氣壞，我氣極了，約好了時間不來，該給的錢不給，自己却在跳舞場裏過“夜生活”。等他們説好了話之後，我接上衝了他一頓。第二天，他綳住臉一句話不説，交了一張支票。

從此以後，報館裏的變化逐漸顯著起來。第一是裁員：營業部和編輯部都減少了好些人，姜君辰，吴清友幾位先生，就是那時候離開的，自然每個人都被拖欠幾個月的薪水。其次是我編好了的稿子，常常第二天不見，代替的是一塊廣告，這纔知道，不知從什麽時候起，他已經天天要檢查副刊；并且越來越厲害，幾乎什麽話都不能説了。有一次，他又和我提起要提倡“民主文學”，要我寫文章。我説，寫了要有人響應纔成，他叫我找人，我笑説：“找人容易，五十個一百個都辦得到。不過人家在并非自動地提出或響應一種文學主張以後，在團結在咱們的文學主張之下以後，咱們能給他們一點什麽好處呢？肯餓着肚皮當嘍囉的人，是一個也没有的呀。”他曉得我在和他開玩笑，諷刺他不發薪水和稿費，以後就不談這一套了。

可是又來了新花樣：“外面風聲不好哇！”“人家説你有背景哪！”“報館擔待不起呀！”等等。我一向還不知道，他是一棵大樹，我在那樹底下躲逃太陽或風雨。我的第二個缺點是不大願意受人家的蔭蔽，何况他又明明是叫我辭職。於是，在年底就離開了那報館，自然那副刊也壽終正寢了。以後，除了向他討欠薪和欠的稿費以外，很少碰見他，也很少聽見他的名字，他似乎是在投效“大日本皇軍”之後，這纔享了大名的。

以上，是我對於周佛海和林柏生兩位先生素描，簡單一點，不過并没有隨我的好惡歪曲，這是敢於自信的。或者有人以爲這兩位先生竟至於幹出像他們今天所幹的這種“偉大事業”來，未免有些不可理解；我想那是由於不知道這兩位先生平日的爲人，或者雖知道，而以爲政治活動和人的人性人格之類絲毫無關的緣故。

一九三九，一二，一五，金華

（原載 1939 年 11 月 20 日《刀與筆》月刊創刊號）

偶　　語

“聖人之道，爲而不争”，愚人之道，争而不爲。

“道高一尺，魔高一丈”，道高一丈，魔高一尺。

説“齊人有一妻一妾”者，必不知天下尚有無妻之人。

惟女子與小人爲易養也，近之則不怨，遠之則遜。

“大匠能予人以規矩，不能予人以巧”，小匠也能予人以規矩，但自己也不能不巧。

夜行人呵，掩掉你的燈吧，因爲有無燈的人在你身邊行走。

欺瞞的嘴説出的話，往往“忠實”於忠實的嘴説出的話。

失意時屈意事人者，得意時必欲人屈意事己。

惟嬰兒最容易養成習慣，也最容易改掉習慣。

小小的缺點會影響人的終身事業。

人不能有痛瘡，有了就會隨便被人碰着。

醉人的老話："我没有醉"，逃醉者却往往説："我醉了，我醉了。"

人往往在没有知識的時候碰到幸福，在不幸的時候得到知識。

人人都崇敬智慧，却并不人人都熱愛它。

創作無秘訣。

對於矜持太過的人説："有屁早放。"
對於摇筆即來的人説："三思而行。"
對於滿紙浮言的人説："免開尊口。"

最大衆化的作品是一張白紙，最不大衆化的作品也祇是一張白紙。

傻子的故事是聰明人的創作，聰明人的故事也是聰明人的創作。

雲是神話的根源，夢是出世思想的根源，慈母的心是迷信的根源。

"富貴於我如浮雲"，浮雲没有什麽用，但是浮雲很好看。

（原載 1940 年《前綫日報》）

吃驚的時候

我，怕擁擠的人，羞怯的人，永久被人搖頭嘆氣，感到失望的人囉！

我怕在車站買票，怕在郵政局發挂號信；從戲院或什麼會場出來，明明可以夾在人浪中早些走掉的；但常常是等大家都走完了，纔慢慢地押着大隊，威風凛凛地出來。

在公共汽車上，我常常找不着座位；可是在我之後上去的人，衹向坐好了的人們説："對不起，擠一擠!"於是就坐下了。我曉得這一個方法；用的時候却幾乎没有。

衹要説幾句話就有好位置，衹要望着誰笑一笑就有飯吃；衹要跑一兩次路，在什麼地方等等誰，就有很大的後果；可是我怕説，怕笑，怕跑，怕等。在另一方面，有人説我擅於説詞，我也真歡喜放些高論；我常常無緣無故地跑冤枉路，摸黑路；而和朋友約會或者希望碰見什麼人的時候，我能够長時間地等待。

我怕見陌生的人，怕見上官，怕見得意的、活躍的人，怕見交際家、名流，怕見喜歡説話，而那些話衹是一些聲音的人；一碰見那樣的人，我就一句話也没有。

我理想的社會是，不假笑，不假説，不高興跑就不跑，不高興等就不等，不見不必見、不願見的人。應該有這樣的一種社會。

然而今天，却正是我吃驚的時候。

（原載 1940 年 5 月 20 日《力報·新墾地》）

關於幽默

夏衍先生：

貴恙痊愈了没有？接到大作的時候，我也正在生病，躺在床上，哼哼呀呀的。在糊裏糊塗中，看了大作一遍，就發下去了，以後連大樣也没有看，今天稍爲好了一點，起來翻開昨天的報一看，啊呀，怎麽獨把大作弄錯了，而且錯得如此厲害！

我清楚記得，雖然那時候我病得糊裏糊塗，大作的題目是："人、畜、鬼、幽默"；文章分四節："其一關於人……其四關於幽默。"現在大題目衹剩下"人、畜、鬼"了，小題目的"其四……"也不見了。我去找原稿，可是找不着。現在火柴不是很貴麽？吸烟的人都節約起來，雖然没有人勸告，不買火柴，用紙捻子到厨房裏點火。原稿一定是有人點火點掉了。這真太對不起呀！

好在題目雖然少了，文章似乎還没有少什麽，譬如這一段就還在：

> 林語堂先生回國，在香港與新聞記者談了一大段關於新聞檢查的笑話，他説："戰時的輿論統制是應該的，但負責檢查人員，應該是有學識有頭腦的，而不應該是由中學生程度還没有的充當，這樣一來，不要説時鬧笑話，更没檢查的標準。"——我覺得關於"鬼"的檢查，是一個"鬧笑話"的例子。

以後，是不是還有話呢？忘記了。我想，大概還有的。什麽話呢？更忘記了。我不知道遺失了文章，是不是要賠償的，也不知道文章是不是可以賠償的。如果要賠償，可賠償，我賠償的文章在下面：

我想林語堂先生真不愧“幽默大師”。他說：“負責檢查的人員應該是有學識有頭腦的，而不該是由中學生程度還没有的充當。”這幾句話，對於檢查制度簡直是最大的幽默，如其不能説是諷刺。你想，天下的檢查員没有學識有頭腦，早已是古往今來的鐵則。有學識有頭腦的人，誰肯當檢查員呢？林語堂先生有學識有頭腦，他肯麽？夏衍先生當然有學識有頭腦，你肯麽？下至區區，雖然不能説有學識有頭腦，但還可冒充一下“中學生程度”，而至今也没有當。我用不着自抬身價，説實話，并不是不願意當，無奈當不着呀。而且檢查員那行業，是一種使人頭昏腦悶，耳聾目瞶，膽戰心驚，神經衰弱的行業；爲什麽呢？説也奇怪，無論怎樣聰明伶俐的人，不當檢查員還則罷了，如果一登上檢查的寶座，拿起檢查的筆，登時就覺得泰山壓頂，烈火在旁，後有追兵，前無去路，簡直像到了另一種太虚幻境一樣。縱然平時的學識，頭腦，超過“中學生程度”一萬倍，也就學識失踪，頭腦昏憒，結果，仍舊等於“中學生程度還没有”了。再説，《上海——冒險家的樂園》，大概不算很偏僻的書。回憶一下那本書，加上一點想象，則整個香港，除了華人以外，有没有有學識有頭腦的，就很成問題。怎能獨向檢查員要求學識與頭腦呢？縱然那檢查員也是我們的“同胞”。明知道不能要求，而偏這樣説，這説叫做幽默。末了，聲明一句，這是談香港，請莫誤會或聯想。

賠償的文章完了，比起失去了原文，當然相去十萬八千里；不過這是没有辦法的事。恐怕不但我，就是天下之人，來寫這點賠償文章，也不會寫得和原文一樣好，除了先生自己以外。病剛好，不能寫多，乞恕簡略。腿力復原時，當進城奉看。

新墾地編者　五卅

（原載1940年5月31日《力報·新墾地》）

“莎士比亞後悔”以後

一、來　信

紺弩先生：

在五月十三號《力報》副刊上看到大作《莎士比亞應該後悔》一文。其中涉及到贛縣槍决貪污犯任錫璋一案，意思好像任某因貪污八百元故招槍决，如果多，或者可以馬虎過去。這對於贛南當局不免有些冤枉，這裹當局在任案未發生前即已布告，凡貪污在百元以上者一律處死刑，任案發生恰在布告頒發之後，而且任某後臺亦相當有勢，至被罰的商店在贛縣是數一數二的大商店，也有很得力的後臺，但是蔣經國并不顧到這一切，他還公開宣稱，以後任何貪污案一經告發，經專員公署查明屬實，不問其官階大小，數目多少，凡在百元以上者，一律槍决。他還説過，我們主要的目的，在打老虎，不在打蒼蠅。

一個贛縣的老百姓

二、回　信

一個贛縣的老百姓先生：

拙作原文：“假如他們有資格大發國難財：交易數目，動輒以萬億計，恐怕誰也不敢槍决他，罰他或者他反而要槍斃别人罰别人了。”其中似乎并没有“或者可以馬虎過去”之意，自然也就没有“對於贛南當局，不免有些冤枉”。

鄙意，以爲今天的中國，雖有贛南一地嚴懲貪污；但贛南以外的威靈顯赫的“大人物”，已經，正在買外權，運私貨，用職權，兼營商業，用種種方法發國難財。吃五十塊錢一客的西餐，三十塊錢一斤的魚翅，汽車飛機，浪費汽油，更自不在話下。對於此輩，誰不痛心疾首，無奈其位尊勢大，不但區區編報屁股者流，祇能有時含義不申，隱約其詞地説説，恐怕連贛南當局對之，亦有官卑職小，無權干預之感。受賄八百元而被誅，發財千萬億而無人敢問，故曰：“竊鈎者誅，竊國者諸侯也。”

要之鄙人所論，注目全國，先生之意，偏重贛南，由此相左，故生誤會，而拙作交代未清，或亦應負多少責任，今特申言如上。

餘論與題無涉，不贅復。

紺　弩

（原載 1940 年 6 月 1 日《力報·新墾地》）

爲一個詩人我擁護憲政

近來本刊發表了一兩篇談陳邇冬先生的詩的文章，説陳先生的詩不很通俗，雖然説法不能完全沒有問題，但用意却不算很壞，現在陳先生也發表了“最初的答辯”，指出“論客”們的立論上的欠缺，很有使編者首肯之處。但陳先生順帶地説《新墾地》是“新開墾的地盤”，《崗語》是“崗長的訓話”，使用“地盤”，“崗長”，“訓話”之類的字樣，顯然是對《新墾地》和《崗語》有不滿之處。編者的能力所限，不能把《新墾地》編得使詩人滿意，實在很抱歉；但我希望詩人的不滿，不是因爲發表了批評詩人的詩的文章的緣故。陳先生自己曾説：“不能因爲詩刊某期登載了某人詩，便視該期或該刊全部如敵國”，那麽，大概也不能因爲報紙副刊登載了批評陳先生的詩的文章，就視如敵國罷。

陳先生不但筆尖兒横掃五千人地“掃蕩”了《新墾地》和《崗語》，并且還説批評他的詩的“論客”們是“甯犬吠日”，是“死尸噬人”。凡批評自己的就是“犬”，是“尸噬人”，莫非詩人本來有此“命令”，“論旨”，“手法”，“同感”，“卜卦”或“主義”的麽？如果這樣，就難怪如今詩人之多了。我們知道犬與尸都不是人；説别人是犬與尸，就是説别人不是人；説别人不是人，就是不尊重别人的人格與人權。幸而詩人今天拿的衹是筆，還衹能説説别人不是人而已；如果拿的是别的東西，誰知那些“犬”與“尸”會得到怎麽樣的命運呢？

爲了陳先生，我覺得憲政運動是應該擁護的。

六月十五日夜

（原載1940年6月17日《力報·新墾地》）

《國家至上》公演後，一個看客的獨白

一、話休絮煩

連排演在内，我這回看了三場《國家至上》。好，有這麽回事，竟有了多少理解似的。天下淺妄之人無不如此；一自以爲對某一件事有多少理解似的以後，就自以爲獨得天下之秘，不免要哇啦哇啦一番。那諸君——現在是我哇啦哇啦的時候。不過，且慢，我是假定你看過這劇本或演出的，這假定於我有利，我可以少費許多唇舌，來介紹劇本。如果你都没有看過，你可以自由退席。

二、這劇本的好處

歐陽予倩：關於寫作方面，我覺得這個戲，大部分已經脱除了“公式”的拘束，頗能努力於客觀的描寫。（推薦《國家至上》——本刊）

杜宣：主題的積極性把握得很緊，作者的企圖可算成功了。（《國家至上》主題的積極性——公演特刊）

筆兵：描寫抗戰之後的多方人物的性格的表現，很深刻而明快。（《國家至上》——昨日本刊）

此外，大概還有好幾處，手邊無參考材料，從略。

關於這劇本的好處，我没有新的意見。我同意他們的説法。不過，據歐陽説，作者“要在各處地方多演幾次，多加研究，等到大家認爲一點毛病没有，然後拿到陝甘一帶去演”。（同前）所以我的獨白，遵從作者的指示，偏重在指摘劇本的毛病方面，因爲這劇本關係回漢的團結，自然也關係國内各民族的團結，推而廣之，關係國内團結，關係抗戰，關係最後勝利到來的遲早，真是萬分嚴重，一點兒也含糊不得。

三、假如我是一個不吃猪肉的人

大概無須申明：我是個吃猪肉的人，雖然同時也吃牛肉。正因爲如此，我看了這劇之後，很是心平氣和。假如我是個不吃猪肉的人，看過這戲，感情恐怕另外一樣。

從這劇本看來，如果回漢之間有什麽隔膜之類，那不由於别的，祇是由於回人歧視漢人，由於回人的狹隘，固執，偏私。代表這種人的，有一個張老師，他不但看不起一般的漢人，如胡大勇、二姐等輩，并且仇視願意和回人携手的漢人如李廷杰（劇本作李漢杰）；不但仇視漢人，并且仇視不仇視漢人的回人，他和他的盟兄弟黄子清十幾年不來往，是因爲黄子清辦的學校裏容納了漢人的兒童；他曾經壓迫他的女兒孝英起誓，不到黄子清家裏去，不和漢人來往；叫孝英對一個漢人説："我討厭你，我恨你!"至於漢人呢，仇視回人却幾乎一個也没有，縣長是漢人，他是致力於回漢合作的；李廷杰是漢人，正是縣長的同志，他甚至願意和回教的女兒結婚，以促成合作。胡大勇兄妹，自然有點兩樣，但那和回人中的馮鐵柱相同，都是童稚之輩，并無己見，可以隨風轉移的。於是，回漢的分歧，其罪不在漢人，而在回人，雖然祇是回人中的頑固派。

不知别人怎樣，對於這劇本，我實有這觀感。假如這觀感不算過分錯覺，不是由於我的個人的偏見。我敢説，這劇本就在這一點上，完全失敗了。幸而作者慎重，没有拿到陜甘一帶去演，否則得到的效果，説不定會與他們所企圖的相反，不是回漢的團結而剛剛是它的對立物。

約莫二十年前，正是我讀我們的史書的時候。唐書上有一段郭子儀罵畏兀兒回紇的叙述，寫郭子儀突然在回紇中出現的時候，回紇們一聲膜拜歡呼，如見天神下降。我當時還不知道史書會有文飾、誇張、謊語之類，讀的時候，頗爲眉飛色舞，甚至一時衝動自命不凡，如將來要做一個郭子儀將軍，使回紇兒輩畏威感德。至於那字裏行間隱藏着的异小民族的模糊的血泪，當然毫無所視。漢人對於回人，儼然以優勝者自命，那是誠哉久矣乎非一朝一夕之故矣的。

漢人有一種漢字，漢字有一種偏旁，那些偏旁是可以隨着人的感情而增減的。比如在唐代被稱爲“回紇”的這些伊斯蘭的信徒們，不知從何時起，就被寫爲“回回”了。回回也不要緊，最把人不當人的地方，是回字旁邊，還有一個很不客氣的偏旁。自然這個字并不見於經傳，是人民大衆自己的“創作”。正因爲如此，纔看出人民大衆并不都在想和“回回”携手；自大、偏私的觀念，也不是没有人有。而見於經傳的“犬戎”、“猺”、“猓”之類，又證明這種觀念，并不限對於回人，雖然現在已經糾正或正在糾正中。從這樣的地方看，可見不僅有回人仇視漢人，漢人中也有人看不起回人的。

回人大都會打幾拳踢幾脚，一般人不留心，以爲是回人粗鄙，勇於私門；其實是一種惡因造成的結果。不知從何時起，回漢雜處之處，漢人在政治上，往往占優勢，政權操在漢人手中，漢人藉爲保障，對回人不客氣之處是在所難免的。劇本第四幕裏就有這樣一段話：

> 他們李家跟我姓張的鬧了一輩子……指着鼻子罵到我門上來也不止一次了。告又不能告，一告狀他們的理，過去的縣長，個個是混蛋……

在政治上没有保障的回人，無法可想，衹好把脚手操練得結實一點，在消極方面，可以多擔點艱苦；在積極方面，是一旦性起，就對漢人直接行動。打出禍來，大概也没有什麽好結局的吧，但人情有所不能忍者，聖人也按捺不住，何况多少可以裝裝門面，使文弱的漢人，望而生畏，不能不老實一點呢？

以上單説，不過一時想起，卑之無甚高論；用意也很簡單，想説明回漢之間的隔膜，責任决不都該回人單方面負，漢人中間，一定也有頑固分子，不願與回人共戴一天的。這劇本，没有把這一點表現出來，是個很大的遺憾。作者决非有意替漢人辯護，决不會有意把罪名推到回人身上，所以如此者，那是因爲作者是漢人，而又没有完全擺脱無形中的漢人的成見。

回漢問題，和其他國内民族問題一樣，是政治問題，是過去的政治錯誤的結果。企圖收到回漢團結的效果的劇本，尤其是在注重回人同胞的場合，應該毫無掩飾地暴露過去漢人對於回人的壓迫，暴露目前還殘存的漢人的偏見，指出要提高回人的政治地位，改善回民生活，衹有回漢雙方携手前進，打倒目前阻礙回漢團結，挑撥回漢感情的日本强盜等等，纔能充分顯出這作品的真實性，纔能收到預期的政治效果。

四、爲噱頭而存在的人物

嚴重的問題一筆表過，其他的什麽，都在可談可不談之列。但作爲藝術品來看，有些似乎也未嘗不可稱之爲毛病的——毛病者，毛中之病也，好事之徒，往往吹毛以求之。

一致的意見，這劇本中人物的性格創造得很好，作者之一似乎也曾以此自負，比如張老師就如生龍活虎一樣跳躍在我們眼前；雖然如果包括演出講，有許多是導演的功勞。但人物的性格的凸出，在作品裏固然重要；而那人物以及那人物的性格，在作品裏是否需要，却尤其重要。不一定需要的人，不一定需要的性格，如果也被描繪得凸出，往往反而損害作品。這劇本需要張老師那樣一個人，需要他的那種性格，作者給予了，所以得了一致的贊許。但劇本裏似乎并不一定需要李廷杰和他那種性格，别人怎樣想，不得而知。我一看就覺得他作爲張老師仇視的對象，旗鼓太不相當。對於回漢團結這一工作，也并没有什麽表現。作爲張孝英的羅曼斯的對手，而羅曼斯又毫無必要，衹是作者怕劇情單調，特設的一個可有可無，插科打諢，使人發笑的人物。插科打諢也并不壞，問題是這樣一個人偏是個有志的青年，是個在社會上有地位的知識分子，他又演着如此繁重的戲。

因爲李廷杰是個知識青年，我想起了與這劇本也許没有關係的幾句話。

自從美諦克在作品裏獲得成功以來，作家們竟然以嘲笑知識分子爲時髦了。自從張天翼老舍之流的作品流行以來，無論什麽，無不成爲嘲笑的對象了。八月的鄉村，殘霧中的知識分子是不行的。亂世男女裏頭没有一個正面人物，甚至談鬥争，談抗戰也無不可笑。關於這一風習，我想説的話很多，在這裏不能暢所欲言。簡略地説：知識分子并非在一切的場合都不行，也非一是知識分子就一定不行，更非每個知識分子都不行。在任何場合都强調知識分子的弱點，也許會使那些賣身、賣友、賣國的知識分子得到辯解的口實：我是知識分子，想好也不可能；使正努力工作的知識分子氣餒：反正將來會變壞的，現在何必自討苦吃呢？

我們的祖國的進步是遲緩的，在抗戰的今天，許多有志的青年，還被某些人所“悲憫”着。比如説救亡青年，吃救亡飯；除了演戲，唱歌，講演，戀愛以外，無一技之長，什麽也不懂，而稱之爲“救亡派”的就大有人在。誠然，青年們也真不是萬能博士，想想見解什麽的也没有成熟，職業技能恐怕也不一定高明或者簡直没有，而戀愛之類，也正應該是他們的事。但是他們純潔，熱情，活潑，有着向上的心和不可限量的前途，目前又正在艱苦中擔負着就他們的能力説，不能不算是艱巨的任務。新生的力量，是屬於他們這方面的。

因此，我以爲這劇本給一個有志的知識青年，塗上一鼻子石灰，不算是采取了一個進步的乃至平允的看法。

五、關於羅曼斯

前面説過羅曼斯在這劇本上毫無需要。其實應該説這劇本把羅曼斯處理得不好，所以看起來毫無需要；如果處理得好，情形也可完全相反的。羅曼斯不知多少次在作品裏替人類社會攻擊過一切不必有的領域，如宗教國界的□□□□，不知多少次替作者騙取讀者的感激。羅曼斯是最不公式的東西，衹有在公式主義者筆下的纔是可笑的。羅曼斯也并不是一切，以爲什麽都不能離開它，是可笑的，和這相反，以爲無論什麽場合，都必需避免它，也同樣可笑。

其實這劇本是大可以利用羅曼斯的。李廷杰和張孝英越是真的戀愛，戀愛越是熱烈，就會越顯回漢隔膜的悲慘，和回漢團結的必要。作者没有這樣，似乎除了把這弄成一個知識青年的笑料以外，毫無旁的企圖。於是李廷杰在第一幕裏説願意和回教姑娘結婚的話是可笑的，第三幕關於熟習張孝英的話，是可笑的；受了挑撥而"感情衝動"，也是可笑的。

他們是不是戀愛呢？不得而知。張孝英愛不愛李廷杰呢？不得而知。李廷杰究竟是爲政治問題而"單戀"着張孝英呢，還是因爲張孝英真有可愛之處呢？抑或先是由於政治作用，後來轉爲真愛了呢？也不得而知。第三幕張李的對話，應該非常動人的，然而結果索然無味，是因爲作者逃避真正的羅曼斯的原故。有許多平常話，觀衆并不怎樣想到，别的劇中人却過分敏感。例如李廷杰説了："你不高興，是不是？"李孝英就聽出什麽"語氣"，甚至於要打耳刮子；張孝英説了一句話："因爲講話的人是你"，李廷杰又興奮得了不得等等。讓劇本中的人跑到觀衆不會理解的前面去，也是因爲作者逃避羅曼斯的原故。另外還有些晦澀的地方，如張孝英向李問關於金四把的證據的時候，李説："不大好對你講"——大概是指親嘴的謠言？第四幕李廷杰報信時的發顫等等，所以這樣，也是因爲作者不肯直寫羅曼斯的原故。張老師叫女兒對李説："你討嫌他、恨他"，我們衹看見專横，看不見什麽深的悲哀，也没有深的感動，因之演出也減少了不少的精彩，更是因爲作者對羅曼斯處置失當的原故。

羅曼斯有時候是有用的，是不必避免或者還應該加强描寫的。歐陽予倩的《木蘭》裏，有一段木蘭與元度的月夜情話的描寫，情詞藴藉閃爍，使人感到無限温馨，而又毫不妨害主題。如果這劇本裏也有那麽一段描寫，一定能給觀衆更多的感激的。

六、其它的小毛病

一、再三被縣長强調的馬宗雄因爲不團結而死，在馬宗雄叙述時，衹有輕輕的一句：“不願别人幫忙”，以致後來每一提起，就令人覺得根據甚弱。

二、第二幕縣長勸張老師和黄子清和好，張已表示願意，這是件大事。但經過李廷杰一打岔，就没有下文，縣長就走了。其實這時候，縣長是不應該放鬆的。第四幕縣長勸張老師集中力量，不可白死；下接張老師説自己剩一支槍一口氣也不告饒。以後縣長也不再提出集中問題。以致前面的話，失掉意義。

三、金四把張老師的“朋友”，孝英宗雄都在張面前稱他爲金四把，别的孩子也當面稱他爲金四把，似嫌不合情理。

四、第四幕張老師受傷回來，剛發雷霆，叫李廷杰走開；但到叫“拿我的槍來”的時候，槍偏偏是由李奉上的。自然并非完全没有可能，但又何必如此。金四把一捉就來，未免太省事，雖然我知道他在後臺等着。

諸如此類，大概還有，但都衹是毛病——毛病者，毛一樣細小的病也，雖無目疾，亦可熟視而無睹焉——我心粗，健忘，那麽，談别的吧。

七、關於演出什麽的

現在該來談談演出什麽的了。抱歉得很，關於這一方面我能够談的非常少，因爲它在我這裏是屬於不可知的領域。

約略地，直感地説：全劇中的人物我最喜歡作爲北方之强的舊時代英雄的張老師；似乎也是以這個人物處理得爲最好，高邁，豪爽，好勝，固執，這些特點都在聲音笑貌，表情動作上表露出來了。有些地方像小説《兒女英雄傳》裏的鄧九公，有些地方像舊戲裏的老英雄（褚標）。與廉頗黄忠之流，却毫不相像，比之於廉黄，張老師他是較民間的，近代的，和我們的生活接近些。在南方人看來，這樣的人物，也許真是作品裏的人物；但在北方却是實有的而且還是常見的。這一點，似乎作者也曾講過。我没有在北方生活過很久，但是到過北方的許多地方。關於它我曾經在記事簿上寫下這樣的話：

> 北方人永久這樣淳厚，這樣直爽。無論誰，哪怕是初次碰見，似乎都可以成爲傾心吐膽的朋友，似乎十幾年前早已認識。即使他們是你的敵人，他也盡可毫不戒備地在他們中間來往，無論什麽時候，都不必提防有一隻冷箭正指着你的背脊。如果你還不肯忘弃機詐，你將來的收穫，一定會是慚愧和懊悔。
>
> 而且，他們幾乎每個人都有一副昂藏的體格，使你站在他們面前，好像祇能打齊胸膛，他們可以從你的頭上望過去，望見你背後的東西，他們説，笑，永遠是高聲，頭永遠仰着天，你祇能看見他的下巴。如果一隻手向你伸出來的時候，你同時感到堅實，温暖和柔和，甚至不想和它離開。他們像是一些慈祥的尊長，而你祇是一個稚弱的兒童。
>
> 而北方的城堡，市場，洞窟，灰沙，麵粉，羊肉，槍棒，膏藥，西洋鏡以及那古樸的宫殿式的建築，在驅使人像走進《兒女英雄傳》，《七俠五義》，《水滸傳》乃至《三國演義》裏的世界。

我覺得像張老師和我所領會的北方和北方人是頗爲吻合的，雖然不能説没有誇張，正像我所記的印象也不能没有誇張一樣。

但是就在看戲的當時，我就聽見鄰座的人批評：“像舊戲。”我不知道那意思是説好或壞，應該或不應該，我想，導演歐陽是深懂舊戲和舊戲有很長的歷史的人，他那裏簡直没有留着舊戲的影響，倒是很可怪的。他曾經用多少話劇的手法改編過舊戲，當然也可以用多少舊戲院的手法導演話劇。問題是在於處理得適當不適當。代表舊戲的平劇、梆子之類，正是北方社會的產物，北方民間氣氛很濃，借來表現張老師那樣的人物，也許正是恰到好處。

不過也有人物把握得不緊的，比如張孝英，在劇本上規定的“拳脚頗得父傳授”，“落落大方”等。簡直看不出。照劇情看，她應該有活潑、機智，有謀略等特性，可是也很難看出。舞臺上的張孝英太愁苦了；父子之間，竟像《大雷雨》裏婆媳，也未免過分。如果除了受父親的高壓的時候，多表出一點愉悦的姿態，尤其是第二幕張老師在盛怒之後，一段撫慰的話，説時也慈和一點，張孝英也更痴憨一點，也許會更深地透出人性的真實。

八、收　場

哇啦哇啦了一通，自己也不曉得説的什麽，仔細一想，簡陋，草率，膚淺，一句話：無意思，辜負了請我看了三場戲的好意，也辜負了自己看了三場戲的時間。那麽，那麽，諸君，再見。

(原載 1940 年 8 月 27 日—30 日《力報·新墾地》)

一秒鐘寫起的劇本

“這是我一秒鐘寫出的劇本。”劇作家從自己的書案拿起一張稿紙，謙和地拿給他的客人，那客人是個批評家。

“哦哦！”批評家一面接稿紙，一面竭力從心中迸出喜悦與歡呼：“好好，這這，哦哦，百幕劇？這好，這怎麽可能呢？一秒鐘？百幕劇？這好這好，妙極了！”他讀，摇頭晃腦地讀，“這真是杰作，真是天才，真是中國的嘰哩咕嚕加拉！”

末尾是一個或者幾個外國人的名字，大概因爲發音有些不準確，劇作家聽不懂，可是意思却完全明白了，凡天才與天才相處，主要的在心靈的交融，多講或多聽，講得清楚和聽得明白，都是多餘的。

“哪裏？哪裏？”劇作家雖然深自斂抑地這樣説，却也禁不住仰頭大笑了。

這時候，如果没有一個冒失鬼撞進來，豈不事情就善始善終，百無禁忌了麽？不幸這時候——中國的規矩，進來的時候，連門都不敲一下，冒失鬼撞進來了！

“什麽？”這撞進來的冒失鬼説：“又是×先生的大作？嚇嚇，嘻嘻，”他堆着滿臉天真的諂媚的笑，“我可以拜讀一下麽？”

批評家没有做聲，衹望了他一眼，意思是説：“哼，你也配看麽？看得懂麽？”就把手裏的稿紙歸還給主人。他看完了，早已看完了。

主人没有接稿紙，也没有做聲，却做了一個表情，這表情很難確切地説出來，意思是：“就給他看看吧。”劇作家是大度的。藝術家們都常常是大度的。

於是，冒失鬼從批評家手裏接到了稿紙，滿懷熱情地去讀。但正要開始讀的時候，他惶惑了。他看看批評家手裏，以爲批評家作弄他，把作品掉了包，但批評家手裏是空的。他翻到反面，有些作家喜歡把文章寫在稿紙反面，但反面比正面的字更少，簡直没有一個。他擦了擦眼睛，以爲是自己的眼睛花了，但那稿紙上還衹有他頭一眼就看見了的三個字："百幕劇。"其餘都是直綫和横綫交織的格子。

"哦哦，"他不知所措，却狡猾地想下臺，"還没有……"心裏想説，還没有開始寫？但不知爲什麽，説出的是："還没有完篇？"

"就這樣了。"劇作家説，可并没有生氣。

冒失鬼更惶惑了，把眼睁望着批評家，希望批評家把他從窘迫中救出來。批評家也正望他，那眼光和他的一接觸，他就懂得："如何，我説你看不懂吧？"這就是那眼睛所説的。

"這是一秒鐘寫起的呀！"批評家怕他更窘迫，終於這樣指點了。

冒失鬼之所以爲冒失鬼，就在於無論别人説得怎樣頭穿底落，他還是毫無理解，而且還要發些淺薄的愚問。

"那麽，"他説，"題目呢？嚇嚇，我是説這劇本的名字。"

"那無須乎的呀。"劇作家説："在無論怎樣的文章上，題目都不是一件重要的事情。"

"可不，"批評家接着説，"何况這是一秒鐘寫成的？"

"作算這樣吧，"冒失鬼也真算得個不知趣的傢夥："人物呢？劇本裏不應該有人物麽？"

"誰説不應該有呢？"劇作家心平氣和地解釋："但是凡一個劇本裏的人物乃至時間地點之類，無非是一種假托。既然是假托，豈不無論叫做張三李四都無不可，正像説是今天明天，這裏那裏的事情都無不可一樣。"

"就是假托豈不也應該假托一下麽？"

"好像你還没有明白，"批評家輕蔑地説："人家是一秒鐘寫起的呀。"

凡像我們這樣民主國家的國民，都有一種善知識：懂得少數服從多數，連冒失鬼也是。劇作家和批評家是兩個人，多數；他衹一個人，少數。於是，他衹有服從；雖然他并没有聽懂劇作家説的，劇本人物因爲是假托就可以無須乎的道理，也不懂批評家的聲明究竟是諷刺還是别的。在緘默之前，他却始終不失冒失鬼的本色，還是自言自語地説了一句反話："那自然，對話也是多餘的。"

"何消説?"劇作家這回可高興了，博大的人常常把人家的智慧與理解引爲自己的快樂："每個演員，本來都會説話，并且都有話要説。却常常被一些低劣的臺詞拘限着，不能暢所欲言。我們何不解放他們一下，讓他們痛痛快快地發揮各自的才能，傾吐胸中的鬱結去呢?"

"一秒鐘能够寫一百幕劇，"批評家作結論："這就了不得；不説寫書，能够想到，也就了不得。你想，衹有一秒鐘啊，在一秒鐘之内，我們常常是什麽也想不起。"

辯論就這樣終結了。

過了幾天，劇作家的"百幕劇"出版了。封面印得非常講究，并且聲明是："一秒鐘寫起的劇本。"這劇本厚厚地一本本擺在書店的陳列臺上。

冒失鬼是在一個機關裏作庶務的，這時候紙張非常缺乏，他就把那"百幕劇"盡其所有地買去了。不過封面却换過，新封面也是印的三個大字：

"拍紙簿"!

一九四二，一一，四

（原載 1942 年 12 月 1 日《野草》月刊第 5 卷第 1 期）

風車和騎士

一　風車和騎士

山差邦札：我的好老爺，您怎樣了？讓我瞧瞧，膀子没有給摔斷麽？肋骨還是好的麽？腿没有瘸麽？我叫您不要惹它，告訴您那不是什麽巨人，那衹是風車，風車！您想：人跟風車打仗，您不是給您自己開玩笑麽？

唐吉訶德：哦，哎喲，邦札！我不要緊！可是你太可憐了！你到什麽時候纔變得稍爲聰明一點呢？告訴過你一百回：他是巨人，你瞧，他把你的主人差一點兒摔死了！哎喲，身上好疼！你還説是風車；風車，風車，一百個風車！你的腦子裏除了風車還有别的東西麽？

山差邦札：可是老爺，隨您説它是什麽，隨您給它想出怎麽多的名字，風車總還是風車，不能是别的，因爲它本來衹是風車，并不是别的。就叫普天下人來看，也一定都説是風車，不是别的。

唐吉訶德：這是什麽意思呢？你以爲普天下人都跟你一樣聰明，你在普天下人中間不算頂不聰明的，是不是？你開口風車，閉口風車，請問：你所説的風車是什麽意思呢？

山差邦札：首先老爺，風車是個無生物。

唐吉訶德：對。

山差邦札：它没有生命，没有靈魂，没有智慧，没有感覺。

唐吉訶德：對對。

山差邦札：它是人把它做好了安上去的。

唐吉訶德：更對。

山差邦札：它自己不能動，要靠風吹動。風往這邊吹，它往這邊動，風往那邊吹，它又往那邊動。

唐吉訶德：更對更對。

山差邦札：最後，動也好，不動也好，它自己都無所謂；人却利用它作出人所要作的事情來。

唐吉訶德：對極了，對極了。邦札喲，衹有一件事你還沒有明白：你們——就包括普天下人在內吧——所叫做風車的，我們騎士就叫做巨人。我們一看見這樣的巨人，馬上就感到大敵當前，非撲滅他不可。他是我們騎士的永遠的敵人。

山差邦札：尊貴的老爺喲，您饒了您的可憐的奴僕吧！您的說話，我一點兒不懂。

唐吉訶德：這有什麼難懂的呢？那樣一個龐然大物，沒有生命，沒有靈魂，沒有智慧，沒有感覺；連沒有這些寶貴的東西，他也不知道！他自己毫無主張，隨風把他往這邊吹吹，又往那邊吹吹；他向這邊轉轉，又向那邊轉轉；而他連自己毫無主張，隨風向而轉動也不知道！倨傲地俯臨着人們，好像對人們說："別走近我，一走近我就會摔死你！"却忘記了他自己是人們把他安上去的。不，他連倨傲，連忘記也不知道！他自己并不要做什麼，利用他的人叫他做什麼他就做什麼；他又連自己要不要做什麼，人利不利用他做什麼也不知道！我們把他當作敵人，他不知道！我們要消滅他，他不知道！他摔傷了我，他不知道！這沒有生命，沒有靈魂，沒有智慧，沒有感覺的東西！無論誰，衹要具有這樣的性格，這樣的特點，他就是巨人，是妖魔鬼怪，是我們頂天立地的騎士的永遠的敵人，天生的敵人！

山差邦札：這是瘋話呀，老爺，瘋話呀！什麼邪魔把您的心竅迷得這樣了呢？

唐吉訶德：蠢驢！連上帝都不能使你的腦子變得聰明一點了麼？這樣，吉訶德，你的責任就更大了，救救人類呀！改變改變人們的腦子呵！哎喲！我的身上……

二 驢的故事

暴徒一：哦哦，您不是伊索老爺麼？

伊索：是。你們是誰？

暴徒二：我們，老爺，您還看不出麼，我們是一些奴隸。

伊索：是麼？你們唉唉，真不幸哪！我有什麼可以幫助你們的麼？

暴徒三：我們想請您講一個故事，您講故事的天才，不是傳遍了全希臘麼？

伊索：衹要講故事麼？這容易，講什麼故事呢？

暴徒四：講一個驢的故事吧。您説，一匹驢，又聰明，又美麗，又會唱歌……

伊索：怎會有這樣的驢呢？

暴徒五：不管有没有。衹要您講講，我們就感激您了。您就算幫助我們，救了我們了。

伊索：不！世上没有這樣的驢，我講了，人家會以爲我是驢的。

暴徒六：那麼，您講一匹獅子給小兔吃掉了，一個老鷹被烏鴉欺負了，或者這一類的故事……

伊索：我説朋友們，爲什麼偏要講這樣的故事呢？這樣的故事講出來，誰也不會相信的。

暴徒七：爲甚麼呢？

伊索：這不很明白麼，獅子，老鷹，都那麼强大，而小兔、烏鴉……

暴徒八：那麼您以爲强大的總是稱王，聰明的總是得勝，弱小愚昧的總是遭殃的麼？

伊索：我没有這樣説，衹是事實上似乎這樣。

暴徒九：您説的“事實”是什麼意思呢？指禽獸中間的事實麼？您應該把您的故事講給禽獸聽去。如果也指咱們人類，老實説，在咱們人類中間，事實并不如此。聰明的不一定是美麗的，美麗的不一定是强大的，聰明，美麗，强大，不一定是最有權力的。剛剛相反，聰明，美麗甚至於知識與體格都强大的人，常常是最倒霉的；而弱小愚昧的人，却高高地君臨在他們上頭。比如您，不聰明得像一匹能言鳥麽？然而你跟我們一樣，是一個奴隸。

伊索：對不起，朋友，我現在不是奴隸了。

暴徒十：是的，您現在不是奴隸了；不但是自由民，并且還做了官。可是您不知道您還是精神上的奴隸，比我們奴隸更奴隸的奴隸。因爲您替您的主人們在人類中間宣揚了一個不變的鐵則：强大聰明的統治弱小愚昧的鐵則，禽獸的鐵則，并且還要講下去。

伊索：説話應該有些分寸哪，你們簡直侮辱我來了。我就是講了那些故事，也没有礙着你們什麽呀。

暴徒十一：怎麽不礙着我們？你的鐵則暗示主人永遠是主人，奴隸永遠是奴隸；主人之所以爲主人，是因爲聰明與强大，而奴隸則因爲愚昧與弱小！你要人類回復到禽獸去……

暴徒一：跟這老驢説什麽！我們用事實告訴他：乖巧伶俐的傢夥也有時候會倒霉！

（暴徒：一拳打在伊索臉上，暴徒二至十一相繼動武）

伊索：哎喲！哎喲！你們……（倒地，死。）

三　遠見

A

秦始皇：（獨白）十二個金人都鑄好了！再没有什麽可怕的事了。

B

胡亥：老師，金人一鑄好，老百姓們就没有金屬的武器了麽？

趙高：縱然有也很少，很小，很鈍，值不得提起。

胡亥：他們要殺猪宰羊怎麽辦呢？

趙高：用棍子打，用石頭磔，甚至用牙齒咬。

胡亥：這麼麻煩麼？

C

胡亥：爸爸，我想帶一把寶劍。

秦始皇：可以。不過用不着自己動手的呀，無論要殺誰。

胡亥：我倒是怕老百姓要殺我。

秦始皇：不要擔心，他們没有金屬武器了。

胡亥：所以我要帶寶劍。到時候我就把寶劍遞給他們，好叫他們爽利一點，我也輕鬆一點。

1943 年 8 月 7 日作於桂林。

（原載 1944 年 1 月 10 日《文風雜志》第 1 卷第 2 期）

中國學者的厄運

一個中國學者在柏林講了一個孔子的故事，那故事是這樣的："孔子走到一個地方，看見一個婦人在哭。問她爲什麽；她説她家三代人都被老虎吃掉了。爲什麽一定要這兒住呢？她説這兒没有苛政。孔子説：孩子們記着：'苛政猛於虎！'……"

那天晚上，這位中國學者被送進集中營去了。

"苛政猛於虎"這句話，孔子是在那婦人面前説的，那地方，那婦人已説明没有苛政。所以孔子没有遇到意外。但那中國學者説話的地方却是柏林，柏林却祇没有猛虎。

（原載1945年1月15日《藝文志》創刊號）

哪　吒

《封神》文字拙劣，惟哪吒出世一段最爲精彩，因爲題材太好，也許正是作者的思想的寄托的所在。

哪吒是陳塘關總兵李靖的小兒子，因爲在河裏洗他的兵器——或者説玩具——混天綾，乾坤圈什麼的，驚動了龍宫，龍王的兒子出來干涉，出言不遜，被他把筋抽出來編了一條帶子。李靖看見他致死了龍子龍孫，嚇得屁滚尿流，一定要把他殺死。他哀求，爸爸發怒；他逃，爸爸追；他讓步，爸爸下毒手。“父要子亡，子不敢不亡”，他就抽出刀來，把身上的肉一塊一塊地割下來擲還給爸爸了。後來他的師父太乙真人用蓮花蓮葉替他做了一具身體，讓他的魂魄有所寄托，他纔活轉來——大意如此。

孝道觀念支配了中國人的生活思想幾千年；如果僅僅是兒女的純真的自發行爲，原也未可厚非，但不是這樣。大而言之，是封建帝王的統治工具；小而言之，是愚父愚母的片面要求，根本要義，不外犧牲他人，完成自己的特殊享受，推至其極，可以造成卧冰，埋兒，割股……等血腥的慘事，是最戕賊人性，離析家人父子感情的東西。

孝的説教者們振振有詞，津津樂道的孝的理由是什麼呢？簡單得很，無非“身體髮膚，受之父母，”“父兮生我，母兮育我……”之類。不用説，父母養育兒女的艱苦，和對於兒女的愛，是不容抹煞的，但那一方面是自然的法則，一方面是他做人的責任。不能説是什麼了不起的恩德，更不能因此苛索兒女的報償。人的髮膚雖是人的必備條件，但人之所以爲人，却并不專靠身體髮膚。我們説某人是大人，并不指他的身體魁偉；説某人是好人，也不是指他身體的康健或形體的完美。可見人生於世，必有比身體髮膚更重要的東西，而那些東西，却不一定都是父母所能給予的。胡適曾説：“此身非我有，一半屬父母，一半屬朋友”，後來他又深悔把父母的功勞説得太大。那倒頗有些見地的。

孝的説教最不足爲訓的，不在使兒女孝順父母，而在使父母中了它的毒，對於兒女對於自己的任何侍奉都居之不疑，自己對於兒女的任何苛虐，都毫無内疚，因之在新舊思想交替的時會，常有頑固的父母，濫用家庭的權威，爲舊思想保鏢，阻礙兒女進步，甚至迫害兒女，如傳説中的瞽瞍夫婦之於帝舜。人被逼得上天無路，入地無門的時候，不免想到：父母何以能如此猖狂？不過曾給我以身體髮膚罷了，安得别有一具身體髮膚可以自用；把父母的還給父母，從此還我自由，飄然遠舉？《封神》的作者，創造出“蓮花化身”的故事，恐怕就是深有感於孝道的殘酷的。

傳統思想深中人心，孝道觀念尤爲歷來的“聖君賢相”所支持；學士大夫，偶有對於孝道有不敬之處，如孔融、嵇康等人，都因之而罹殺身之禍，無權無勇的文人，乃不能不托之於荒誕的神話，用心亦可謂苦矣！

十月二十日於重慶

（原載 1946 年 11 月 20 日《野草》新 2 號）

乞　師

伍子胥和申包胥是乞師於外國的老祖宗。一個向吴國乞師報仇，一個向秦國乞師復國。從此以後，不但孤臣孽子都學會了乖，就是明王將相們也無不學會了乖，各種各樣的乞師就層出不窮了。比如程敬思的沙陀搬兵，吴三桂的引清兵入關，曾文正公們請戈登打太平天國，都是向外國乞師來平定本國民間的叛亂，和伍子胥專以暴君讒臣爲復仇對象及申包胥爲了趕走外國駐軍的用意，頗不一樣。爸爸殺人爲了報仇，兒子無仇可報，却專門殺人，終於落草爲寇，説不定還自以爲“無改於父之道”咧！所以孔子曰：“始作俑者，其無後乎！”有許多事，作算動機不壞，也不能開端的。時間無窮，人類的聰明和詭譎也就没有止境，乞師一事，不知將翻出一些什麽花樣來；雖然現在還止知道（一）請盟國軍隊占領本國土地，一面代受降的勞，一面防止异己的力量侵入；（二）請降國還未繳械的軍隊進攻本國人民軍隊，屠殺本國人民兩種。數典如果要不忘祖，就令人不能不想起歷史那一連串的事實來。但這大概也就是“書生之見”吧，縱然没有先例，那些乞師者還是要乞師的，大無畏的英雄們什麽事情會幹不出來呢？

（原載 1945 年 10 月 22 日《新華日報》）

您該回去了!

您該回去了!

這兒的吉普女郎比起熱情的亞美利加姑娘來，不過是一塊糜爛的肉：別把中國的國花帶給你的愛人，作勝利的禮獻呵！而且，她們多麽醜陋；雪花膏掩不住肌膚的黄色，鼻子是扁平的；兩隻凸着的小眼睛，像在暗處窺人的老鼠，頭髮更像掉到污泥裏去過。什麽樣子呵！你早該倦厭了！

這兒是個落後的地方：没有寬闊的馬路，没有高大的洋樓，没有滿是奇花异草，參天樹列的公園。戰後的農村和都市，正像你所看見的：遍體創傷，流着血，流着膿，紅肉綻露在皮膚外面，臭氣衝天哪！牛油、咖啡、可可，不是這地方的産物；牛奶、牛排、鷄和鷄蛋，都不够供應你一頓飽餐。你何所留戀?

電影是從你的國裏來的；收音機，留聲機，是從你的國裏來的；梵俄林，滿大玲，披那亞和爵士音樂是從你的國裏來的；狐步舞，探戈舞的舞藝是從你的國裏來的，甚至黄金，卡機布，亞士匹林也是從你的國裏來的。你的國，比這兒好得太多了，你没有懷鄉病罷?

昨天，這兒的人看見你在街上走，哪怕你已經飲多了瀘州大麯，腋下挾着他們的姊妹或妻女（瞧，她們爲了伺候你，打扮得多漂亮呵），蹣蹣跌跌地走着，他們還是伸着大拇指，向你歡呼：“頂好！頂好！”因爲你是跟他們一起打法西斯强盗的英雄！今天，可不同了！無論你怎樣衣冠齊齊楚楚，和容悦色，他們總會想看看你的雪白的手，已經或正在或將要染上他們的父子兄弟朋友們的血污！

像這樣想的，盡是一些愚昧，粗魯的傢夥，一點不懂禮貌，而且出奇地衆多；你就是用一顆原子彈把他們炸得乾乾净净了，那算什麽呢?一群螞蟻也許比他們還尊貴些。可是，萬一，他們發出一句閑言，投來一個石子，你措手不及，冒犯了你的尊嚴，傷害了你的貴體，你可就虧了本了。

初冬的夜月，照着這兒的破碎的山和水，都市和農村；它將移照到繁盛而安謐的亞美利加的大地。那兒是你的温暖的异鄉，你的父母妻子兄弟姊妹，也許因爲這月色而想起你來；他們多麼盼望你的凱旋哪！他們都在爲你擔心，怕你在遥遠的故國有什麽差池，正像你在這兒，這兒的人的父母妻子兄弟姊妹都替他們擔心一樣。

你該回去了！這兒的人會永遠記住你的友誼和助力。但是請你千萬别忘帶走那些飛機，炸彈，火箭炮……今天，它們已經不是這兒的人的恩物了！

一九四五，十一，一

（原載 1945 年 11 月 10 日《客觀》第 2 期）

從《封神演義》扯到佛朗哥

《封神演義》裏有幾個人物給我的印象很深。

第一個是申公豹。他在殷紂没落，西周興起的時候，因爲自己没有得到“封神”的差使，心懷妒嫉，在路上與奉了使命的姜子牙爲難。不料正在大顯神通的時候，碰到南極仙翁，不但没有難到别人，反把自己的腦袋弄轉向後了。從此，他惱羞成怒，就到三山五岳訪尋道友來阻擋姜子牙所統率的西周義師。大勢所趨，那些被他請來的道友，除了用自己的血塗污了歷史的車輪以外，不過苟延了殷紂的若干時日，不必提它。有趣的是申公豹先生自己的尊範：他的頭向後，以背爲胸，以後爲前，眼睛和脚趾各朝着相反的方嚮。他永遠不能前進，一開步就是後退；或者説，永遠不能瞻望未來，看見的總是過去。這副尊範，配上他的勛業，内容形式，精神肉體，倒蠻統一的。

第二個是通天教主。跟獅子是畜牲們的王一樣，他是畜牲們的教主。他的門下幾乎全是龜靈聖母之類的畜牲，幾乎所有的畜牲都是他的門下或與他的門下有關。方以類聚，物以群分，用王安石的説法，就是：“畜牲出其門，此人之新以不至也！”因之，他的徒子徒孫們都是逆天行事，保紂王的江山的；紂王的江山，其實也是妲己的江山，妲己也就是畜牲——狐。他跟師兄們一路，參與過“封神”的决定，天命所歸，不是不知道；當廣成子三入碧霄宫的時候，還很想把門下整飭一下的。無奈他的耳根軟，没有定見，門下的畜牲系統又嚴密而鞏固，他就被徒子徒孫們的花言巧語或甜言蜜語所惑，死心塌地做畜牲們的傀儡了。和師兄們一樣有道行，有神通；但别人的神通，都做了些正事；祇有他的，却替畜牲保鏢而與人爲敵，親自和師兄們交手，使自己永遠作爲邪教教主的榜樣。

第三個是紂王。這不必説；他不但是小説人物，并且是歷史人物，是秦始皇以前的最著名的專制魔王。孟子曰“紂之不善，不如是之甚也”；足見關於他的暴行，早在戰國時代就有種種傳説，雖然不知是否就是肉林，酒池，蠆盆，炮烙，斬朝涉之脛，剖孕婦之心等等。但紂王這個人物，大概被傳説的材料所限，作者不容易自由馳騁想象，在《封神》裏，没有被寫得和前面的兩個人同様生動。

這三個都是反動人物，結果都很慘：申公豹身填北海眼，紂王首懸太白旗；通天教主雖然不知所終，但就是活着，也祇是一種羞辱的生存，要目睹自己曾以全力反對的新勢力的繁榮；要悼念那些因爲自己——他們的教主的一念之差而身首异處了的死者：要欣羡，要慚悔，要忍受人間一切事物，那些事物都不期而然地像故意嘲弄着他，那是一種比死還痛苦的精神的刑罰！

在實有的人物中，在現代，以後退爲前進，以畜牲道與人道抗争，以專横暴虐著名，合申公豹，通天教主，紂王三位於一體的大“英雄”，是希特勒和慕索里尼。他們的壯志：以武力統一全世界，他們的殊勛：反民主、反科學、反文化、反進步，以及他們的光榮的結局，都和前面三個人没有二致。而且多麽快呀，似乎剛一覺得他們“固一世之雄也”，一眨眼工夫，就已“而今安在哉”了！

然而希特勒，慕索里尼，也不是任何國家都有的。他們雖然不是東西，却總是獨立自主的國家的産物；至於科學家們所説的半殖民地之類的國家，儘管形式上是獨立國，實質上却依附着别的國家，没有獨立，不能自主，就不是惟我獨尊的希特勒，慕索里尼的土壤。比如西班牙的佛朗哥，雖然平了“内亂”，登了大寶，究竟全靠外力，和希特勒，慕索里尼的距離很遠；祇是他們工具，而不是他們自己。

一一，二五，渝，傷風樓

(原載 1945 年 12 月 1 日《客觀》第 4 期)

感謝與寄慰

《命令你們停戰》發表之後，頗引起了一些物議。首先是本刊《客觀一周》的作者的諷示："今日中國人民遠没有力量可以命令要打内戰的人停止内戰"（本刊第二期）；其次是雲彬先生的"不同意"，認爲"天真"與"消極"（本刊第三期本頁）；再其次是單爾先生認爲糊塗并且懷疑到嘗到了從南京用飛機運來的"鹹水鴨子"的滋味（《自由導報》第二期）。總之，我在思想上跌了一大跤！

在思想統治之下掙扎得太久，當密不透風的時候，用起筆來，有時不免扭捏作態，久以成習，未能一時盡除，不知跌了多少跤，而這次跌得最爲慘重。經過上述諸先生的指出，自己反省，足以汗顔之處尚多且深，諸先生的文章，我反覺得太客氣，太寬恕了。没有朋友，没有朋友的鞭策，人不知道怎樣能够生活而進展。我在這裏由衷地感激諸先生對於我的厚愛；并且要用事實答謝他們，即：跌倒了，爬起來！再走！

末了，特別寄意單爾先生："九一八"以前，我在南京，天天吃鹹水鴨子；如今是十四年不知鴨味了。我不敢自詡是蓮花化身，出污泥而不染，不過一面自己警惕，一面也盼望愛我的朋友們用千百隻眼看着我，用千百隻手指着我。

一九四五，一二，二五，渝，傷風樓

（原載 1945 年 12 月 1 日《客觀》第 4 期）

給亞美利加的人民

一世紀以來，中國人民没有一天不在内戰中過日子——“外戰”姑且不説；革命與反革命戰，軍閥與軍閥戰，爲統一天下，消滅异己而戰，爲剿匪反共而戰……中國是個半封建、半殖民地的國家，封建勢力與人民的利害衝突，與别的封建勢力的衝突，與培植别的封建勢力的帝國主義衝突，與培植自己的帝國主義也不能毫無衝突，帝國主義與人民衝突，與别的帝國主義衝突，與被别的帝國主義培植的封建勢力衝突，與自己培植的封建勢力也不能毫無衝突。這些衝突，很少不能引起戰争，而帝國主義與帝國主義在中國市場上的衝突，又往往藉封建勢力與封建勢力的衝突表現出來；更不必説對人民的高壓，幾乎完全假手於封建勢力。這就是中國内戰特别多的原因；日本强盗曾經是中國内戰的主要的製造者。現在靠了人多，靠了地廣，以落後的裝備，抵抗日本强盗的侵入，已經八年，千萬以上的人民失掉了生命，萬萬以上的人民流離失所，幾乎所有的城市都被敵人占去，幾乎一半的國土都淪陷了！由於同盟國的强大與協力，打敗了日本强盗，這纔跟着也得到了勝利。

這勝利雖然不是完全用自己的力量换來的，不是由於政治進步，人民生活改善，生産能力提高，抗戰力量加强而得來的，却仍然值得我們重視。因爲它將給我們以和平，使我們擺脱一百年來的國際帝國主義的枷鎖，消除國内各種勢力的衝突；它是政府與人民，黨派與黨派，切實地通力合作，用自己的手建立真正現代化的民主國家的機會。也就是中華民族、中國人民真正解放的機會，但却被亞美利加最近對中國的種種不友好的行爲所威脅了！它把打法西斯强盗的飛機炸彈，坦克，火箭炮，交給中國一方面的軍隊，讓他們拿去襲擊另一方面；用軍隊替一方面占領土地；率領協同一方面的軍隊進攻另一方面從敵人手裏奪回的地區；

還準備替一方面裝備龐大的武裝，長期接濟軍火，以消滅另一方面。於是，中國在亞美利加的偏私之下，在和日本强盜血戰了八年，喘息未定的時候，又爆發了過去八年中幾乎時時爆發的内戰！

没有内戰，或内戰很少的國家的人民是幸福的。他們不懂得每一次戰爭，有多少人民犧牲自己的生命財産，多少人民變成鰥、寡、孤、獨和殘廢，多少人民恐怖流離，飢餓，寒冷。這些痛苦的滋味，衹有中國人民纔深切地瞭解。中國人民決不比别國人民有更多的生命，決不比别國人民的身心更不容易疲勞和破碎，決不比别國人民較少好生惡死、好逸惡勞的情感；一個人倒下去了，他的父母妻子兄弟姊妹親戚朋友的悲痛，決不亞於别國人民的父母妻子們處於同樣情景的時候。那麽，還有比中國更不應該有内戰的國家麽？還有比中國人民對内戰更深惡痛絶的人民麽？還有比在中國挑撥内戰，包庇内戰，領導内戰的外國更能引起中國人民的憤怒，受到中國人民的憎恨和反對的麽？

在抗戰中，亞美利加給與中國的援助，中國人民記得；没有亞美利加和全體同盟國家，中國無力擊潰它的敵國，中國人民知道。但一切的助力，衹有中國人民真正得到了自由、和平的幸福，它纔能成爲恩惠；也衹有中國人民真正得到了自由、和平的幸福，他們纔能自主自動地從心中表示誠摯的感謝。否則，任何助力，都换不到中國人民絲毫友誼的成分；亞美利加打了幾年血仗，一方面減低了日本强盜對亞美利加的威脅，一方面增强了中國對亞美利加的親近，這，亞美利加應該加以珍惜。

我們相信：亞美利加對中國人民的一切不友好的行爲，衹是亞美利加少數人的錯誤，是少數野心家和近視眼的胡作胡爲，決不是人民的意志。亞美利加人民，過去、現在、將來，都是中國人民的朋友，正像中國人民對於他們一樣。亞美利加人民是愛好自由的；中國的哲人説過：“己所不欲，勿施於人”，他們決不會把自己所不願意接受的東西，讓他們的政府加在别國人民的頭上。亞美利加現在最足以自豪最足以眩惑中國内戰專家的心目的，是它有過多的軍火；但那些軍火：飛機、大炮、坦克，乃至一顆子彈，一滴汽油，無一不是亞美利加的人民的血汗的結晶；亞美利加的人民，決不會讓他們的血汗的結晶，那曾經爲保衛世界的和平，反對法西斯强盗盡過了非常任務的武器給他們的政府拿到中國來分割世界的和平，毁滅中國人對於獨立自由的希望，用中國人民的痛苦去填滿中美兩國少數野心家的欲壑。他們必定會反對他們的政府的對華政策的。事實上，這種運動已經發動了，今後衹有繼續擴大，高漲起來。亞美利加人民，必定會使中美兩國人民在任何時地相見，都彼此毫無愧怍！

中國人民一定起來，用自己的手使内戰平息；無論遭遇到怎樣的困難，也必定會以最大努力克服。今天，主要的困難，是亞美利加的政府阻礙着中國人民的前途。如果亞美利加人民能使他們的政府從中國内戰收回手去，無疑地是給中國人民一個最大的幫助。中國人民將以感激的心情，向遥遠的亞美利加兄弟，伸出永遠友誼的手！

一九四五·國父誕辰·渝傷風樓

（原載 1945 年 11 月《民主》第 7 期）

用不着警惕

希特勒、慕索里尼剛死的時候，有人問我，希特勒和慕索里尼死了，世人會不會有所警惕呢？這問題曾使我瞠目不知所對，不是有這樣的老話麼："前車之覆，後車之鑒"；"兔死狐悲，物傷其類"；照説，應該是有所警惕的。然而歷史實在奇怪得很，一面前進，一面却又迂迴，一面没有重複的事實，一面却又有許多重複的類似；一面似乎處處都可以教訓人，一面却對於許多人又毫無影響。豈止一般世人未必會因爲二公之死而有所警惕；就是希特勒、慕索里尼自己，不也應該知道在他們之前，早就有麼？爲什麼先就没有引以爲鑒而有所警惕呢？我曾説過：有的國家是没有希特勒、慕索里尼，而衹有佛朗哥之類的人物的；既然希特勒、慕索里尼自己的結局也衹有那麼光榮，他們的工具佛朗哥或類似佛朗哥之流還會更好麼？而且，不必説遠，就是現代，不是已經有了賴伐爾、貝當、吉斯林等等麼？爲什麼佛朗哥之流似乎也不曾因爲這些先例而有所警惕？

二十年前，周作人作過一首：《智人的心算》。第三段説：

> 堵河是一件危險的事，古來的聖人曾經説過了，我也親見間壁的老彼得被洪水衝去了。
>
> 但是我這回不會再被衝去。
>
> 我準定抄那老頭兒的舊法子了。

原來"以古爲鑒"，"以人爲鑒"之類的説法，都是愚人們的道理，也衹有對於愚人們纔有用；至於我們的"智人"的心算，總是"我這回不會再被衝去"！於是桀紂之後有幽厲，懷愍之後有徽欽，尼羅、拿破侖之後有希特勒、慕索里尼，而賴伐爾、吉斯林之後或簡直同時就有佛朗哥和類似乎佛朗哥者。不過周作人先生自己也就是“智人”，背叛民族國家的漢奸，從來就没有什麽好下場。爲什麽他要當漢奸呢？不用説，他心裏也在盤算：“我這回不會再被衝去!”不！周作人倒是真正的“智人”，瞧，他到現在不是還逍遥法外麽？别的漢奸，不反因爲曲綫救國而有功於國麽？不有的甚至還高牙大纛，儼然國軍的高級將領了麽？他們果真没有“再被衝去”!

我們有句熟語：“中國自有特别國情”；所以無論别國出了什麽事，我們都可以無動於衷。安知别國不有别國的特别國情，西班牙不有西班牙的特别國情呢？那麽，别國的希特勒、慕索里尼當然用不着因爲希特勒、慕索里尼的死而有所警惕，佛朗哥也就用不着因爲賴伐爾、吉斯林的死而有所警惕了！

但是否果真如此，還須看歷史的交代；那麽，咱們走着瞧吧！

一九四五，一二，二，傷風樓，渝

（原載 1945 年 12 月 8 日《客觀》第 5 期）

帽　子

我被竊了。除了身上的，什麽東西都没有了。今天，纔真正成了不折不扣的窮光蛋。前年囤積的一雙黑皮鞋没有了；去年夏天，一個朋友當某合作社經理的時候送給我的一件標準布襯衣，連紙也没有拆開過，没有了；新波從香港逃難來時賣給我的被面没有了；一星期前，不知想了多少時候的辦法纔買到的一頂呢帽也没有了！此外有好幾部書，從文哉那裏借來的《婦人與社會》，從新沐那裏借來的《甲骨學文字篇》，陸續搜買的《説文古籀三補》、《談虎集》……再就是一些從報章雜志上剪下來的自己的大作。除了最後一項無法估計外，這次的損失，連被絮，短褲，汗衫一齊在内，恐怕不下數萬元之巨。

我吃驚了。我的財産，即在這世界上屬於我的，今天説，是曾屬於我的，原來衹有這麽一個數目！一向并不相信自己窮，這一回，可相信了。一向以爲我的生活的需要量相當大，這回可知道錯了。我從來就没有需要什麽。一向以爲窮人失掉了東西，一定比富人失掉東西要難過，因爲都是必需品；現在知道并不，我一點也不感覺什麽，倒在替貝戎先生打算：當他打開箱子，發現裏面不過如此的一些寶物時，一定會後悔白費了一番氣力！有誰在被竊之後比我更坦然的麽！不，我也并不十分坦然。我想到我的帽子還衹買了一個星期，再買一頂，短時間内，恐怕難以辦到。我真不知道帽子爲什麽要這麽貴！

算作一九四六年的元旦開筆

(原載 1946 年 1 月 5 日《客觀》第 9 期)

韓青天

半月前看到報載北平某機關某項公告，不禁想起小説和戲劇上的包公或欽差大臣之類。關於這已寫過一篇《論青天大老爺》，不必再提；接着又想到過去魯省主席韓某，親自審案甚至私訪而被稱或自稱爲韓青天的事來。包公案之類，原不過虛構的故事，但在民間，在没有受過充分教育的人們中間，却變成了歷史的教科書，韓青天就是受了它的影響，而越俎代庖，亂法犯禁。漢朝有一位宰相丙吉，在路上走的時候，聽説有人殺了人，他毫不動容，及至聽見牛喘，他就問牛何以喘。别人問：人命事大，牛喘事小，何以輕彼重此？他説，人命有地方官司管理，不必過問，牛喘非其時，於天時有關，而時令或陰陽之類的問題，却是宰相的責任云云。關於後者，自然是燮理陰陽之類的舊觀念，没有什麽道理；但以人命事歸之地方官，尊重别人職權，却很對。可惜這樣的史料，不像《包公案》之類那麽“通雅”，没有被韓青天知道。

中國人的頭腦系統，當以爲無論什麽知識，都是可以由一個人具備的。同時，封建的，君主專制的，官僚主義思想深中人心，形成一種闊人崇拜的心理，以爲闊人就是具備一切知識的大知識者，以爲闊人真是替人民伸冤的。而闊人也以爲自己應該如此，自信爲已經如此，至不能不裝作如此。多少闊人本來是拿槍杆子的，一旦闊了，就干預政治，把持政權。文化，教育，法律，思想，無不過問，好像他真是天文地理，諸子百家，三教九流，詩詞歌賦，無所不知，無所不曉。十八般武藝，是他的本行，更不必提。韓某讀了幾本《包公案》之類的書，或者還不過聽了幾段那類的故事，就以爲或裝作自己比一個學過法律的法官還要高明，以爲法律審訊之類的事是可以不學而能的，不能不説是荒謬絶倫；好在中國本不是法治國，法律本不尊嚴，所以他就成爲“韓青天”了。

然而萬能或萬知的人是没有的，行伍出身的闊人，更難具有若何的大知識。有一個時期，在有些人中間，流行着一種笑柄，即韓青天的演詞。如："你們懂得十幾國的英文，我祇懂得一國的中文"，"没有到會的請舉手"，"十二萬分之一的抱歉"等等，有人能凑成一篇完整的講稿，而没有一句没有顯著的錯誤。這自然并非全部都真出於韓某之口，好事者記住他的一兩句可笑的話，口口相傳，争爲附益，就越來越多了。

韓某生前多麽威威赫赫，無論怎樣胡作非爲，别人也敢怒而不敢言，可是死後不久，人間就流傳着他的笑柄了；説不定就在他生前，這種笑柄就在流傳着，甚至誇張着了。不但韓某，誰要自以爲萬能萬知或明知不能怎樣而偏裝着那樣，都是愚而好自用，欺人自欺，非像韓某那樣笑落人的牙齒不可的。遺笑與否還是小事，推韓某那種行爲，縱然言論的詞藻無一可以吹求，也是一種君神合一觀的表現。首出庶物之謂君，聰明正直之謂神，祇有把君想爲跟神一樣，纔能貫徹他的主張。君神合一觀，恕我直説，和民主與科學是敵對的。現在，許多人在談民主，如果人民不自己從君神合一的見解解放出來，有力者不讓人民從這種見解解放出來，有力者不自己解放，不放弃利用人民的無知裝模作樣。又恕我直説，民主，和我們是遠隔遥遥的。

一九四五年耶誕日

(原載1946年1月5日《客觀》第9期)

黄帝的子孫

從前，我看見人家的家譜族譜之類，總在證明他們是何人的後代，追溯上去，他們的始祖，不是堯舜，就是禹湯。而我們中國人有一個共同的大驕傲："我們是黄帝的子孫。"我想，這是可笑的，時間相去這麽久，怎麽能證明呢？都是古代的闊人的子孫，古代的不闊的人，難道都絶了後麽？但現在不這麽想了。這世界實在衹是闊人的世界，不闊的人是難以相提并論的。專就生兒女一件事來説吧：不闊的人以一個妻子生，闊人以許多妻子生；不闊的人以二三十年的時間生，闊人以四五十年的時間生。不闊的人許多無力娶妻，許多娶了妻没有兒子又無力納妾；死了配偶又無力續弦，生了兒女因疾病凍餒而多夭折；剩下的又要替闊人打仗，犯了闊人的法要被闊人明正典刑；造反要受闊人討伐，安分守己也要受闊人的旺族的壓迫……怎能不絶後呢？古代不闊的人既然都絶了後，好不光榮乎哉，我們就當然是黄帝的子孫了！

（原載 1946 年 1 月 19 日《客觀》第 11 期）

關於八股

一月六日《新蜀夜報》有一篇屈生先生的短文，題曰《要不得》。原文：

> 自從“民主”激流涌進新中國之後，差不多公共厠所的墻壁上都寫着許多“民主”字樣了。於是，衹要有一個集會，衹要出一本刊物，不管是否連得上“民主”，一定要勉强把它拉來裝潢裝潢，不久“三六九”一定會有“民主湯圓”。
>
> 這叫做“民主八股”，我們反對一切八股，現在又來了一套“民主八股”，中國不進步就是吃了“八股”的虧。販賣“民主膏藥”的人，希望你們别使中國再吃虧。中國是不能再吃虧的了。

前半節，不必多談。哪一個“公共厠所”，哪“一個集會”哪“一本刊物”，是像屈生先生所説，没有注明，我們也不必追問。反正今天的中國人，已經清清楚楚地分成了兩類，有的人參加這樣的集會，有的人參加那樣的集會；有的人看這樣的刊物，有的人看那樣的刊物；説不定真是連如上的“公共厠所”都各有不同。那麽，安知屈生先生所參加的集會，所看的刊物，不是像他所説的一樣呢？

現存的反民主、假民主的集會和刊物决不會少。郭沫若詩：“就是説不愛呀，裏頭也有一個愛字在”（大意），反民主的集會和刊物裏面，當然有“民主”字樣在，至於假民主不用説，更是“一定要勉强把它拉來裝潢裝潢”了。

下半節所説“民主八股”，“中國不進步就是吃了八股的虧”幾點，於事理未盡合，應申説一下。

首先，“民主八股”這名詞不能成立。八股是一種“應製”即考功名的文體，它之所以值得鄙視，依我的看法，不在於它的形式的拘執，而在於它的内容。以做好了，得到皇家的嘉許，給功名他，給官他做爲目的。它之所以形成那種形式，完全是從它的内容來的。是過去的讀書人賣身投靠的一種進見物。馬二先生説：不做八股，誰給官他做呢？這是八股的確切不移的定義。民主，它本身是先天地和皇家敵對的。有它，就没有皇家，有皇家就没有它。無論誰説誰寫，無論説得寫得怎樣好，決不會得到皇家的嘉許，倒是越説得好寫得好，越不會得到皇家的嘉許。功名和官是和它無緣的。它衹有一條路：自己代替皇家。這内容就決定它不能形成八股。衹有反民主、假民主纔是真正八股，不必具備任何八股的形式。因爲它是代表皇家説話的，是爲了得到皇家的嘉許而説話的，説話的人可能或已經得到了皇家賞給他的功名和官。前面説過，屈生先生所參加的集會，所看的刊物，未必不都是反民主，假民主的；他所説的民主八股也許正是指那些反民主，假民主的東西，但那應該説是“反民主的八股”“假民主的八股”，或直稱之曰八股，不能説是“民主八股”。這并非“必也正名乎”，而是實質的規定。

不錯，“中國不進步就是吃了八股的虧”。但這不是探本窮源的説法。八股本身衹是一種工具，一面，像前面所説，是讀書人賣身投靠的進見物；而更重要的一面則是專制皇帝的愚民政策，弱民政策，防範人民的緊箍咒，製造奴才的不二法門。因此，中國不進步，就并非吃了八股的虧；而是吃了專制皇帝的虧，吃了甘心賣身投靠的奴才們的虧。這虧損實在太大了！怎麽辦呢？唯一的辦法，貼“民主膏藥”！衹有貼“民主膏藥”，纔能使中國起死回生，轉弱爲强，皇帝和奴才們！“希望你們别使中國再吃虧！中國是不能再吃虧了”！

1946年1月11日作於渝傷風樓。

（原載1946年1月24日《民主生活》周刊第2期）

欣聞秦似未死

在一篇文章裏，偶然寫下這樣一段話：

> 那個朋友，據最近報載，已於去年桂林淪陷前後，在逃亡中死去了……我常有些羅曼蒂克的想法：每有較近的朋友死了，總以爲他没死，不過像孩子們捉迷藏一樣，把自己“迷藏”在什麼地方了，説不定什麼時候，出人意外地，一下子從斜刺裏跳出來嚇你一跳。對於他，我也願意這樣想。現在，淪陷了將近一年的桂林已經收復了，朋友呀，難道還不是你跳出來的時候麼？

裏面的“那個朋友”，是指的秦似。雖然這樣寫，却没有真地想叫他“迷藏”在什麼地方，終於會“跳出來”的。最近讀到他的夫人陳翰新女士從合浦寄給重慶的他的友人和尊長的信説：

> ……秦似於去歲秋天桂林失守之際，從桂林回到博白（他曾在博白教過書），被縣政府捕去，説他是“奸匪”，要槍斃他，如果他不交款十萬元的話。後來因無確證，幸而未死，但至今拘禁未放。……

奇怪不奇怪，他真的未死，不過“迷藏”——不，應該説是“被迷藏”在博白縣政府的監獄裏；雖然現在還没有“跳出來”，總會有一天會“跳出來”的。哦，我的可寶愛的羅曼蒂克的想法呀！那篇文章裏面還有一段話，現在就抄在下面，當作我得到他未死的消息的慶幸：

> 他還不到卅歲，身體挺結實；平常也并不怎麽嬌生慣養，怎會祇經到一點小風浪，就一下子死去呢？他還有在遺弃或等於遺弃的生活中，獨力把他養大的老母，有比他更年輕的太太，有現在還不過兩三歲的女兒；另一面有殷望着他的朋友，有喜愛他的作品和譯品的讀者，有亟需着辛勤的文化墾殖者的這老大的中國的荒原，沉重的負荷壓在他肩上，遥遠的前途展長面前，他怎能一下子就死去呢？

那麽，秦似，快點跳出來呀！那麽，秦似的朋友和尊長，關心秦似的整個文化界的朋友們，想方法使秦似快點跳出來呵！

（原載1946年3月1日《文藝生活》月刊光復版第3期）

五六事

一　游行

有人爲五四的光榮的傳統哭麽？我却爲五四的光榮傳統笑。五四的形貌究竟爲反五四以來的一切改革運動的人們所效法，所運用，而且嘗到甜頭了。五四畢竟部分地被承認了，連關麟征將軍這回也失去了“開槍的自由”，有人公然敢在馬路上招待茶水了。五四以來的屢次游行，以這一次爲一個“奥伏赫變”。魯迅屢次説“不要再請願”，這一次不是請願，是示威。

喜歡玩火的人，終會被火燒手的吧；會召鬼的，不一定也會退鬼。新的“奥伏赫變”一定會接着來。雪萊的老話：“冬天來了，春天還會遠麽？”

二　遺憾

較場口慘案中，有一位先生没有挨打，却硬説挨打了。我對於他没有挨打這件事，深表遺憾。因爲這表示民主力量的薄弱；他們想得太天真，太托大，連打手也没有準備就開會，自己挨打而别人不挨打，豈不活該！

我爲什麽不是打手呢？我爲什麽不能指示人打人呢？我爲什麽不認得那位先生呢？“打鼓駡曹”裏的禰衡唱：“我有心，把賊討，手中無有……”真是遺憾萬千！

三　民主與“民主”

較場口事件發生後，《中央日報》《和平日報》《新聞報》《新蜀夜報》《民主日報》，自己及什麽性的什麽團體之類，也在嚷着民主，人權，自由什麽的了。他們是爲劉野樵先生呼冤的，劉野樵先生是主席通過反對政治協商會議的決議的“大會”的，它們所嚷的民主，人權，自由，是什麽意思呢？我曾説，中國人分爲兩種了；現在加添説：民主，人權，自由，也分爲兩種——一種民主、人權、自由；另一種“民主”“人權”“自由”！

耶穌説：“你們這假冒爲善的文士和法利賽人有禍了！”

四　某事件

×××先生死了！×××先生真有其人，并且真的死了。但我不禁想起法朗士的《企鵝島》裏的柴船的故事，不禁想起左拉替人辯護的故事，不禁想起日本政府從前曾提出的中村的故事，不禁想起德國議會縱火的故事，不禁想起西安開吴奚如、吴伯簫等活人的追悼會的故事，不禁想起賀龍、蕭克都陣亡了的故事，不禁想起較場口大會中，劉野樵先生没有挨打，反而説挨了打；李公樸們挨了打，反而説打了人的故事……

“前事不忘，後事之師”，雖然我還不能確説×××先生的死，究竟屬於哪一項。

五　八年的血！

在反蘇游行中有一句標語：“八年的血爲誰流？”同樣意義的，“八年的血不能白流！”言外：血爲蘇聯流了！是不是爲蘇聯流了？請參閲雲彬的《東北問趣》。但没有爲蘇聯流，這標語也没有錯，誰説應該爲蘇聯流呢？不過，還不够，豈止不能爲蘇聯流，同樣也不能爲任何别的外國流，不能爲中國的壓迫人民壓迫民主勢力的任何反動勢力流，流的是中國人民的血，開闢的是中國人民的路，它不能白流，如其有多少成果，除了中國人民，誰也不配享有，不應享有！

“愷撒的還給愷撒”，人民的還給人民！

六　一解

有人以爲停戰令下了，政治協商會議開過了，就天下太平了麽？如果那樣，那是奇迹。一切真的改革都不是輕易的，中國如果真能和平，真能實行民主，是一件推翻幾千年的歷史的大改革，它和歷來的傳統思想衝突，和孔子的尊王攘夷，民可使由之，不可使知之的大一統思想衝突，與黄老的剖斗折衡，治大國若烹小鮮的無爲開倒車思想衝突，與韓非的法術，新名詞謂之法西斯的極權思想衝突；尤其是與聖君、賢臣、地主、豪紳、官僚、買辦、流氓、暴徒，一切人類的蠹蟲，吃人肉喝人血的人中的野獸的實際利害衝突。甚至有你無我，勢不兩立，難道是一件小事麽？

中國是如何古老的國家呵！一切腐爛思想如何地侵蝕着人民呵！那些人中的蠹蟲，野獸的勢力，如何根深蒂固，無遠弗屆，無孔不入呵！它會輕易地倒下麽？它會讓你任意改革麽？於是滄白堂[①]的石子説話了！較場口的拳頭和鐵條説話了！反蘇游行中的一些離奇的標語口號和漫畫説話了！它們要撕毁停戰命令，撕毁政治協商會議的决議，要撲滅民主勢力的任何一點微小的火種！今天所見的這些事件猶其小焉者也！

“自由非贈品！”民主力量須堅强起來！

1946年2月27日夜作。

（原載1946年3月6日《民主生活》周刊第8期）

---

① 編者注：“堂”字原刊誤爲“望”字。“滄白堂”是指由重慶府中學堂舊址改建成的“楊滄白先生紀念堂”。

德謨克拉西如是說

一

順我者生，逆我者死，頌我者樂，疑我者病。

我是世界的光，跟從我的，就不在黑暗裹死。

來吧，在我的光明中行走！

二

有耳能聽的就應該聽；有眼能看的就應該看；有口能説的就應該説；有脚手能行能做的就應該行應該做，有腦能想的就應該想。

我要使聾子聽見，瞎子看見，啞巴説話，癱脚瘤手行走和做事；使傻子聰明，死人復活。

不是不聽，是聽不清；不是不看，是看不明；不是不説，是説不好；不是不行不做，是行不快，做不成；不是不想，是想不通——我給你們智慧！

不是不聽，是不敢聽；不是不看，是不敢看；不是不説，是不敢説；不是不行不做，是不敢行，不敢做；不是不想，是不敢想——我給你們勇力！

三

莫想我來要廢掉律法和先知；我來，不是要廢掉，乃是要成全。我實在告訴你們，就是天地都廢除了，律法的一點一畫也不能廢除。都要成全。假如是應該成全的。

莫想我來是叫地上太平；我來乃是叫地上動刀兵。我要叫兒子與父親生疏，女兒與母親生疏，媳婦與婆婆生疏，妻子與丈夫生疏。人的仇敵就是自己家裏的人！愛父母過於愛我的，不配做我的門徒；愛兒女過於愛我的，不配做我的門徒；愛丈夫過於愛我的，不配做我的門徒；愛妻子過於愛我的，不配做我的門徒；不背着他的十字架跟從我的，不配做我的門徒！誰是我的父母？誰是我的兄弟姊妹？凡遵行我的意旨的就是我的父母和兄弟姊妹，凡不遵行的就不是！

得着生命的，將要失生命；爲我喪失掉生命的，將要得到生命。爲我的名撇下房屋田地，父母兒女，兄弟姊妹的，必得到百倍的收穫，并承受永生。

四

我教你們從蟲豸到人，我教你們從猴子到人，我教你們從豺狼虎豹到人，我教你們從牛羊鷄犬到人，我教你們從非人到人，從末人到人，從超人到人！我教你們從人到巨人！

領你們到一個地方，就是有五穀和新酒之地，流奶和蜜之地，吃自己的葡萄和無花果，喝自己井裏的水不再聽見哭泣的聲音；没有夭亡的嬰兒，没有壽數不滿的死者，曠野和乾旱之地，必有水發出，沙漠也必有河流涌現，玫瑰花必然開花繁盛，野獸躺卧之地必有青草，豺狼與綿羊羔同居，豹子與山羊羔共卧，少壯獅子與牛犢并肥畜合群，吃奶的孩子玩耍在毒蛇的洞口，剛斷奶的嬰兒按手在毒蛇的穴上。百姓怎樣，祭司也怎樣；僕人怎樣，主人也怎樣；婢女怎樣，主母也怎樣。刀打成犁頭，槍打成鐮刀，這國不舉兵攻擊那國，也不用再學習戰争，没有君和臣，没有主和奴，没有大和小，尊和卑，强和弱，智和愚；没有人和人，國和國，族和族的限界！那裏是新的天地，新的國土！

這新天新地怎樣在我面前長存，你們的名字和你們的後裔也必同樣長存。

五

凡勞苦，擔重擔的人，可以到我這裏來，我要使你們得到安息。你們當負我的軛，學我的樣式；我的軛是容易的，我的擔子是輕着的。

你們飢餓的人有福了，因爲必會飽足；寒冷的人有福了，因爲必會温暖；哀哭的人有福了，因爲必會喜笑；憐恤人的人有福了，因爲必蒙憐恤！飢渴慕義，使人和睦，爲義受逼的人們有福了，因爲未來的國是你們的！人爲了我而恨惡你們，辱駡你們，毆打你們，毀弃你們的名，以爲是惡，你們就有福了：因爲你們在新的國裏是大的！

你們受困苦，被風飄蕩，不得安慰的人哪！我必以藍寶石立定你們住屋的根基，以紅寶石造你的女墻，以紅玉作你的城門，以各色的珠寶造你四圍的邊界。我必在你面前修平崎嶇之地，打破洞門，砍斷鐵栓，將隱藏在黑暗中的寶物指示給你。不要怕人辱駡，不要因人的迫害而驚惶！我與你同在！我必用手扶持你，使你堅强，你必遠離欺壓，遠離驚嚇。你徒涉江河，水必不漫過你；你從火中走過，火焰必不着在你身上。凡向你發怒的，必都抱愧蒙羞；凡攻擊你的，必因你跌倒；與你相争的必會滅亡；要吞滅你的，必離你遥遠——就是爲勇士所擄，也可奪回；爲强暴人所搶，也可解救。我要使你成爲有快齒打糧的新器具，把山嶺打成粉碎，視崗陵如同粃糠。我還要拯你的兒女。你的兒女必永享平安。你們曾無價被賣，今天也無價被贖。

你們的眼睛是有福的：因爲你們看見我了！你們的耳朵也是有福的：因爲聽見我了！我老實告訴你們：從前許多先知和義人，要看你們所看的，却没有看見；要聽你們所聽的，却没有聽見！

六

跟從我的，要是這樣的一種戰士！

已不是蒙昧如非洲土人而背着雪亮的毛瑟槍的，也并不疲憊如中國綠營兵而却佩着盒子炮。他毫無乞靈於牛皮和廢鐵的甲胄，他衹有自己，但拿著蠻人所用的，脱手一擲的投槍。

他走進無物之陣，所遇見的都對他一式點頭，他知道這點頭就是敵人的武器，是殺人不見血的武器，許多戰士都在此滅亡，正如炮彈一般，使猛士無所用其力。

那些頭上有各種旗幟，綉出各樣好名稱，慈善家、學者、文士、長者、青年、雅人、君子、領袖……頭下有各樣外套，綉出各式好花樣：國粹、民意，新生活，舊道德，東方文明……

但他舉起了投槍。

他們都同聲立了誓來講説，他們的心都在胸膛的中央，和别的偏心的人類兩樣。他們都在胸前挂着護心鏡，就爲自己也深信心在胸膛中央的事作證。

但他舉起了投槍。

他微笑，偏側一擲，却正中了他們的心窩。

一切都頹然倒地。——然而衹有一件外套，其中無物。無物之物已經脱走，得了勝利，因爲他這時成了戕害慈善家等類的罪人。

但他舉起了投槍。

他在無物之陣中大踏步走，再見一式的點頭，各種的旗幟，各樣的外套……

但他舉起了投槍。

他終究在無物之中老衰，壽終。他終於不是戰士，但無物之物則是勝者，在這樣的境地，誰也不聞戰叫叫太平。

太平……

但他舉起了投槍！

——堅强的戰士纔能組成堅强的隊伍。

七

毒蛇的種類！誰指示你們逃避將來的忿怒呢？你們要結出果子來與悔改的心相稱！不要自己心裏説："有亞伯拉罕作我們的祖宗！"我告訴你們：上帝能從這些石頭中給亞伯拉罕興起子孫來！現在，斧子已經放在樹根上，凡不結好果子的樹，砍下來，丢在火裏！

你們這些假冒爲善的文士和法利賽人有禍了：因爲你們正當人前，把未來的國的門關了，自己不進去，也不讓别人進去！你們這些假冒爲善的文士和法利賽人有禍了：因爲你們走遍海洋陸地，勾引一個個人入你們的教，既入了教，却使他作地獄之子比你們還加倍地惡！你們這些假冒爲善的文士和法利賽人有禍了：因爲你們將薄荷、茴香、芹菜獻上十分之一，那律法上更重要的事，就是公義，憐憫，信實，反倒不行了；你們這些瞎眼的領路人，蠓蟲，你們濾出來，駱駝，你們倒吞下去！你們這些假冒爲善的文士和法利賽人有禍了：因爲你們好像粉飾的墳墓，外面好看，裏面却裝滿了死人的骨頭和污穢；你們故意在人面前顯出公義，暗中却勒索，放蕩，做假見證和行一切不法：先洗净杯盤的裏面吧，好叫外面也乾净了！你們這些假冒爲善的文士和法利賽人有禍了：因爲你們建造先知的墳，修補義人的墓，説："若是我們在我們祖宗的時候，必不和他們同流先知的血。"這就自己證明你們是殺害先知者的子孫了。所以，當現在的先知和義人到你們這裏來，你們仍要殺害，要釘十字架，要在會堂鞭打，從這城逼到那城，叫世上所流的義人的血都歸到你們身上！從義人亞伯的血起，直到你們在殿和壇中所殺的巴拉加的兒子撒加利亞的血爲止。我老實告訴你們：這一切的罪，都要歸到這世代了。

禍哉！你稱惡爲善，稱善爲惡；以光爲暗，以暗爲光；以甜爲苦，以苦爲甜的人們！禍哉！你設立不義之律例，記録奸詐之判語，屈枉窮乏人，奪去困苦人的理，把寡婦當擄物，以孤兒爲俘獲的人們！禍哉！你以房連房，以地連地，衹顧自己獨居境内的人們！禍哉！你以法蓮的酒徒，住在肥美興的山上，心裹高傲，以所誇爲冠冕的人們！禍哉！你一切毁滅别人，自己倒不肯毁滅；别人不以詭詐待你，你却詭詐待人的人們，吃盡葡萄園中的果子的就是你們！從貧窮掠奪來的贜物都在你們家中！你們爲何壓制我的百姓，搓磨貧窮人的臉呢？可嘆忠信的城變成了娼妓和凶手的住處！你們喜歡賄賂，追求髒私，口説謊言，舌吐惡語，心蒙毒塵手染血污！不爲孤兒伸冤，寡婦的案件也不得呈到你們面前！抱毒蛇蛋結蜘蛛網——人吃這蛋必死，這蛋被踏，必出蝮蛇！所結的網，專網迷路的無辜良民！

伸冤在我，我必報應！

八

我要在净光的山上竪立大旗，向群衆揚聲，召唤那些被驅散了的遠方的人民從地極而來。看那！他們正急速奔來，没有疲倦的，絆跌的，没有打盹的，睡覺的。腰帶并不放鬆，鞋帶也不折斷；他們的箭快利，弓也上了弦，馬蹄如堅石，車輪如旋風。他們要吼叫，像公獅像母獅，咆哮如壯獅，聲音像海浪。

你們要哀號，因爲我的日子到了，邪惡的林中，着起憤怒的火，成爲烟柱旋轉上騰，好像毁滅從全能者來到。人手都必軟弱，人心都必溶解，你們驚懼悲痛，都像難産的婦人，彼此驚奇相看，我必激動。埃及人攻擊埃及人，弟兄攻擊弟兄，鄰舍攻擊鄰舍，這城攻擊那城，這國攻擊那國；瑪拿西吞吃以法蓮，以法蓮吞吃瑪拿西……

哦！你明亮之星，早晨之子啊！爲何竟從天際落？你攻敗列國的，何竟被砍倒在地上？你的心裹曾説：我要我的寶座高過群星，何竟墜落陰坑極深之處呢？凡看見你的，都要定睛看你，留意看看你，説：使大地顫抖，使列國震動，使世界如同荒野，使城廓傾覆，不釋放被擄的人歸家的，是這個人麽？列國的君王俱各在自己的陰宅的榮耀中安睡，獨你被抛弃不得入你的墳墓！你破壞你的國，殺戮你的民，惡人後裔的名，必永不題説。

哦，無慮的閨女，豪奢的貴婦啊！你受騷擾了麽？何竟脱去衣服，赤着身體？你的華美的脚釧，髮網，月牙圈，耳環，手鐲，足鏈，戒指，到哪裏去了？你的華冠，華帶，吉服，外套，細麻衣裹，頭巾，蒙臉帕，香盒，符囊，荷包，手鏡，今在何處？何竟以草繩代替腰帶，光秃代替美髮，稿薦代替華服，烙傷代替冶容！你的男丁死在刀下，你的勇士死在陣上！我曾看見七個貴婦拉着一個賤男説："我們吃自己的食物，穿自己的衣服，衹求你許我們歸你的名下，保全我們的生命，除掉我們的羞耻！"

先前滿有人民的城，現在何竟獨坐？先前在全國中爲大的，現在竟如寡婦！先前在諸省中爲王爲后的，現在成爲進貢的！

先前的貴胄，身體白的比奶更白，紅的比紅寶玉更紅，像光潤的寶藍石一樣；現在在街上變爲孤寒，面貌比煤炭更黑，以致無人認識；皮膚貼緊骨頭，乾枯如同槁木！素來卧朱紅褥子的，現今躺卧糞堆；寶貴的兒女，好比精金，現在如窑匠所做的瓦罐，吃奶的舌頭因乾渴貼住上顎，哭泣求餅的，無人拿給他們！慈心的婦人，親手煮食自己的兒女！産業歸與外人，奴僕管轄他們，民衆譏笑他們，把他們當作靶子，把箭射入他們的肺腑；又用沙石擊斷他們的牙，用灰塵將他們蒙蔽；一切親人没有一個來給與安慰；没有一個能救他們脱離灾難；昔日的好友，都待以詭詐，成爲仇敵！逃跑麽？像找不着草場的鹿，在追趕的人面前，無力行走！縱然逃到外邦，也尋不着安息，追逼的人會在狹窄的路上趕到！

一切過路的人哪！你們不介意麽？你們要觀看，有像這樣痛苦的没有？

日子近了，你們應該改悔！

九

我怎樣思想，必照樣成就；怎樣定義，必照樣成立。

天地要廢除，我的話却不能廢除！

一九四六，二，二二，夕

（原載 1946 年 3 月 11 日—12 日《商務日報》）

奇异的人力車

法國作家克老得·發赫兒的《文明人》，一開始就有這樣的話：

> 兩個東京人把一輛……人力車拉到栅欄與房子之間……他們駕在車杠當中，同上了弦的箭一樣……宛然一對穿綢衣的黄色木偶……
>
> 兩個東京人放開腿的飛……
>
> 這主人用他的手杖指引着車夫們。要他們停下來，衹需在肩頭上敲他們一下……
>
> ——李劼人譯文

這是四十年前的安南的情形，所謂東京人也是安南人，與日本無涉。西方人到東方的殖民地或半殖民地來，都好奇地喜歡坐人力車。人力車，在他們實是一種驚异。這也無須乎講什麽了。

我以爲奇的，是那人力車是用兩個車夫拉的。一駕車用兩個車夫，一推一拉的事，在重慶也有，但兩個人都“駕在車杠當中”，并肩拉，却不曾看見過。吉隆坡，仰光等地的人力車，座位都比較寬敞，可以坐兩個人，同性的不必説，一男一女也可同坐，但車夫却衹有一個。原來安南的人力車却用兩個人拉，這是不曾見過的。不知這種人力車，現在還有没有，不知是一律用兩人拉，還是擺闊纔這樣，像中國的四人轎乃至“八抬八托”一樣。希望到過安南的朋友能給一點指示。

（獵奇小記之一）

（原載 1946 年 4 月 22 日《商務日報》）

《紅樓夢》人物列贊

在一本書上看到一則記載：有人將《紅樓夢》人物以《西厢》一句爲贊，多能吻合，殊趣，擇優列次：

史太君　積世者婆婆

邢夫人　從來懦

王熙鳳　酸醋“當歸”浸

秦可卿　夢裏相逢

林黛玉　情到海枯石爛時

薛寶釵　舉止端詳

薛寶琴　嬌滴滴越顯紅白

邢岫烟　可憐我爲人在客

尤三姐　斬釘截鐵常居一

金　釧　一納頭便去憔悴死

玉　釧　恁的是惡搶白并不曾記心懷

平　兒　做夫人便做得過

香　菱　他若見甚詩看甚詞，他敢顛倒費神思

晴　雯　性兒剛

彩　霞　多情早被無情累

鶯　兒　真不枉唤做鶯鶯

小　紅　要梅香來説勾當

司　棋　人約黄昏後

侍　書　冷句兒將人厮侵

翠　縷　和小姐閑窮究

傻大姐　小孩兒家口没遮攔

劉姥姥　信口開河

賈　敬　無意求官有心聽講

賈　赦　性情乖僻

賈　璉　惹草拈花没掂三

寶　玉　萬種情絲一様愁

薛　蟠　天生是憨

秦　鍾　未語人前先靦腆

焦　大　憑語傷人

潘又安　死則同穴

冷子興　這人一事精，百事精

（獵奇小記）

（原載 1946 年 4 月 23 日《商務日報》）

一種對女性的看法

某筆記：“明徐有貞，要自一代名臣。然奪門之役，陷于謙於死，論者恨之。彈詞《玉蟾蜍》，設言於公後身爲某公子，清才美貌，富甲一郡，有玉蟾蜍一十二枚，爲傳家之寶。後遇十二美人，皆願與終白首，以蟾蜍分遺之，同日成婚。此十二美人者，即有貞與其屬所轉生也。語雖不經，殊快人意。”

似乎是説：兩性同居，在女性方面，是受辱，受罪，受苦，是可耻的事。這見解，和《閑情偶寄》上的“妻妾者人中之榻也”，不很同；但與狐狸爲人妻妾以報恩之類却近，而與市井駡人“×你的……”之意尤爲吻合。莫笑！他透射着舊社會中女性的地位與生活的實況，現在的人如何永桔之流，説女性的真正的地位在家，兩性的真正平等祇應在性交的一刹那，因之，女權運動是應反對的。無視現實，比這意見不如得多！

（獵奇小記）

（原載 1946 年 5 月 4 日《商務日報》）

茶話（五則）

民主時代

一、某甲某乙啓事：今爲×男×女完婚……

二、某甲某乙結婚啓事：承某先生介紹，得家長同意，特請某先生證婚……

這樣的結婚廣告，十多年前非常不容易看見。那時候通行的是：“我倆情投意合……”

十多年來，中國確實是進步了。再過些時，大概會作興：

<table><tr><td>黃帝
女媧</td><td>啓事：今爲×百×十×代孫</td><td>男
女</td><td>……</td></tr></table>

或：

“我倆毫不認識，毫無感情，毫無興趣，無奈父母之命，媒妁之言，闊人之證，迫不得已，勉强應付……”

賢妻與孝女

報載：大漢奸陳公博、褚民誼、陳璧君的妻子女兒正在替他們奔走呼號，請求復判減刑之類。照舊道德説，這種妻是賢妻，女是孝女，不過我們看來看去，總覺得不像樣，倒是梅思平有個女兒，幾年前曾發宣言反對他，似乎是理所當然。那麽，舊道德在新社會面前，不是破産了麽？不知有世道人心之責的人，將何以維係舊道德於不倒。

一　解

有兩家報紙對於中央社描寫還都後的重慶夜景的淒涼中，“失業工人彳亍精神堡壘一帶，睹市容爲歡”的最後一句不解。有什難解處？失業工人既見市容淒涼，不免幸災樂禍地想：“市容呵，你今天也跟老子們一樣了！”於是高興起來。失業工人恐怕實難有比這更好的想法。爲歡的“歡”字，實是神來之筆，曲盡工人心理深微。

無題（一）

五月十三日《大公晚報》“小公園”載一則小趣事。

西班牙的一個小學裏，有一天，老師問一個學生：“告訴我——《唐·吉訶德》的創作者是誰？”

“佛朗哥。”

“不對，那是西萬提斯哪！我願意多給你一個機會！誰發現美洲新大陸？”

“那是佛朗哥啊！”

我覺得西班牙還好，左一個佛朗哥，右一個佛朗哥，光光的，不須稱爲元首，領袖，或者別的什麽，也没有“全體肅立”。誰説西班牙要不得，光憑這一點，它就不算頂壞。

無題（二）

《大公晚報》訊：航空郵費已自每單位三元增至三十元，計加價十倍；每份報紙寄費增至六十元，稍厚之雜志，每本寄費高達數百元者，内地廣大讀者多無力負擔。此案無意中予文化事業一種窒息。

末後一句的無意，改爲有意，加價的本意恐怕正是在此。

（原載1946年5月10日、14日、15日《商務日報》）

論反民主

美其名曰中華“民”國，已經三十五年了。但“民”字所標示的民主這東西，在我們，還是青鸞信杳，黄犬音乖，不容易看到一點朕兆。口裏儘管嚷：“民主！民主！”不算數；報紙上，刊物上，文告上，儘管寫：“民主！民主！”也不算數。没有具體的事實讓我們看，無論説得怎麽好，寫得怎麽好，都不過説明民主還是一種有待於争取的東西。

黄帝的子孫

中國人，這太籠統了，其實衹是些高等華人，勞心的人，不勞心，更不勞力的人，常常自豪，我們有四五千年的歷史，是黄帝的子孫，我真不知道究竟是一件可喜的事，還是一件可悲的事。在我們的場合，歷史越悠久，就是我們現代人所受的陳死人的羈勒越重，爲了擺脱這羈勒而應付的代價越多。四五千年，也許不算太短，可那是一種怎樣的歷史呢？君主專制的歷史呀！不民主的歷史呀！一面有四五千年不民主的歷史，一面没有一天乃至一秒鐘的民主歷史！我們就是這樣一個民族！我們就是這樣一個國家！還有什麽可驕傲的呢？至於黄帝子孫云云，更是混話。不但無法證明，就是證明了，也不像滿清時的旗人，可以領點口糧，又不知誰是黄帝時代的老百姓的子孫，可以在他們面前昂頭闊步，擺擺臭架子，真是何得何失，何辱何榮？可是偏要説是黄帝的子孫而不是任何時代的老百姓，就説明這些諸公，雖然在民國已經過了三十幾年，還滿腦子的封建思想，帝王思想，貴族思想，和民國的“民”字，根本如水火之不相容。

還有一種寳物：道

還有一種自豪的寳物：道。不是帝門左道，而是堯、舜、禹、湯、文、武、周公、孔子一脉相傳，是修齊治平，危微精一的聖道。爲了這道，過去太久了，人不必説，孫中山先生就想承繼它的傳統，戴季陶先生更明目張膽地宣稱孫先生是道統的承繼人，馮友蘭先生著了好幾部大書，其中一部《新原道》，尤專門在替它穿上時髦的衣衫。道是什麽東西呢？這裏無法説清，衹有一件事可以斷言，那裏面没千分之一，萬分之一，千萬分之一的民主的影子。孔子之後的道統承繼人孟軻，對於暴君很不敬，并且贊成湯武征誅，又頗有些涉及老百姓的話，但也不過説壞皇帝應該换好皇帝，皇帝應該讓老百姓能够過日子，和民主思想還是絶緣的。就是這樣的道，就是這樣的道統，據王芸生先生説，中國人對於它，就像第三種人自願對於藝術的態度一樣：死抱住不放的！其實中了道或道統的毒的人，何嘗真懂得道統，又何嘗真管那些淡閑事呢？不過他們往往是既得利益階級，道和道統於保護他們的利益頗有用處，别人攻來了，用做擋箭牌；攻别人時，又用以裝點門面，使那些利益合法化而已。

固有道德：頂出色的懷寳

嚇！咱們這大一個中國，歷史又這麽久，可以自豪的，難道衹這麽一點麽？當然不是，咱們還有頂頂出色的法寳，固有道德，一名舊道德，在世界上真是首屈一指的呀！關於舊道德，不知道究竟指的哪幾種，這個人説這幾個字，那個又吹那幾個字，有的相同，有的又不相同，有的多，有的少，叫人攪不清楚。既然别人可以就他説話方便而隨意揀幾個字，那麽，我又何必不因爲我説話方便而揀我所要揀的呢？我揀的字是：忠、孝、節、義。我覺得這幾個字，每字都可明確地看出一種一定的人與人的關係，而且都要實際遵守的，比一些浮泛空洞的字好。忠是臣盡的，孝是兒女盡的，節是妻守的，義，在這場合，和仁義禮義之義都不同，是“義僕”、“義犬”之義，一種奴僕的道德，略與忠相似，是忠的擴大或縮小，所以忠義二字相連。等候招安强盗的聚義廳叫“忠義堂”，專爲一人效力的軍隊叫“忠義××軍”。這樣，義，這裏可以注銷，并入忠字項内。臣盡忠，子盡孝，妻守節，當然好罷，但另一面是什麽呢？另一面是：“君爲臣綱，父爲子綱，夫爲妻綱。”綱是網的綱繩，綱繩在手，網再大，也要收就收，要撒就撒，不由網作主。臣、子、妻是網，常常意馬心猿，要分散，要撒開；却被君、父、夫抓住要緊處，逃不了。説得露骨一點，三綱的正解，就是“君要臣死，臣不敢不死；父要子亡，子不敢不亡”；“閻王要命，丈夫要妻”！而且三綱其實衹是一綱：君爲臣綱，其餘二綱都是一個調的擴大或縮小，也就是君主專制政體的反映。於此，我們可以明白所謂忠、孝、節、義，這種舊道德，是過去時代君、父、夫、主的一種片面要求，臣、子、妻、奴上天無路，入地無門，纔不得不没面還守的奴隸道德。先天地是民主的敵人！

把天下看成自己的家

有一本書，名叫《天下一家》。我不喜歡這書名，也就是説不喜歡“天下一家”這成語。把天下人都看成一家人，這意思不算壞了，但把天下都看成自己的家，就是家天下主義，却要不得。中國人的家天下主義的觀念，到現在還非常濃厚。有名的例：邵力子先生説：張學良是蔣主席的乾兒子，他守的家法而不是國法。這真是巧言如簧。但也恐怕有些人實在没有把家和國分辨得清楚，中國的某些政治集團，什麽黨，什麽派，表面上冠冕堂皇，其實何嘗真有這東西？一家人，父子、兄弟、夫婦、姊妹、連襟、老表、把兄弟、乾父義子、同鄉、同族、同學，聚集在一塊兒，在那裏發號施令，用花言巧語騙一些卑賤的奴才，窮苦的奴隸替他們服務、賣力、拼命、打天下和保衛天下。天下事（應該説是國事）必須通過他們家人，他們的家人，無論誰，都可以與聞天下事。天下與家，在他們原也無須分辨。至於那些奴才和奴隸們呢？“吃了他家的茶，就是他家的人”，“端人家的碗，服人家管”，又何嘗想到自己是國家的公務員什麽的呢？懂得這，再聽見“政府好比家庭，誰就是家長”，“學校即家庭”，“官兵之間，應如家人父子”之類的高論，就不但不會驚奇，反而明白這正是發言人的真正的思想，真正的靈魂表現。邵先生衹説一個人守的家法，未免太肯讓步了！

他們肯紆尊降貴嗎？

親愛的讀者喲！你應該可以明白了罷：爲什麽中國今天不能停止内戰？爲什麽有人要吞回他自己的諾言？爲什麽這兒那兒在打人、捕人、殺人？爲什麽有些地方實行警管制？爲什麽到處都充滿了反民主的空氣？豈不是因爲我們的特權者的尊腦中根本没有民主思想的影子，倒衹有反民主的思想麽？豈不是因爲民主這東西根本與他們的實際的既得利益有妨害麽？一民主，他們就不能自吹他們是黄帝子孫了，就不能再“替天行道”了；就不能君爲臣綱，主爲奴綱了；就再騙不信奴才奴隸替他們打天下，保天下了；就他們再不是皇帝、皇后、太子、公主，以及皇親國戚了！像瑞士的總統一樣，走出來跟我們老百姓没有分别，你我當然無所謂；他們，在雲端裏，在天宫裏生活慣了的特權者們，怎能紆尊降貴地到我們這塵世裏來呢？那不是要他們“蒙塵”麽？因此，他們一定會竭盡一切的力量來反民主的！

民主思想的白俄

民主與反民主的鬥争，就是新思想與舊思想的鬥争，就是新世界與舊世界的鬥争，就是新人舊人的鬥争，也就是人與非人的鬥争。中國人的腦子不改革，中國就不會有真正的民主政治，中國政制不改革，那些人腦子就連極微小的刺激都没有，而且就是政制改革了，他們也未必就能改革，説不定要做民主思想的白俄，在野，在外國，也還要反民主下去的，那些倔强的黄帝子孫們！

民主的路，在中國是遥遠的，同時也并不坦蕩，今天，不過纔開始而已。

一九四六，五，一七，嘉陵江邊

（原載 1946 年 6 月 27 日《文萃》第 36 期）

論“民主低能説”

五月十八日某大報社論——

“……再説一句徹底的話，惟其低能，纔祇好行民主政治，倡民主作風；惟是包辦不了，纔更應該讓人人有份，大家負責。”

民主既是爲了低能，不言能喻，獨裁，就是爲了高能。於是，夏桀殷紂，秦始皇，尼羅，希特勒，墨索里尼都是天縱睿聖；而盧梭，華盛頓，林肯，馬克思，列寧，孫中山，羅斯福却不過是低能兒的代表。歷史真是一種倒退的東西，什麽民主政治，民主思想，都不過率人類返於往古，返於蒙昧，返於低能而已。此其一。

我們的大主筆的本意，并不贊成民主，不過，眼看着老闆們“低能”，“包辦不了”，爲他們還能混下去打算，正所謂不得已而求其次，就祇好獻一道民主策。但是親愛的老闆呵！如果你們自信不低能，包辦得了，那就還是獨裁吧，真是苦口婆心。此其二。

老闆會不會嘉納這位“山人諸葛亮”的高見呢？當然不會。真低能的人，决不會知道自己低能，剛剛相反，他以爲他的能很高，“愚而好自用”，難道還不是一句老話麽？那麽，老闆會理直氣壯獨裁下去。即使覺悟到自己低能，也不會承認，面子要緊呵！明知是假，也要假充高能而獨裁下去。“呸！”我好像聽見主筆先生在那邊鄙夷：“你倒真是低能呵！”是的，我承認！我還没有領悟到；作者不過用“低能”這類的字眼來觸怒、挑撥老闆的感情，讓他惱羞成怒，倒行逆施，决心獨裁下去，“遣將不如激將”，“山人早已八卦算就了！”此其三。

一九四六，五，二六

（原載 1946 年 5 月 28 日《商務日報》）

我　願

第一，看電影不要我們“全體肅立”，對大人物的相片致敬。我不是説，也不敢説國父遺容和主席玉照不足以引起我們的敬意，剛剛相反，我們的敬意甚至於太多。但是親愛的呀，讓我們碰着他老人家們的遺像和玉照的時候，自動地表示吧，不必硬送到我們面前，喊口令似的：“全體肅立”，硬要我們表示。讓我們在一個較莊重的場合，從心裏表示吧，不必在我們尋娛樂找消遣的時候，叫我們在形式上表示。人有時有過多的時間，一天看三場電影，在唯一肅立一次，在國泰又肅立一次，在一園肅立第三次，這時候，人要是忽然想到“我是中國的主人”之類的意思，那就未免太滑稽了。而且爲什麽專門虐待看電影的呢？看話劇，看舊戲，聽清唱，都用不着肅立呀！

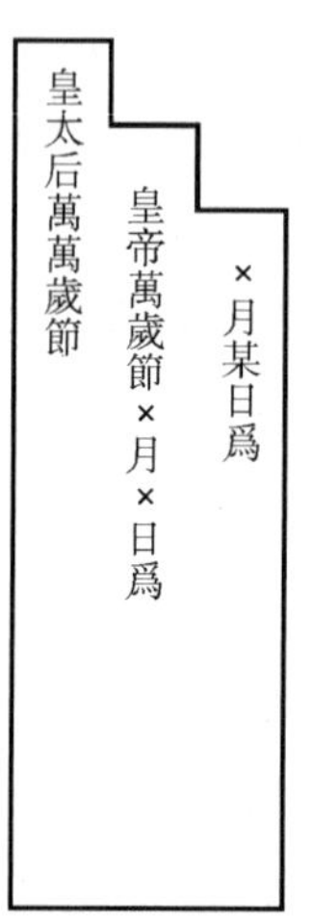

第二，文章裏面接觸到任何人了的時候，都不必抬頭或空一格。也不再看見幾個人在一塊兒的簽署，却有的高，有的低。最初看見抬頭的格式，是在小學裏第一次讀到的“國文教科書”上：（如上圖示——編者注。)

但那時是滿清時代，那些辦法，早就該同辮子，小脚，滿洲國，康德萬歲之類一齊滾他媽的了。第一次看到簽署的高低是二十三年首次入川時，看見一張布告尾上印着：(如下圖示——編者注。)

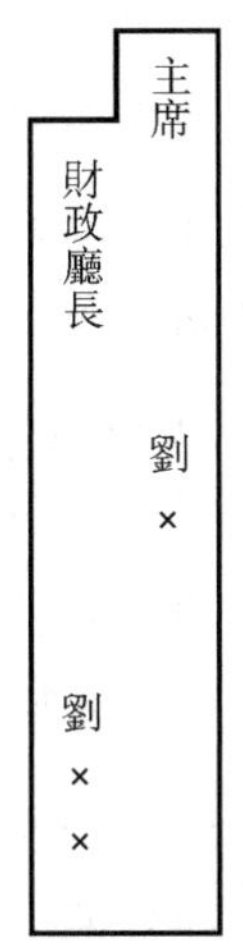

我當時想，省府主席和廳長的簽署如果應該如此，國府主席及各級官吏和老百姓一塊兒簽署（事實上決無，假想中可有）豈不成了這樣子麽？(如下圖示——編者注。)

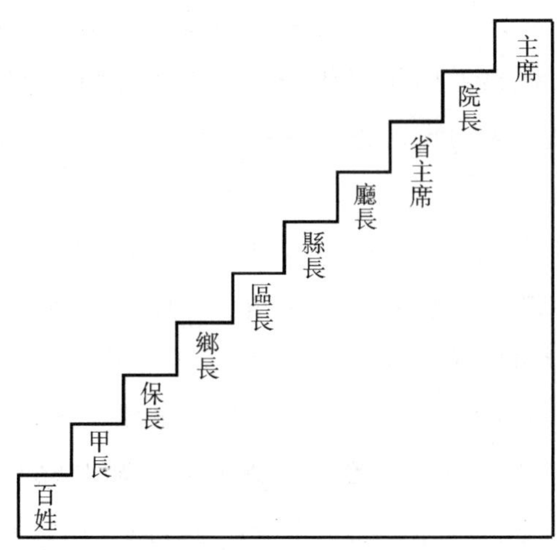

這樣一來，誰弄得清楚究竟官吏是人民的公僕，還是人民是官吏的私奴呢？

第三，說話寫文章不必再兜圈子。老實說，上文的“敬意太多”云云，就是兜圈子，心裏并没有“敬意太多”的意思，不過爲了説得委婉，免得惹是生非而已。這很容易出毛病，比如，明明是要批評什麽，却不直接指摘，先擺一套某某堅持抗戰勞苦功高，如何偉大，如何賢明之類的話了纔上正文。懂得的自然明白都是廢話，白糟蹋排工，紙張，油墨，淺薄的讀者就會以爲真在説恭維話，可能剛剛記住這幾句話，把正文倒忘記了。不忘記，也可能以爲被提到的人除了被指摘的那一兩點以外，其它都是好的，這樣文章就剛剛發生了反效果。另外一種兜圈子就是談歷史上的人和事，影射當前的人和事，或老用童話、寓言之類來諷示現實的事等等，這本是不得已的辦法。但是這種不得已的辦法也遭到干涉。有名的審察條例：“不許歪曲史實”，就是專門對付這種辦法的。人如果可以自由説話，誰又願意扭扭捏捏，逼着嗓子唱小丑呢？我倒願意這種辦法永遠絶迹於人間。

第四，在墻上，柱頭上，再不看見石灰刷的美術或醜術字：“禮義廉耻”，尤其是禮是規規矩矩的什麽，義是慷慷慨慨的什麽之類，禮義廉耻，本來不好懂，一經解釋，就更莫名其妙。正是你不説我還明白，你一説我反糊塗了。權力者們要用什麽東西維係他們的統治，可又怕老百姓懂得了，所以拿出來的東西總是一些抽象籠統，不着邊際的冠冕堂皇的文字的把戲，除了他們自己可以隨意解釋以外，別人都衹能在似懂非懂之間，渾渾噩噩地過日子。而越是自知不大高明的權力者，就越喜歡裝模作樣，話説越漂亮，意義却越含糊。《聊齋志异》上有一則《考弊司》，本是一種吃人的鬼衙門，可門口就寫着八個大字“孝悌忠信禮義廉耻”！我無論在什麽地方看見所謂四維八德之類，就不禁想起那鬼衙門來。所謂“禮義廉耻，國之四維，四維不張，國乃滅亡”，本是管仲的話。管仲，商鞅，韓非之流，都是精於治術的統治者的智囊。管仲的治術，是“士之子恒爲士，農之子恒爲農”，農之子無論有什麽聰明才幹，也衹能日出而作，日入而息，鑿井而飲，耕田而食，想幹點别的行業都不可以的。那麽，他説的無論什麽，還有一點爲老百姓打算的麽？現在看起來，應該添兩句於後，“四維既張，民乃倒霉”！

第五，也是墻壁上的，即××守則什麽的。那守則有許多條，依我的愚見，除“助人爲快樂之本”以外，没有一條像話的。比如：“孝順爲齊家之本”，就完全是一種因果倒置的説法。齊家是父兄的事，孝悌也衹是子弟的美德。父兄真能齊家，不愁子弟不孝悌；反之，子弟雖然孝悌，而父兄不慈不友，家仍然難齊。中國第一個大孝是舜，可是舜的父親瞽瞍的家，就并没有齊，而且齊家也衹是一種舊觀念。所謂齊者，一定含有截長補短，彼此牽就的意思。人的智慧，才能，興趣，本就不齊，何必一定要齊！才能大的子弟牽就不能如此的子弟乃至父兄，倒不如讓他儘量發展。尼采説，人是必須超過的；我説，父兄是必須超過的，衹能超過父兄，纔合乎社會進化的原則，這樣的民族國家纔有遠大前途。否則，一代不如一代，或一代僅如一代，代代不過如此，齊是齊得很，其奈没有進步何？那守則的各條，意同此類的很多，我也不願看見。

其它諸如此類的事物還多得很，這裏不過舉點小例。如果這些事物幾没有了，中國之於民主，雖不中，不遠矣。

一九四六，六，一四

（原載 1946 年 6 月 17 日《商務日報》）

兩狼山

有一架山叫做兩狼山，記得麽。楊令公，楊繼業就在那兒被蕭天佐蕭天佑所困，望兵不到，望子不歸，頭碰李陵碑，歸了天的。他姓楊，也就是羊，到了兩狼山，狼是吃羊的，怎活得了呢？

這且不管，那兩狼山爲什麽名叫兩狼山呢？

爲什麽山的形象像兩隻狼打架呢？

誰知道呢？山天生的像那樣，誰能叫它不像那樣呢？

不！一點也不！那是有個緣故的。而且，以前那兒是一片平地，并没有山。

還記得狼們打破了人國的京城的時候的事吧。一個宫女趁着慌亂的時候，趁着狼們衹顧着燒，殺，奸，搶的時候，悄悄地，躡手躡足地，藏藏躲躲地，逃出去了。

那是個漆黑的夜，離開京城正被焚燒着的火光，就什麽都看不見。那宫女急急忙忙逢山過山，遇水涉水，足足走了一整夜，到天亮時，却被巡邏的狼發現了。凡是狼，都有一種特殊的嗅覺，能够聞到幾里路以外的人的香味。他們聞這香味，又正像我在肚飢時聞見紅燒肉，黄燜鷄的香味一樣，會被引起一種高度的食欲。

宫女躲在一個樹叢裏，聽見了狼們從遠處跑來的聲音。她辛苦了一夜，已經累倒了。縱然不累，也無法再逃，講跑路，這宫女决不是狼們的敵手。人在無計可施的時候，衹好聽天由命。於是兩條狼，身上還穿着巡邏的號衣。看見這疲勞的少女，赤手空拳，實在也没有什麽可怕，就又一擁向前。

把她絆倒在地上了。她也實在氣盡力竭，毫無掙扎搏鬥的能力了，奸淫就奸淫罷，吃掉就吃掉，咬緊牙關，閉上眼睛，把自己的生命獻出在那裏。正當宮女準備嘗試污辱與死亡的滋味的時候，不料兩條狼却自己争吵起來了。

“對不起，”一個扯開宮女的下衣説：“讓我占先！”

“什麽！”一個説：“是我先發覺的，該讓我！”

“老弟，從大引小，我忝長兩歲……”

“哪裏哪裏，當‘人’不讓……”

“再説，認資格我也得……”

“我們還是講力氣罷，看誰……”

“怎麽，你竟敢説講力氣，你這馬鹿野狼！”

“你駡，老子就……”啪，一個巴掌打過去。

“你狽子的……”啪，一個拳頭回過來。

“你狽勒的……”

“你狽母的……”

兩位同志彼此從小姐×到太太又從太太×到老太太，一面駡，同時也一面打，一面抓，撕，咬，踢，把宮女反而扔在一邊了。宮女趁此機會爬起來，提起衣服就跑，跑了好遠，兩位戰士纔覺察，停戰，跟着後面趕來，最後又把她闖倒了。

“怎麽呢，還是讓我占一回先罷！”

“無論怎樣也得我先……”

於是又駡又打，把宮女扔在一邊。宮女又爬起來跑，他們又趕；趕到了又争，又駡，又打，又把宮女扔在一邊……

這樣一連反復了許多次，已經跑了很遠。最後一次，兩位戰士已經戰鬥得頭破眼腫，牙脱嘴歪，奄奄一息，再也不能追趕宮女了。不，他們終於雙雙戰死，尸體還做着兩不相下的姿式。一個得了道的老人使了一點小法，就讓那尸骨變成了一架高山。就是兩狼山，山上還有一口大碑，上面刻着：“永爲好鬥者之戒！”

（原載 1946 年 6 月 22 日《商務日報》）

友　　誼

有一天，報上登着這麽一條小消息：

合衆社厄爾洛五月三十日電：一輛火車今天又在這裏附近的小山旁停了下來，司機跳下車，在一個小孩的墳墓上獻上一束鮮花，這已是五十六年來每年看見的事。

五十六年前，這小孩每天從茅屋跑出來，向開火車的青勃士先生招手，青勃士先生也常常向他回招的。

有一天，這孩子突然没有來。一個禮拜過去了，青勃士的不知名朋友仍舊没有回來，他不得不停下火車跑出來。但他衹找着一所空屋和一塊新土，後來他知道，這孩子死了，他的父母也搬走了。但是這孩子臨死的時候要求他的父母把他葬在“火車中朋友和我招手的地方”。他父母依了他孩子臨死的要求。

那位司機人從那年起，就每年到這墳墓上送花，因爲“友情永没有死掉”。

讀到這消息，我愣了半天，終於，自己同自己辯論起來了：真有這樣的事麽？

凡是友誼，一定附屬在一種較實際的東西上，僅僅彼此招招手，是不是能够成功一種堅强的友誼呢？能够的。在旁人看來，衹是彼此招招手，似乎與實生活無關，但在那路邊的鄉下孩子，却不知藴藏着多少幻想與熱情；在那辛苦地工作著的青勃士先生，更不知得到多少人世的温暖。其實都不是與實生活無關的。這事情已過去五十六年了；五十六年，在人生的旅途上，决不是個太短的時間。青勃士先生，我想，那時候也不過是一個十多歲的少年吧，頂多不能超過二十歲，否則，作爲司機人，他現在未免太老了。孩子們，少年們，對於人生也許是無知的；但同時也就充滿着過多的美麗的想望。

任何東西都不知道放在實際利害的天平上去衡量；對於友誼，也正如此。而且，我們又何必問這件事是不是真的呢？縱然全部是“創作”——新聞記者有時會完全“創作”的，作司機，青勃士先生現在太老，五十六年前又太小，至少有部分的“創作”在内，但是縱然是全部“創作”不也太美了麼？“創作”，就是“創作”者的心靈表現，袛要有人有這樣的“創作”，也就證明人類的前途是樂觀的。

那孩子臨死的時候，要求他的父母把他葬在火車中的朋友和他招手的地方。這更近於“創作”了。中國的故事：鍾子期臨死的時候，就曾要求父母把他埋在馬鞍山，那兒，是他的朋友伯牙和他認識的地方，也是伯牙來訪他的必經之地。東西的“創作”者胸中的丘壑是如何地雷同着呵！

幾個月前在××劇場看京戲，開鑼就是伯牙碎琴。當伯牙向子期的父親問路，問到子期，老丈説：“大人，你來遲了！”的時候，我禁不住流了幾滴泪。那時候，你還没有來，自然不曉得。我曉得伯牙和子期的故事已經三十幾年了，最初大概是從《今古奇觀》得來的，從那時到現在，我都愛着這故事，認爲是關於朋友的故事中的最美的。關於朋友有很多故事，廉藺太政治，管鮑太實利，羊左則簡直血淋淋的，令人害怕，我都不大喜歡。人，到什麽地方説什麽話，行乎其所不得不行，止乎其所不得不止，用不着在平居無事的時候，把那些煩事甚至可怕的東西裝在腦子裹。伯牙，子期，一個會彈琴，一個能理解，就爲這麽一點點事情，不是政治的需要，不是實利的得失，更不必有生死患難的依賴，他們成了朋友，而且成了唯一的朋友。尤其是伯牙，一見知音死去了，從此便終身不再鼓琴；從世俗的眼光看來，未免把一件極其輕微的事看得太嚴肅，太嚴重了？把琴碎了，能够使子期復活麽？不能！自己能够因之得到什麽呢？不能！於誰能有什麽好處呢？没有！那麽，爲什麽要把琴碎掉呢？這問題，縱然伯牙站在面前，也未必能回答。他不過爲失掉了朋友的悲哀襲擊，爲失掉了和唯一的朋友在一塊兒“樂琴書以消憂”

的幸福而悲痛，覺得無可挽回，也無可補償；没有知音的彈琴，又衹足以增加他在人世的孤獨之感，於是不知不覺地決心從此不彈琴而已。心靈上的重大事，放在心靈以外的場合，原不必同等重大的。我，不用説，不是琴，也不是任何琴才的知音；但我愛這故事，我覺得人與人之間，應該有，一定有一種有它就幸福，没有就悲哀，又不是世俗的得失利害所能衡量的東西存在。在兩性間如果是愛情；在同性間那就是友誼。

不過，哦！還是不要談吧。信口談到，未免太褻瀆；談重了，又把它毁壞了——因爲友誼，這人間的友誼，怕它是太神聖而又過分地脆弱了！

（原載 1946 年 8 月 7 日《商務日報》）

“喪心病狂！”

九月四日，杭州《東南日報》有這樣一條消息：

中共喪心病狂收編湖匪

（長興訊）太湖股匪，現有五千餘人，由日籍共黨武植爲最高首領，楊彦斌爲司令，顧復興充僞太湖縣長，專行搶劫湖面往來商船及沿湖各市鎮，但與中共尚無直接關係。最近中共“新四軍”政委粟裕親來太湖，將湖匪全部收編爲“新四軍”，太湖縱隊楊彦斌爲縱隊司令，顧復興爲“政委”兼太湖縣長。該縱隊包括三個支隊，第一支隊長爲金步青（僞一師營長），第二支隊長范在屏（僞長興保安隊長），第三支隊長周鶴群（僞浙清鄉司令），蓄意不良，準備在江南作大規模活動。

説得這樣活靈活現，好像真有其事，但實際上呢，請看——

九月七日，（注意：時間衹隔兩天）重慶《大公晚報》有這樣一條消息：

太湖湖匪投降　奉命剿匪立功自新

（中央社上海七日電）確息：太湖匪首楊彦斌，頃毅然率部向湯總司令投誠，并表示徹底悔過，誓願肅清匪類，以安閭閻。蒙湯總司令允准，命其招撫舊部，剿滅頑强，立功自新，并派該部第二處處長毛森負責督導工作。聞楊彦斌舊部見湯總司令之寬大爲懷，不咎既往，均紛紛來歸。太湖匪患不久當可敉平。

原來如此，真是喪心病狂！喪心病狂！

（原載1946年9月10日重慶《新華日報》）

給夜鶯倆

穆仁訂婚了，和琳小姐。他們訂了婚，一同東下上學？或者一個東下上學？或者一同不上學？總之，他們訂婚了。

裴多菲是個苦惱的夜鶯，要在苦惱中纔更會歌唱；但他的愛人使他太幸福了……“虐待他吧！”裴多菲的朋友向那位女士勸告。我想，這是舊時代的看法，也是舊時代的説法。

今天的裴多菲如果是夜鶯，他的愛侶也該同樣是。如果苦惱，應該一同苦惱，一同爲苦惱而歌；如果幸福，應該彼此都幸福，一同在幸福中爲幸福而歌。縱令必須“虐待”，也當是相互的而不是片面的。

穆仁的詩，“和你在一起，路不嫌長，話不嫌多”。在中國，路將是無限的長，話必會無限的多，也必須無限多；你們就“在一起”走下去，説下去吧！

比翼的夜鶯倆，同時，別忘了比喉！

一九四六，十月半

（原載 1946 年 10 月 17 日《新民報》）

《魯迅正傳》

苟奴隸立於其前，必中悲而嫉視：中悲，所以哀其不幸；嫉視，所以怒其不争！

——語　録

這是一本偷天換日，指鹿爲馬，想以一手掩盡天下人耳目的書！一本含沙射影，借刀殺人，充滿了殺機的書，同時，恕我不能説得更文雅，更含蓄，是一本狐假虎威，狗仗人勢，不知人間有羞恥事的書！

它説魯迅在北洋軍閥時代的教育部當了若干年僉事，用另一個教授從前説過的話説，曹錕賄選大總統的時候，他在當教育部僉事，代表無耻的彭允彝當教育總長的時候，他也在當僉事。於此足見該僉事之没有氣節。

但是請問：這説法是不是家天下主義的説法呢？而且是不是家天下主義中的最落後的説法呢？祇有認曹錕賄選，整個中國或整個政府都是曹錕的私産，彭允彝當教育部總長，整個教育部是彭允彝的私産，這纔發生食君禄報皇恩的奴才道德的觀念，和良禽應擇木而栖，良臣應擇主而事，伯夷叔齊義不食周粟的氣節問題。就是家天下時代也還有仕不爲貧而有時爲貧的道理，和不羞污君，不辭小官，治亦進亂亦進的道理。如果稍微有點民國人民的思想，那就會認爲教育部不過是我們民族，我們國家，我們人民的政治機構的一部分，僉事某人更不過是在裹面服務的一員。我們的政治機構爲軍閥政客所僭竊，誠然不幸，但這衹能説軍閥政客不應僭竊，并不是我們國民不應該在裹面服務。魯迅先生既非僭竊的謀主，又没有依草附木，爲那些軍閥政客摇旗吶喊，出力報效，這中間有什麽氣節問題呢？

但是一直到現在，那位作者恐怕并没有遭遇到任何回擊，人們似乎都不願和尊貴的作者交手，正像和二郎神比賽的孫悟空，最後變成了一個水鴇，就連二郎神也衹好束手無策，讓他去自稱齊天大聖：因爲既然是一個神，就很難變成比水鴇更卑污或者同等卑污的東西了。

從前，凡是老爺、大人之流出門，前面必有鳴鑼開道的。那開道的手裏拖着大板子，口裏喊道："閑人消開，大老爺來了！"路上的"閑人"當然連忙"消開"；但倘還有没有來及"消開"的"閑人"，他就故意地，完全没有必要地，似乎你跟他有不共戴天之仇似的，狠狠地在你頭上劈你幾板子，或者在你的脚背上蹬一脚。受到了這樣的恩賜的"閑人"，無論感到怎樣的痛楚，也把這位英雄毫無辦法，因爲他是跟他的"大老爺"開道的。

（原載 1946 年 10 月 19 日《新民報》魯迅先生紀念特刊）

熊猫骨

熊猫死後，美方要求將尸體裝箱運美。中國原有千金市駿骨的寓言，不料美人竟真的要熊猫骨。市駿骨的理由：駿骨且買，况活的千里馬麽？消息傳出去，有千里馬的一定都會送上門來。那麽，現在美人連熊猫骨且要，况活熊猫麽？我想我們的當局，一定會大索熊猫，連翩貢奉的。楚王好細腰婦人，宫中有因求細腰而餓死的；賈似道好鬥蟋蟀，民間有因捕蟋蟀而家敗人亡的。熊猫是一種稀有的東西，當局責民間貢熊猫，説不定會到三天小比，五天大比的程度；産熊猫區甚至非産熊猫區的人民，説不定會到男不耕，女不織，抛了一切工作去尋熊猫，得之則生，失之則死的程度。想到這裏，不禁爲汶川同胞捏一把汗，他們究竟什麽事得罪了天老爺，以致那地方出産這種不祥之物呢？至於别處，如果也發現了熊猫，千萬不可聲張，第一次也許能獲得一點小利，以後若要繼續供給，那就要“吃不了，兜着走”了！

安得熊猫千萬頭，遍貢强鄰，使我同胞少一憂！

（原載 1946 年 10 月 24 日《新民報》）

孔聶短簡

一

1

孔子曰：君子群而不黨。

聶子曰：君子群或不黨，黨則必群。惟小人黨而不群，不黨亦不群。

2

孔子曰：富如可求也，雖執鞭吾亦爲之。

聶子曰：富如不可得也，雖主席人亦去之。

3

孔子曰：不義而富且貴，於我如浮雲。

聶子曰：義而貧且賤，於人如原子彈。

4

孔子曰：事君盡禮，民以爲諂也。

聶子曰：對上拍，自以爲盡禮也。

5

孔子曰：巧言令色，鮮矣仁。

聶子曰：巧言令色，鮮矣敗。

6

孔子曰：才不才，亦各言其子也。

聶子曰：闊不闊，亦各靠其父也，靠其兄也，靠其諸姑姊妹也。

7

孔子曰：克己復禮之爲仁——非禮勿視，非禮勿聽，非禮勿言，非禮勿動。

聶子曰：昧心扒錢之爲官——非錢不視，非錢不聽，非錢不言，非錢不動。

8

孔子曰：百姓足，君孰與不足？百姓不足，君孰與足？

聶子曰：百姓足，官孰與足？百姓不足，官孰與不足？

9

孔子曰：爲政以德，譬如北辰，居其所而衆星拱之。

聶子曰：爲官無所得，譬如蘇秦，回其家而嫂妻不理之。

二

孔子曰：大道之行也：天下爲公。選賢與能；講信修睦。故人不獨親其親，子其子；使老有所終，壯有所用，幼有所長，鰥寡孤獨廢疾者皆有所養。男有室，女有歸，貨惡其弃於地也，不必藏於己，力惡其不出於身也，不必爲己。故盜賊而不作，外户而不閉——是之謂大同。

聶子曰：大官之做也：天下爲私。選奴與狗，愛吹喜拍，故人不能親其親，子其子；使老無所終，壯無所用，幼無所長，鰥寡孤獨廢疾者皆無所養。男無室，女無家，款惡其歸於公也，必藏於己；力惡其不出於民也，必使爲己。故盜賊群起，内外門窗均須閉目鍵焉——是必有大變。

（原載 1946 年 10 月 21 日《新民報》）

論刺客

有一種政治組織或者説反政治的組織，以暗殺爲主要的鬥争方法。他們的名言：“一顆炸彈，勝過十萬卷書。”暗殺的對象是政治上的大人物，成功了，免得用許多别的力量去推翻他；失敗了，也可以使被暗殺者震驚，使别人激動，憤恨，繼起。大概就是這之類的道理吧，所以説勝過十萬卷書。這種思想乃至行動，在帝俄，似曾經風靡過。比如我們就知道一個女刺客的名字：蘇菲亞；同時，反映暗殺的作品《夜未央》，《灰色馬》……之類，也看到過。

中國很早就有刺客，專諸，要離，聶政，荆軻……那些故事往往被寫得慷慨悲壯，可歌可泣。但其實是不能與蘇菲亞她們同日并語的。人家是有思想的革命家，自己自動地帶着手槍炸彈去行刺，專諸他們不過被别人雇傭，不是出於自己的要求。某晚報副刊載打手的定義：他的一拳值若干美金，一脚值若干英鎊，衹有他的靈魂一文不值（大意）。這一點，和有靈魂的刺客就相差太遠。我們有没有有靈魂的刺客呢？有，比如徐錫麟。

暗殺，即使有不必過於非難的地方，也衹是不得已的時候的無辦法的辦法吧？革命，究竟應該是群衆的事情，集團對集團的事情，一個或幾個人的獻身刺死一個人或幾個人，如果没有群衆運動跟在後面，所能解決的問題是極有限的。而且以一個有思想，有智慧，有熱情的革命家的生命去换一個貪污昏庸的貴族，官僚的生命，如徐錫麟之於恩銘，就人群，就革命的需要説，都未免太不划算吧？“一顆炸彈……”的理論，現在已不足以歆動我們，徐錫麟們的行動，也衹革命初期纔有，在人民自己有了堅實的力量的時候，暗殺，就變成非常無意思的事情了。

至於那些被雇傭的刺客之流，往往不過是一種可悲的人類。没有社會地位的窮苦人，不能自食其力，或者不安於自食其力，除了生命，氣力和一點點可憐的技擊之類的本事以外，可又一無所有。王公大人的卑禮厚幣一來，就整個身心都給炫惑住了："士爲知己者死"，粉身碎骨，赴湯蹈火，以報知遇於萬一的念頭油然而生。是非曲直，不但無力過問，并且無暇過問。專諸養母，聶政削面以免牽連，尚有不失人情之正的地方；要離刺慶忌之前，請人先殺其妻子，忍心害理已極，自然他自己和他的主使人，都應該是被唾弃的。《史記》不爲要離立傳，説不定就因爲這。

無論暗殺怎樣值不得稱贊，無論是自動或被動的刺客，無論成功或者失敗，刺客們在那行刺的行爲上，都有一個極可佩服之點：勇敢！他們自己都是平民（徐錫麟除外），他們的對象都是高高在上的大人物：一兩個人，暗藏着炸彈，手槍，匕首，短劍什麽的，闖進警衛森嚴的龍潭虎穴，毫無生還的希望，那情景，衹要想一想，都是壯美感人的。他們或者自己就是被侮辱與被損害者，被壓迫者，至少是不得志者，或者是被不得志的方面所派遣的。他們的行爲往往包含着極端嚴正的政治意義，如荆軻，徐錫麟；所要發泄的不僅是一二人的憤恨，倒是千萬人的。唯其如此，所以"風蕭蕭兮易水寒，壯士一去兮不復還"的歌詞，我們現在讀了還受感動；《棠棣之花》那樣的作品纔有存在的價值的吧。如果刺客是從大人物那裏派來的，自己帶着武器，趁着黄昏或者黑夜，在人迹少有的地方，去暗殺一個毫無自衛準備也毫無自衛方法的過路人；那人正和他的妻子兒女喁喁低語。那當然衹有成功，不會失敗，被刺的人倒了之後，他還可在尸首和尸首的親屬面前演説一番，然後檢查一下用過了的武器，如果是手槍，就退下那還未用完的子彈，然後説聲"再會"！從從容容，揚長而去。這樣的人，一定要説是刺客，大約也可以的，衹是和上面所説的刺客，未免大不相同，就是《水滸》上的"剪徑"英雄也未必如是。不幸的是，我們現在就多有這種刺客，多有這種刺客的主使者！

（原載 1946 年 10 月 23 日《新民報》）

官

有一種會做官的人，到上司那裏去獻策的時候，是準備上中下三個策子去的。先探詢一下上司的口氣，看上司的意見接近哪一策，然後取哪一策來獻上，使上司一見覺得他的意見和自己的意見竟這樣地相同，而大加激賞。那些在老百姓面前耀武揚威的老爺們，另一方面却是如此地用盡心事迎合主子的意旨的，一到主子面前，腰也直不起來，頭也抬不起來，兩手直直地垂着，雙膝却彎彎地屈着。或是在精神上彎彎地屈着。現在是民國，不知是誰興的鬼規矩，不許下跪，多麼彆扭啊，少一種對主子表示敬意的儀節了！而且做人就多麼缺陷，無緣無故地少了一條尾巴，以致没有東西在主子面前摇摇擺擺了！主子説這件事應該這樣，他説是是！主子説那件事應該那樣，他也説是是！好像他衹會説是是，好像他天生的使命是在用是是去填滿主子的話和話之間的空隙，而主子所能賞識的也正是這種人，於是信任他，把他當作股肱，當作腹心，當作長城，使他居於别的老爺們之上，甚至於有一天也變成主子。等到他變成主子，他會比原來主子十倍地暴虐，十倍地奴役别人。

（原載 1946 年 11 月 11 日《新民報》）

論肥胖

“唉！在這世界上，胖子實在比瘦子會辦事。瘦子們的做官大抵衹靠着特别的囑咐，或者不過充充數，跑跑腿……但胖子們是不來占要路的旁邊之處的，他們總是抓住緊要的地位……他們的錢櫃子是滿滿的……看吧——忽然在市邊的什麽地方造起一庭房子來了，是太太出面的，接着又在别的市邊造第二所，後來就在近市之處買一塊小田地，於是連帶一切附屬東西的大村莊。凡胖子，總是在給上帝或皇上出力，博得一切尊敬之後，就退職下野，化爲體面的俄羅斯地主，弄一所好房子，平安地，幸福地，而且愉快地過活的……”

以上《死魂靈》上的一段話，是描寫十九世紀初期的俄國的；但我們看了，却覺得非常熟悉，竟像寫的是二十世紀中葉的咱們貴國；當然，恐怕也很像咱們今日以前的若干世紀。在咱們這國度，凡是達官貴人，總是“天庭飽滿，地角方圓”，方面大耳，腦滿腸肥；窮苦的小百姓則總是獐頭鼠目，鳩形鵠面，有如用繩子捆着招摇過市的“壯”丁：在春風駘若的時候，衹要在那頸子上再安一根綫，就可以當作風箏放到天空去。這情形，反映在相術上，前者謂之官相福相，後者謂之窮相賤相。而諺語也有“十個胖子九個富……十個瘦子九個貧……”之類的話。反映在戲劇上，凡是大人物出臺，尤其是將軍們，則伶人的肩膀腹臂等處總要綁些棉花，面相不是威風凛凛，殺氣騰騰，就是堂堂一表，美鬚飄然。至於小百姓，永遠是小丑，彎腰駝背，歪眉斜臉，白鼻子紅眼睛！小時候，常有些天真的想法，以爲人之所以或官或民，或貧或富，一定是由於學問大小，本事高低，品德好壞……及至涉世稍深，纔知大謬不然！貧富貴賤，分判的道理很多，其中之一，照果戈里的説法，竟是因爲胖瘦！

但果戈里以爲因爲胖所以闊；瘦所以不行——這却和我的意見恰恰相反。我倒以爲是因爲闊，所以胖；不闊，所以瘦的。不知怎麽一來，我有了許多同學，同事，同鄉，親戚，學生什麽的；又不知怎麽一來，他們竟有許多都闊起來了；到現在爲止，“部長”雖還衹有一個（另外一個姓林的，前幾天槍斃了），“中委”之類，却要以打計算。這没有什麽，值得一提的，就是在他們闊了的今天爲止，我還有時能榮幸地看見他們。這也没有什麽，所以提到的，是他們幾乎没有例外地都發胖了，而當他們未闊時，却衹和我差不多。這還没有什麽，有一件必須同時提到的事：同學，同事，同鄉，親戚，學生中間的還未闊起來的，幾乎没有例外地依然故他，都没有發胖。有道是：人在三四十歲之間，很容易發胖，那些發胖了的闊人，確正是這等年紀。但問題没有解決：那些未發胖的非闊人，也正是這等年紀！

但是，人不可以不用腦筋，若用用，則何處没有學問，何處不能發現古聖先賢的微言奥義；孔子曰：“富潤屋，德潤身，心廣體胖。”“富潤屋”好懂，有了錢，當然要把住處講究一點。“德潤身”，據注釋家云：“德者得也”，“足乎己無待於外之謂德”，也就是“萬物皆備於我”。這自然是指的一種精神現象吧！但同時也是指聖賢之類而言；至於官老爺們呢，儘管滿口“唯心”唯什麽的，但在僅德高望重這一點，永遠是“唯物”的。瞧，“給上帝或皇上出力，博得一切尊敬了”，“錢櫃子是滿滿的”，這兒那兒“房子”，“小田地”，“大村莊”……這還不是有所“得”麽？這還不是“足乎己無待於外”麽？人到了這境界，當然要講究吃喝穿戴，衛生滋補什麽的了。“心廣”，就是心裏没有事，常遵醫生囑咐：“你休息休息吧！你别操心吧！”也就是寬心大方。當然，口袋裏麥克麥克，靠山又穩，擁護的又多。還有什麽不放心的呢？住得好，穿得好，吃得好，補得好，風不吹，雨不淋，日不曬，心不操，力不出，事不想，又正當三四十歲容易發胖的時候，你叫他們怎不發胖呢？於是“體胖”！

但果戈里也没有錯。我説的是暴發户蜂起的今天的中國，他説的是貴族地主政權穩定了的俄國：在那樣的俄國，凡是胖子一定是貴族地主，當然容易爲“上帝和皇上”所信任，當然“實在”“會辦事”，也當然容易闊了。

然而世界和中國都在局部地演變中，有些缺“德”地方的缺“德”的人們，胖瘦和闊不闊的情形頗有與上述不同的。這没有什麽稀奇：人，果有能够連結闊與胖的繫帶，贊成胖與瘦的隔膜；另外的人一定能把它們扯斷，撤除！

(原載 1946 年 11 月 16 日《新民報》)

人怎樣變成末人

有一種會做官的人，到上司那裏去獻策的時候，是準備上中下三個策子去的。先探詢一下上司的口氣，看上司的意見接近哪一策，然後取哪一策來獻上，使上司一見覺得他的意思和自己的意見竟這樣地相同，而大加激賞。

這種辦法不僅現在纔有，忘記了是商鞅還是范睢説秦王的時候，就先説堯舜之道，再説湯武之道，看見兩具不蒙采納，這纔改説下策桓文之道。現在不過更巧妙一點，先探詢一下口氣，完全不談那不會采納的兩策，使上司以爲衹有一策，而這一策又和自己竟如此地“英雄所見”！西服，中山裝，都口袋多，這很便於這樣的策士，三道策如果都是畫面的，就須分放在三個口袋裏——記好！上策放在左邊上面口袋，中策放在右邊下面口袋，下策，這常常是被采納的，尤其要放好：裏面左邊的口袋——這樣，纔不會在臨時的手忙脚亂中把不會被采納的策夾帶出來，以致露了馬脚！西服，中山裝的式樣，都是從外國來的，莫非外國的爺也這麼辦的麼？

能够獻策的還是一些優秀而又幸運的人物，因爲他有策而上司又知道他有策，在官場中，他大多數都是根本無策，縱有也不被人知道的。無策，固然要想别種方法以博得上司的青睞；有策，也要能使上司知道纔行，平凡的老爺們用什麼在官場裏混而且混得很不錯，不幸的老爺們又怎樣變得幸運了的呢？莊子曰：“盗亦有道。”準此以推，當然官亦有法，老爺們究竟使的什麼法呢？説穿了簡單得很。孔子曰：“事君盡禮，民以爲諂也。”就是那個諂字，今語謂之拍馬屁！

拍馬屁決不是一件容易事，更不是喊幾聲“萬歲”或“偉大的主上”，空口説白話就算得了數的，除了聰明才智，會窺探上司或主子的意向（上述三策主義，豈是没有聰明才智的人所想得出的麽），還非要有具體表現不可，而那表現，有時非常血腥，它和你的骨肉相連，肢體相連，人性人格相連，不能犧牲這些，就不算真正拍馬屁，也就未必能真正得到“知遇”。歷史上有會拍馬屁的人，都是些毅然決然的大勇者：易牙蒸兒子給主子吃，樂羊子自己吃兒子的肉羹，吴起殺妻，吕不韋用妻或妾施美人計，竪刁閹割自己，彌子瑕，董賢化男爲女，以妾婦之道事君。《二十年目睹之怪現狀》裏有一位苟觀察，聽説制臺大人的寵妾去世，而自己正有一個絶色寡媳，就兩老夫婦跪在地下勸她改嫁制臺作如夫人，寡媳不肯，乃暗中把一些春藥給她吃，使她心癢難搔，不得不答應。人同此心，心同此理。這些英雄豪杰豈不知父子之恩，夫婦之愛，人性人格之尊且貴乎？無奈要顧全那些勞什子，就没有人給官你做，縱有也做不久，做不大！在官言官，也就不得不如此了。既然這些事都可辦到，其餘的奴顔婢膝，諾諾連聲以及三策面聖之類還算得什麽呢？

有一種書，叫做《怎樣變成巨人?》，那著者是某國人，當然説的某國事，至於咱們貴國，當我們耳聞目睹了一些“官場現形記”之後，應該告訴全世界：

人怎樣變成末人！

（原載 1946 年 11 月 22 日《新民報》）

女性的名字

女性的名字，常常帶着香艷的，被玩弄的成分的這事來。《紅樓夢》，《鏡花緣》，《西厢記》上的女孩子們的名字且不談，梅蘭芳，程艷秋等旦角兒們的名字也不談，我曾經碰見一個女職員，名叫“×嬌嬌”，她似乎没一點兒有什麽不妥的地方。做一個花瓶式的小職員，大概無可無不可；但地位稍爲高一點，署起名來，就很不像樣。主席，部長什麽的，不用説，目前總不會輪到女性頭上，但女參政員，女中委之類，不是已經有了麽？“參政員張嬌嬌”，“中委李嬌嬌”等而下之，“科長王嬌嬌”，“校長陳嬌嬌”，别人以爲怎樣，不得而知，在我，是覺得有欠莊重的。再，在少女少婦時代，大概爲名副其實地嬌而又嬌的吧，名叫嬌嬌，喊起來也不算太肉麻。但假如能終其天年，不免要爲母爲祖母，於今已不是《紅樓夢》時代，稱之爲邢夫人，王夫人，老太太，太太，就可了事的了。名字，有時有用的，五十六十，不儼然老太婆了麽？一看大名却是“嬌嬌”，這會給人一種什麽感覺呢？尤其是兒孫們説起來：“我的母親×嬌嬌”，“我的祖母×嬌嬌”，恐怕很難没有羞辱之感吧？女性的名字，無論是自己取的，還是别人取的，都應該略略考慮一下，要設想有了地位和老了的時候。

（原載 1946 年 11 月 23 日《新民報》）

鄉　愚

無論怎樣的學問家，無論對於某一門學問有怎樣的研究而又富於口才，如果碰見鄉愚跟鄉愚辯論起來，恐怕總會一敗塗地，望風而逃。他們又無知，又頑固，腦袋裏裝滿了莫名其妙，荒乎其唐的怪東西，决不是三言兩語，一天半天説得過去的。

抗戰前一年，我和一個朋友從南京到S省的某處去，其實那地方并不算太偏僻，離鐵路衹有兩百來里。可是碰到一個農民，談過一些非常奇怪的話，要不是自己親耳聽見，誰也不會相信。不必敍述碰到他的經過吧，不必描繪他的容顔吧，衹須把那些話記下來，人就會明瞭一切的。

“客人，”他問：“你們從什麽地方來的?”

“南京。”我答。

“從南京?”那人像給蛇咬了一口似的跳起來：“你們從南京? 你們是官啵?”

“不是!”我看他的樣子似乎不喜歡官，連忙補充：“我們是做小生意的。”

我没有撒謊，我們本不是官；但也撒了謊，我們并不是做生意的，但有什麽法子呢? 要是告訴他是寫文章的，要費多少唇舌纔説得清楚呢?

“怎麽，南京也有做小生意的?”

“爲什麽没有呢? 做小生意的，做大生意的，做手藝的，趕零工的，什麽都有。”

“這樣的麽?”那人帶着一種傻笑：“人家講南京城裏盡是官啵。”

“官也是多。”

“你們看見過官?”

“當然看見過。”

“很大很大的官都看見過?”他用手向兩邊張開，像圍一種合抱不交的樹幹似的比擬，仿佛説：這麽大！這麽大！

“有時候也看見。”

“哦哦！那一定是很好看的啵。聽説官都胖得很，重得很，越大的就越胖，胖得走都走不動，出來的時候，要人抬，頂大的官要上百的人纔抬得動啵!”

這真再荒謬没有！官在窮鄉僻壤的愚民百姓們口裏，竟是這麽一回事!

“怎麽會不胖呢?”那傻瓜差不多是自言自語：

“他們吃得好啵！聽説王爺侯爺們的金鑾寶殿上，左邊就是炸油條的，右邊又是炕燒餅的。他們一下到這邊去吃一根油條，一下子到那邊去吃一個燒餅，滚燙的，一個銅子也用不着花!”

“哈哈!”我和朋友都忍不住笑起來。想不到的趣話呀，而且，想不到到了今天還有人以爲我們貴國還有王爺侯爺什麽的呀!

他看見自己的話引得我們樂了，分外得意，更是滔滔不絶地賣弄自己的學識。

“他們天天殺人啵!”

“不!”朋友糾正：“殺人是有的，一些犯人，但有一定的季候，總是秋天。”

不知道朋友爲什麽要説後面那句話，“秋後處决”明明是早已過去的事了，但這句話却引起了那人的更離奇的高見。

“他們討小也要等到秋天?”

“殺人跟討小有什麽關係?”我不懂。

“噫!”他詫异：“你們住在南京還不曉得? 不是把人殺了，把人的老婆要過去做小麽? 咱們就爲這，死也不敢到那裏去。”

“完全謡言!”我説。

“謡言? 咱們問你：他們是不是都有小?”

“也有没有的。”

“有的有多少呢?”

“一個兩個。”

“你别哄咱們，咱們啥子都知道：幾百上千的都有啵? 如果不是殺了人，占人家的老婆，那些小從哪裏來呢?”

“不對!”我説：“殺人是殺人，討小是討小，討小都是用正式手續從别處娶來的，并不是占的殺掉的人的老婆。”

“誰會相信呢? 天生一個男的，能配上一個女的? 如果不殺掉一些男的，怎會有那麽多的女的不肯嫁給人家做老婆，倒肯嫁給人家做三大小，四大小，百大小，千大小呢?”

就是諸如此類的一些怪談，幾乎把我們的肚子都笑破了，無論怎樣對他解説，他都一點也不相信。我們後來把他的這些話説給别人聽，别人也不相信。真不知道歷來的政治怎麽發生了如此其大的力量：使老百姓對於官誤會得這麽厲害!“天之蒼蒼，其正色邪? 其遠而無所至極邪? 其視下也，亦若是則已矣!”官們有時也談老百姓這樣，老百姓那樣，一想到老百姓的談官，就無論怎麽荒謬，都衹能使我發出一種會心的微笑!

(原載 1946 年 12 月 11 日《新民報》)

論關羽

關羽是降將軍，回到劉備那裏，去了以後又曾在華容道上私放敵酋曹操，論罪行罰，應該不容於死。他的爲人剛愎自用，恃勢傲物，不顧國策，獨斷專行，甚至辱國喪師，身爲禽僇。臨刑時，有人勸孫權不殺他，假如孫權采納，他是不是一定不降，尚未可知。但他的罪行，都被作者用一些莫名其妙的東西粉飾了，什麽“降漢不降曹”囉，什麽“秉燭達旦”囉，什麽“挂印封金”，“千里保皇嫂”哦，什麽“過五關，斬六將”呵；連篇累牘就使一個罪人反成了聖人。試問：曹操爲漢相，終身未篡竊，曹漢本未分家，何謂“降漢不降曹”？若説“名爲漢相，實爲漢賊”可以分而爲二，即關羽本是漢臣，又何來“降漢”之説？三日大宴，五日小宴，上馬金，下馬銀，是受的曹家的呢，還是漢家的呢？斬顔良，誅文丑，爲的曹家還是爲的漢家？可知“降漢不降曹”之説，完全是要空面子的裝腔作勢，毫無實際内容。“秉燭達旦”，“千里保皇嫂”，難道不是應該麽？難道倒應該“二嫂使治朕栖”麽？“挂印封金”所挂之印，如果是曹家的，他當然不會帶着這樣一個羞辱的東西走，如果是漢家的，他反而不應該挂。至於過關斬將更没有什麽，不過殺了幾個不中用的罷了。即使這些事情都有幾分可貴，但比之他所犯的罪來，還是藐乎其小，毫不足道的。以爲關羽“大義參天”，是一般人糊塗，被作《三國演義》的人騙了。當然，也是作者先糊塗，然後纔使别人糊塗。

關羽在正史上并不怎麽了不得，但大家對正史并不怎麽重視：對於他的印象，都是從小説上來的。中國教育不發達，能讀正史的人非常少，以前以八股取士，讀書人衹要能記經書，作八股，就能獵取功名，見聞非常譾陋，分不出歷史與小説的界限，或簡直不讀史書。《三國演義》被當作歷史教科書甚至倫理教科書，已有幾百年之久，因之，關羽也做了幾百年的武聖人。

孟子勸人莫做壞事，做了，哪怕是皇帝，一經蓋棺論定，“雖有孝子賢孫百世而不能改也”。不對！孝子賢孫能改，關羽的罪行就被他的孝子賢孫改了。我疑心作《三國》的不是羅貫中，倒是關漢卿。

（原載 1946 年 12 月 14 日《新民報》）

西班牙人有福了

有一天，某報館副刊載一則小趣事：

西班牙的一個小學裏，有一天教師問一個學生："告訴我……《唐·吉訶德》的作者是誰?"

"佛朗哥!"

"不對，那是西萬提斯哪！我願意多給你一個機會！誰發現美洲新大陸?"

"那是佛朗哥啊!"

這意思很明顯：西班牙的小學生什麽都不知道，衹知道佛朗哥。記録或創作這故事的人，其意若曰：瞧，西班牙在佛朗哥統治之下，所謂教育也者，衹是灌輸佛朗哥，佛朗哥，是非真僞是談不上的，知識，學術是談不上的……

我不這樣想，我覺得西班牙還不錯，那小學生左一個佛朗哥，右一個佛朗哥，光光的，不須稱爲元首，領袖，萬歲，主上，或者别的什麽。也没有"全體肅立"，光憑這一點，至少不算頂壞。君不見"國大花絮"乎？洪秘書長唱名唱到"×代表××"時，面有尷尬表情，若非常不習慣者然。更不見我的文章乎？寫到"×代表××"，衹能代以×××！

西班牙人民有福了，假如西班牙也開"國大"，他們的秘書長也有福了！

（原載 1946 年 12 月 15 日《新民報》）

“鄉愚”一解

我寫那鄉愚，并不以爲他可笑，尤其一點也不愚，那對於官的看法，倒非常本質的。假如他更誇誕，説官以人血爲酒，人肉爲肴，我也決不以爲愚。題爲《鄉愚》，精神上有個引號——“”。

高力生先生喊：“救救鄉愚!”自然也對。但決不能以我的那鄉愚的“官觀”爲據；如有人因而要“救救”，我倒要請他“莫救”!

鄉愚的生活——精神的和物質的，都亟須救；但另一方面，我自己又實覺赧然，因爲現在已是鄉愚們起來自救而又救我們這些“市智”的時候了!

市智也該自救，而救鄉愚即爲自救之道之一。市智與鄉愚各各自救，各各互救。所不同者：鄉愚以自救而救人，市智以救人而自救!

十二，十九

（原載 1946 年 12 月 21 日《新民報》）

争具文不迂

朱儒先生以國大代表争論憲草爲争具文，明知縱有無可吹求的憲法，也還不是我要怎麼就怎麼，仿法國名言："朕即憲法!"而於一字一句，偏要你争我議，好像一有了好憲法，就真會成爲民主國似的。非迂夫子而何?

我不這樣想。堂堂國大，假如不在憲草或遷都之類的問題上表演一下舌刀唇槍，成何體統？何等寂寥？而且豈不一天半天就可閉幕，甚至不開也可閉幕麼？這决非召開國大的本意。必也討論，争辯，"噓噓!""打打!""槍斃!"這纔如火如荼，蔚爲壯觀壯聞，報紙函電，連篇累牘，使天下愚民肅然起敬："時代真進步呵！瞧，連中國也在争憲草哩!"中國愚民感激涕零："我們要得救了！瞧，好代表們正在絞腦汁，耗心血，費唇舌，認真地替我們争福利哩!"天下與中國人民，是否果真如此其愚，那是另一問題。掩耳盗鈴，假戲真做，當軸蓋有不得不爾者在；代表們得人錢財，與人消灾，更不得不爾。以争具文爲迂者，其實是自己迂，因爲以爲他們是真争也。

"凡市場開展之處，便開始有大演劇者的呼叫與毒蒼蠅的嚶嚶。"——蘇魯支如是説。

十二月廿一日夜

（原載 1946 年 12 月 23 日《新民報》）

技藝之累

人没有一技之長，恐怕很難生存。當然世上盡有生來就治理别人的人，盡有衹跟别人跑跑腿，鬼混鬼混，會答應“是！是！”立正立得挺直，磕頭磕得挺響就生活得很好的人；也盡有祖先給他留下了一筆好財産，一生吃着不盡，不忮不求，與世無争的人。他們都無須乎學什麽，懂得什麽，學了，懂得了，反而低了他們的格，縮小他們的活動範圍。但那都是特殊的幸福的人類，或者説天之驕子。普通人就衹好學點什麽來换飯吃。然而有了一點什麽技能，有時候也鑾累人。比如説，發表幾篇文章，就被稱是作家，有人來請講演，請對某種問題筆談筆談，有人寄稿子給你看，請你批評。你不能拒絶，一拒絶就是不受抬舉，不肯替青年作家盡力，或者諸如此類。這樣的事，如果衹有一次兩次，原不打緊；次數一多，一定會弄得你頭昏腦脹，廢時失業，寫不出文章，至少寫不好文章了。至於“你會講話嗎？你有話説麽？你有批評麽？”自己悄悄地受良心的譴責的時候，决不會有半個人奉陪寫字畫畫的人，更其麻煩。今天一個人來：“老×寫張字送我。”明天一個人來：“老×畫張畫送我。”紙也該你出，墨也該你磨，顔料也該你貼，而且必須寫上“××仁兄雅屬”的字樣，没有是不肯拿走的，他們不知道你是藉此爲生的麽？知道，并且還看見“潤例”上的“至親好友，潤資先惠”。但是他們想，那是給别人看的呵，像我們這樣的朋友當然又當别論，不是麽，賺飽了阿木林的錢之後，“好朋友”們揩點小油又算什麽呢？人總有弱點，寫字畫畫的人的弱點是不容易抹下面子，當面鼓，對面鑼，正顔厲色，直截了當地問這種其實并非好朋友的要錢。有時暗示一下，他們也以爲你是開玩笑的。

至於有思想，學問，道德的人，受累的就更大。小則窮困終身，大則身首异處，或不幸短命死矣。夷齊孔顔商韓屈史乃至近來的李聞，就是顯明的例子。正所謂“精神界之偉大，非遂即人群之驕子”（魯迅）。哦哦，話扯遠了，就此帶住。

（原載 1947 年 3 月 3 日《商務日報》）

文　娼

寫色欲騙錢的作品，有人稱之爲娼妓文學，這很容易被誤解是真指寫娼妓的作品而言，如《海上花列傳》之類。我以爲那樣的作品，問題不在作品而在作者，作者存心騙錢，曲意媚世，有類於娼妓。從前有人稱汪精衛爲政娼，這樣的作者，應該稱之爲文娼。而事實上也早有作家在大庭廣衆以作家比“姑娘”（娼妓），并且以“紅姑娘”自居了。

但必須與真的娼妓有個分別：真的娼妓是指職業而言，大概都有不得已者在；文娼是得已而不已，娼在性格上。

（原載1947年3月8日《新民報》）

强與弱

一

人最弱的時候是被稱贊爲英雄的時候；假如這話對，那麼最强的時候，就應該是被斥責爲卑怯者的時候。

二

“弱者，强起來吧！”

但因之而真强起來的這“强者”，我疑心他是連弱下去的勇氣也没有了。

三

强者，應該是弱者面前的弱者。

弱者，往往在弱者面前是强者。

强者面前的强者，纔是真强。弱者面前的强者，纔是真弱。

（原載 1948 年 6 月 20 日香港《野草文叢》第 10 集）

隔籬呼取盡餘杯

杜甫《客至》詩："……肯與鄰翁相對飲，隔籬呼取盡餘杯!"二句我最不喜，與"起居八座太夫人"之類同讀時更甚，因其對鄰翁有輕賤意。《紅樓夢》中，黛妙二玉均高潔，但黛謂劉姥姥"百獸咸舞，今多一牛"；妙對劉用過的茶杯即不要。每想到此等處，均對二人有痛惡之感。

(原載 1948 年 6 月 20 日香港《野草文叢》第 10 集)

天　門

——中秋節寫給我的女兒

天是什麼？天是一個樓板，神住在樓上，人住在樓下。

很久以前，（很久以前）以前，樓上和樓下是有梯子可以上下的，神和人是可以來往的。人要請神，祇消喊一聲："神呀，下來吃飯吧！"神就下來了，神要請人，也同樣方便。

神的心是直的；人的心却是彎的。神下來玩，什麼事也没有；人上去玩，就妒嫉神的豪富，悄悄地損壞神的東西，甚至把小東西偷偷地放在口袋裏帶下來。神覺得人"非吾友也"，就把梯子拖上樓去，不跟人來往了。

從前的天没有這樣高，祇要七七四十九步梯子就上去了。神把梯子拋上去之後，人就自己造樓梯，想搭上天了，再上去玩。但等四十九步（的確是這數目，上過天的雲都記得）雲梯造好了，一試，差一點點，六十步、七十步、一百步，總是差一點點。人的雲梯造得越高，天也就變得越高。

神也不下來了麼？下來的。不過使了障眼法，人看不見"神"（請刻字先生刻一個吧！）了。

神很不喜歡人，却很喜歡人的小孩子，因爲小孩子的心是直的。誰要是誠心孝順他的父母，尊敬他的長上，用心讀書，不跟同學打架，不説謊……在中秋節夜間，跪在地下望月亮，望得别人都睡了，月亮快落土了，就會忽然聽見嘩啦一聲，天開了一個口，現出裏面五彩，七彩，百彩，千彩的金鑾寶殿，很開眼界，并且有一個神向下面問："你要什麼？"那時候，你許個願，要什麼就能得到什麼。并不是説從天上掉下來，是説你以後總有一天拿得到，這謂之開天門；當然，一會兒工夫，天門又關上了。

你知道許仕林吧？就是那許仙跟白蛇娘娘的兒子，他小時候曾經開過天門。他説："我要中狀元！"後來就真中了狀元。你認得七妹的爺爺吧？他頭上有一個肉疱，那也是曾開天門了要求的。那時候，他還是個"結巴子"，天門一開，便驚得説不出話來，就用手勢説："我要戴頂子！"——滿清時候做官的人戴的。神聽不清他的話，衹看見他把一個拳頭放在頭頂上，以爲他要長一個肉疱，後來就真長了一個肉疱！

"説麽，爸爸！"也許你會問："你小時候試過没有呢？"

試過。天門一開，我連忙説："我要有一個女兒！"所以我現在就真有一個女兒。

"爸爸呀！"我彷彿聽見你説："你以爲我還在一年級麽，給我講這種哄小孩的故事，我就要在高小畢業了。老師説過：除了人，是再没有什麽神和鬼的；至於天，不過是一種無邊無界的空間罷了。"

老師的話對，但是，愛兒啊！哪怕已經一百歲，在爸爸媽媽的眼睛裏，你總還是一年級，總還是比一年級更小的！

一九四八於香港

（原載 1948 年 9 月 18 日香港《華商報》）

追　悼

陳布雷生前是一個獨夫的“文膽”是周知的。他的死，是“尸諫”麽？是“五十之年，豈可再辱”（王國維絶命語）麽？是别的什麽麽？無足深論。但他確有一段光榮史，即北伐前任《上海商報》主筆時期，力主國民革命，和《時事新報》之類的反動言論筆戰，所向披靡，給我們留下一個光輝的筆名“畏壘”在記憶裏。要説他不明世事，昏憒頑固，是不可能的。他的兒女後來都走向了革命大道，雖説也許是“父與子”的分裂，却也可能是他平日的“庭訓”所啖示。因此，我以爲他平生和臨死之際，都應該有較爲複雜的心理。

一個文人，一個知識分子，假如他是足以當這幾個字而無愧的，就應該有一種和無知者截然不同之處，即以從知識得來的智慧的眼高瞻遠矚，洞察遥遠的將來，深知歷史的車輪所轉動的方向。同時把自己的知識獻給這當前的歷史。陳布雷曾經這樣做過，用他的筆歡迎那浩浩蕩蕩的國民革命大軍。但在革命勢力的一時頓挫迂迴中，却沉落了。地主階級的奥布洛摩夫式的惰性，幾千年封建傳統的教育：揚名顯親，知遇之感，爲人謀而不忠乎之類，以及把許多人的生活擔子壓在一個人身上的這社會組織，都使一個意志薄弱的人，徘徊歧途，終於成爲反動勢力的俘虜與反動勢力一同作惡。這種俘虜，像失落番邦的楊四郎，在表面上是駙馬爺，人間的富貴榮華，已達極致。衹有一點却爲外人所不知：他懷念他的故國，懷念他的父母妻子兄弟姊妹們，而那些人又正爲自己所奉仕的番邦所攻打和屠戮！回到故國去吧！冲破番邦的銅墻鐵壁，天羅地網吧！如果限制着自己的果真是銅墻鐵壁之類，也許倒極容易，無奈要衝破的不是這種東西而是人間的富貴和一個天潢貴胄，如花似玉的少女的柔情！爲了這種東西，浮士德曾將自己的靈魂出賣給魔鬼！

如果革命運動長期地頓挫迂迴下去，縱然心的深處有多少不可告人的隱痛，也可以用“浮生若夢，爲歡幾何”，“生後是非誰管得”之類的話來自我麻醉，得過且過。混過自己的一生算了的吧？不幸的是，末世的文人，往往不爲時代所顧惜，新的時代等不及他壽終正寢就急於登場，而且真地登場了！這時候，無知的作惡者，明知新時代要來而存心擋住歷史的去路的作惡者，都成了可羡慕的，因爲他們的心境没有什麽矛盾。唯有真正的知識分子，有過遠大的志向，有着光榮的歷史，本想獻身給人類的將來，却因爲一時的惰性，一時的貪欲，一時的妄自菲薄而失足了的人，纔會感到追悔無及，無地自容的！陳布雷之死，可能是由於這種心理；甚至王國維之死，都多少有點這種心理。什麽時候我在文章裏寫過這樣的話：

> 真正懷着高遠的理想和改革社會的壯志的青年，古今中外，恐怕不少；可是一碰到現實社會的壁上，那結果就會有種種的不同。成功的或者部分成功的自然會有，但最多的恐怕倒是失敗者。舊社會的力量太雄厚，他没有改造社會，倒讓社會改造了他，於是變節，退嬰，自殺或者别的事情，都會落在這曾經有理想有志向的人的頭上。如果有靈魂，他自己會感到自己的命運的悲劇；如果没有靈魂，客觀上更是一個悲劇；而有這樣悲劇的時代本身，自然是個更大的悲劇。

用在這裏，似乎也没有什麽不恰當。

魯迅先生説過：“追悼了已死的人，我們還要發願……”發現使以後没有這之類的人。這，在魯迅先生的時候，真是個偉大的“發願”，因爲不根本推翻舊社會，那種人總不會絶迹；而舊社會的被推翻，在當時却不過衹一點點遠海的帆影！但今天的情形可大不相同，舊社會的全部倒臺是指顧間事，無論誰要穩定它都不可能了！因此，追悼了陳布雷之後，不但用不着發願，倒是應該欣喜，因爲以後决不會再有這種悲劇人物了。

（原載1949年香港《野草新集·追悼》）

音樂牛談

祇有“對牛彈琴”，可有誰聽過牛談音樂的麽？要是没有聽過，那是過去的事，從今以後，本文的讀者，就不能那麽説了。

我不懂音樂，却看過各種各樣的舊戲。劇情和劇詞都不足道，甚至曲譜的花樣也很少，吸引人的并不在這些，而在唱戲人的嗓音。高慶奎的那麽高亢，行起腔來，正所謂“高唱入雲”，像攔在昆侖山的要道上，要奪姜子牙的封神榜的申公豹，一隻手拿着寶劍向自己的脖子一揮，另一隻手把自己的頭抓住，向天空一抛，那頭就骨碌骨碌扶摇直上，滚向高邈的雲端去了。它久久地在雲端盤旋迴蕩，甚至被白鶴童子銜去作了一回短短的旅行。但是一掉下來，不偏不倚，依舊端坐在申公豹的脖子上，假如南極仙翁不開那麽一點小玩笑的話。金少山是那麽洪大，真是“力拔山兮氣蓋世”。他唱這句話的時候，你會以爲屋頂和墻壁都要關不住那聲音而爆裂；你會以爲四面的草木鳥獸都要震恐；你會以爲他真是霸王，霸王正因爲有這種聲音，纔是蓋世英雄，纔會使你匍匐稱臣，永遠不敢背叛。有了這種聲音，竟敗在劉邦手裏，死在韓信的詭計手裏，纔真是遺恨千古，“長使英雄泪滿襟”。至於真的霸王是不是有這種聲音，誰也不會考慮；如果没有，或者反而是霸王的缺點，甚至不過是假霸王！馬連良清新而俊逸，如果在“玉壺買春，賞兩茅屋，座中佳士，左右修竹”的場合，聽他娓娓清談，就恍如走進了《世説新語》的世界。譚富英沉鬱而蒼老，像杜甫的詩：“無邊落木蕭蕭下，不盡長江滚滚來。萬里悲秋長作客，百年多病獨登臺。”飽經傷亂，滿懷抑鬱，都可以從他的聲音裏聽出來。

抗戰開始那年的冬天，我在一個流亡團體裏，一同搭火車到西北去。

車厢裏一展平陽，桌椅之類，什麽也没有。我們十幾個人，男女老少，開着一個毫無限界的聊鋪，一個挨一個地睡着，白天裏也就這邊一排，那邊一排，面對面地箕踞着。那外面，無情的寒風飛沙走石，在無邊的曠野狂呼怒吼。每到一站，我們的車都要停下來，同時也就看見站上密集着，擁擠着成千成萬，甚至十萬百萬的乞丐似的，囚犯似的，餓殍似的我們的同胞，在那裏等車。車一到，他們就搶着上，互相擁擠，互相踐踏，互相毆打與叫罵。他們都是長江下游，黄河下游，失掉了家園，失掉了土地，離散了父母兄弟夫妻兒女，逃到大後方來的難民。除夕那晚，我們在膝蓋跟膝蓋的當中點起了幾支洋燭，破例地喝了酒，吃了饅頭大餅之類，一位小姐忽然低聲地唱："我的家，在東北松花江上……"她一唱，就有幾個人跟着她唱了，接着幾乎全體都跟着唱了。歌曲之類，我向來不很注意，以前又没有聽過這歌，所以簡直不知道他們唱的什麽；但唱到"九一八，九一八，從那個悲慘的時候……"的時候，雖然仍舊帶着微醺，漠然地聽着，但清清楚楚覺得有兩行熱泪，從眼角流到鼻翼邊了。這纔意識到我自己正在酸楚，感覺到從抗戰爆發以來，被一種興奮，狂熱所掩蓋，潛伏在内心深處的，對我們的民族的運命，我們人民的遭際，我們個人的身世，與那興奮，狂熱，其實是同時存在的悲凉之感，被這歌聲唤起來了。

還是抗戰時期，有一年，文協年會在重慶舉行，晚上還有一個音樂會，主要節目是李蕙芳女士的鋼琴獨奏。她奏的貝多芬的《月光曲》，《摇籃曲》等等。聽衆都是我們文協會員。别人我不知道，我是什麽也没有領會，衹看見她的手去拿那放在鋼琴蓋上的白手巾揩額上的汗，知道是一個曲子完了，就鼓掌而已！從那時起，我深深感到，音樂是一種最難理解的藝術，比繪畫，雕刻，跳舞，難懂得多。但也不因此而被擯於或自絶於音樂的殿堂之外。懂是不懂的，欣賞是談不上的，却也并非毫無感受，毫無辨别，至少，"這不錯!"這種朦朧的下意識是存在的；至少，可不可以這樣説，比之於聽那種《何日君再來》，《妹在前，郎在後》那種東西，喜悦與憎厭之情是判然的。

某晚，記得很清楚，就是我的女兒到香港的那天。一兩年没有看見了，没有想到她會來的，事先也没有得到通知，突然一出現，真有點驚喜的感覺。她没有叫我，也不跟我説話，但那嬌憨的樣子，是足以使一個爲父者飄飄然的，晚飯時，喝過一點點酒，就更飄飄然。躺在床上，什麽人家在開收音機。無論何時，尤其是晚上，開收音機，我都討厭，衹有這一次没有，它反而催我入睡了。一面睡，一面那收音機發出的什麽曲子還在耳際響。我夢見黄昏的時候，一個莊嚴的教堂之類的地方，一個女琴師在彈奏鋼琴，十來個穿白衣的女歌人圍着琴唱歌。又好像站在路邊，月光如水，一排排白衣的女青年在我面前走，一面走，一面唱歌，她們的在晚風裏飄着的衣裙拂着我，我看不清她們的臉，但從她們的聲音，她們的衣服的白色，斷定她們是很美的，我一時好像置身於仙境了。這是我平生和音樂的最大的擁合。

也有過一節很短的時間，幾乎自以爲懂得音樂了，就是看影片《幻想曲》的當時和在散場後回家的路上。但到了家之後，依然故我了。

一九四九，二，一二，九龍

（原載 1949 年 2 月 14 日香港《大公報》）

三人坐

“哎呀!”我看看腕上的“表”説:“現在下午三點了,今天是禮拜六;要跟‘我的朋友’《大公園》的園丁送專欄稿去!”

“那麽,”兩位客人同時起身説:“我們一同過海,你去送稿,我們去……”

“問題是,稿還没有寫呀!”

“你寫吧,我們走了!”

“不行!”我説:“你們這些膠水屁股客人,一來,就坐兩三個鐘頭還不肯走,把我的時間都霸占完了,我能讓你們這樣就走麽?你們曉得我是遲鈍的,别説我腦子裏還一個字都没有,就是有,寫一千字,也得三個多鐘頭,再過海,到利源東街,一個鐘頭,我的園丁朋友,那時已經下班了。稿交不到,誤了他的事,還得賠上一頓晚飯,因爲把搭伙的朋友處的晚飯也耽誤了!”

“你這賴皮鬼!”一個客人説:“你要怎麽辦呢?”

“我怎麽辦呢?”我想了一想,遞給他們一個人兩張稿紙,説:“你們一個人替我寫一段!”當然,我自己也寫。

起初,他們認爲離奇,推辭,説廢話,但終於看見我實在着急,就答應了。我又一個人還給他們一本硬殻書,放在膝頭,當作桌子,催他們寫,我也坐在自己的寶座上作要寫狀——引誘他們寫。天下真有一拿起筆,一碰到紙,屁股一落到座位上就文思泉涌的人,這兩位客人就是,約莫半個鐘頭,都交卷了。以交卷先後爲序,文列如下:

失掉母親的兒子,或者失掉兒子的母親,他幾曾會想到。

一個領導人民革命的領袖,與一個殘民以逞的暴君流氓,絶對是不同的。毛澤東的光榮，是全中國人民給他的，因此他是全中國人民的驕傲，不爲任何地域的人所私有；光頭佬過去的權位，則是從中國人民剥奪而來，他是强盗，流氓，是中國人民的公敵，也一様地不爲任何地域的人所私有。在以全民爲中心的新社會關係下，以一己爲中心的社會關係，必遭摧毁，那是必然的事；明乎此，你可以想到湘潭這些先生向毛潤之先生叙鄉情，等於和光頭佬談“民主”一樣的滑稽。自然，他們這種做法，若退回幾年行之，未必就錯，衹怪時代跑得太快，讓他們撲了一次空。

偉大的時代更新，隨處可見。從湘潭那一塊刨平了的墳地遺迹，看奉化溪口那“氣象萬千”的“蔣母佳城”，恰成了强烈的對照。“佳城”并不能挽救後代人的危亡，但刨平了的墳地，反而展現出一條嶄新的人民革命的歷史道路。

（原載 1949 年 2 月 21 日香港《大公報》）

文藝散論

魯迅之時代及其作品

第三次看見魯迅著作的日譯本。

第一次是《改造文庫》中的《阿Q正傳》，第二次是一本不很著名的定期刊物中的《風波》，現在是擺在丸善書店的書架子上的不知是某書店出版的《魯迅全集》。當然，我不用從日文方面去讀魯迅的作品。因此，不但這三種譯品如何，我不知道，就是譯者的姓名，一出了書店的門，也忘得乾乾净净了。

説是《魯迅全集》，其實，衹是《吶喊》與《彷徨》的合訂本，那些刀砍斧劈、深刻辛辣的雜感，一篇也没有。不知日本人以爲如何，就我説，我是覺得魯迅的雜感，决不會比他的小説要不可愛些。

不知國内情形怎樣，在日本，對於魯迅的作品，還没有給一個正確的估價；尤其是大廣告上，簡直是感情似的亂吹。但最不應該的還是説魯迅的作品，就是“普羅”的作品，并且舉出某幾篇來，説是普羅作品中的代表作。如果衹是一個廣告或介紹之類的東西，倒也没有什麽，但這廣告或介紹的背後，不能把作品這東西秘藏起來的。假如我是一個完全不知道什麽叫做普羅文藝的人，一旦看了這樣的廣告，并且買了被廣告宣傳着的作品來讀了，我將會怎樣想呢?“哦！這就是普羅作品，普羅作品就是這樣!”這是多麽厲害的一個迷惑！中國的革命，發展到了現階段，至少，在農村中的反叛的炬火，將完全燒毁封建餘孽與帝國主義的臺基，這是彰彰然在人耳目的事情；然而我們的文藝界，能够舉出一篇作品，可以説是反映中國的革命而無愧的麽？衹就這一件事，已可見我們的文藝，比起實際社會的形勢來，不知該落後得多麽遠；在這樣的情形之下，要説是“五卅”以前的魯迅，已經寫出了這麽多而且這麽好的普羅文藝來，簡直就是説普羅文藝是從天上掉下來的。我不是説“五卅”

以前，中國絶對不能有普羅作品；然而像魯迅的作品那樣成熟的“普羅作品”是不會有的。就是就吹得最響的《阿Q正傳》説，一望而知，那是某一個時代的（比現在落後得非常之遠的）農民小説或農村小説，一點普羅的氣息也没有！

魯迅如果是偉大的，他的偉大，决不在他於轉變以前，已經寫出這麽多的“普羅作品”；剛剛相反，而是在他能够忠實地反映出從“五四”到“五卅”這一時期中的土著資産階級的整個意識。要充分證明這一件事，現在有兩種困難：第一，手邊没有任何魯迅的或關於魯迅的文字；第二，本刊編者有約在先，不收長文。那麽，衹就隨便想到而又最容易看出的幾點來説説吧。

第一，土著資産階級所有的意識，在轉變以前的魯迅作品裏幾乎都有。

（甲）反封建的革命精神　反封建的辛亥革命以後，中國的政權仍舊落在封建餘孽的手裏，代表開始形成的稚嫩的土著資産階級的革命勢力，實質上仍是遭了慘敗。土著資産階級的桎梏并未除掉。但這一慘敗，却給與土著資産階級以不少的教訓。他們覺悟到，不僅要把政權奪到自己手裏；就是肅清封建的意識、培養資産階級的意識，至少是同樣的重要。這一意識鬥争的基本隊伍，如大家所周知，是《新青年》雜志，光榮的《新青年》，是掘毁封建思想的基石，暴露封建制度的罪惡，與掀起了五四運動的怒潮的動力之一。這時候，中國土著資産階級，是革命的，奮鬥的，在艱難困苦中，勇往邁進的。魯迅，不用説，是老青年隊伍中唯一的作家，也是到現在唯一趕上了時代的戰士。那麽，他的作品裏，怎樣反映出這種革命精神來呢？這看他的第一篇小説《狂人日記》就可瞭然。《狂人日記》中的狂人，是在封建社會飽受種種迫害的反抗者，换言之，就是受封建的桎梏的土著資産階級。《狂人日記》大膽地宣告封建的禮教，實際就是“吃人”；封建社會，就是吃人的社會；在封建社會，没有不吃人的人，就是自己也無意中吃過人，就是自己被吃了，也還是吃人的兄弟；於是，他沉痛地高呼："救救孩子！"就是説，把形成不久的土著資産階級，從吃人的社會搭救出來。和《狂人日記》相近似的，還有一篇《長明燈》，也是寫在封建社會的迫害之中苦鬥的戰士的。但最顯明，最尖鋭，最熱烈，還在雜感集《熱風》。《熱風》是與他以後的雜感集都不同的，革命時期中土著資産階級的意識的反映。

（乙）資本主義道路的幻想　土著資産階級不但要在消極方面肅清封建勢力，還要在積極方面走資本主義的道路，像帝國主義所走過的那種道路。不用説這完全是一種幻想：第一，他們與先進資本主義國家不同，自己的形成，并非完全從封建的母胎裏慢慢誕生出的，而是由帝國主義的侵略所加工趕造；换言之，是帝國主義與封建社會的混血兒，根本與先進國的資産階級的不同種。第二，當土著資産階級開始形成的時候，先進國已經發達到帝國主義階段，成爲市場上具有不能比抗的力量的死敵，除了依附帝國主義以苟且偷生以外，决不會被容許有按部就班地發展甚至於生存的機會。第三，世界資本主義發達到了帝國主義階段，是説資本主義的末日已經到了，新興勢力馬上會取而代之；土著資産階級雖然出生得這麽遲，新興勢力崛起的時候，它的滅亡，却不會比帝國主義晚，在時間上，也不許從容不迫地發展。但這種决定的運命，在革命的熱狂中的土著資産階級，當然一點也不瞭解，倒以爲歷史衹是機械的東西，别人怎樣走來，我也可以怎樣走去，而堅持着自己的幻想。我們都知道，轉變以前的魯迅，有一個尖鋭的主張，如他屢次所説，一點不留地全盤歐化。誠然，他説的是政治組織、文化思想、道德習慣等等，但這些東西的全盤歐化，實際就是經濟制度的全盤資本主義化。在魯迅看來，弱肉强食，是天演公例，弱者要不被食，衹有自己去做强者。他常説，猪之被人屠殺，活該。要是它跑到山林裏去，長出牙或爪來，不但不被屠殺，反可以吃人。由這推論，中國要不受帝國主義的壓迫，衹有自己去做帝國主義，做比現在的帝國主義更大的帝國主義。這，表面上似乎是受了歐洲資産階級的學説的影響，實質上，不過是他所代表的土著資産階級的幻想而已。他的這一主張，使他到處流露出鄙弃中國人

(封建社會的人們)，厭惡中國民族（實際是封建社會）的神情與改革的熱望來。魯迅，在某一時期，被稱爲思想界的權威，也未始不由於此。

（丙）人權思想　歐洲文藝復興一個最大的特點，就是“人之發現”。雖然資本主義，到現在已經成爲最把人不當人的惡魔；但當它尚在革命的時期，對於封建制度的反抗，人權思想，却是個有力的武器。不用説，那時的所謂人，不過是中流社會的個人。被稱爲中國的文藝復興的五四運動，也同樣顯出“人之發現”的特色。《新青年》雜志，所主張的“德謨克拉西”，男女平權戀愛，自由之類，一句話，不過是人權思想而已，魯迅的人權思想，更是到處地流露出來。前面所舉出過的《狂人日記》、《長明燈》，尤其是《熱風》，却是爲人權而吶喊且不再説，就是反面的文章，魯迅也出力地描寫。我們知道，魯迅是學醫的；他爲什麽拋掉醫書，拿起了創作的筆來呢？他自己説，有一次在日本看電影，看見電影上有一個被綁着的中國人，更多的又是看熱鬧的中國人，他由這些中國人的幸灾樂禍漠不關心的愚蠢面孔，想到醫術的無用，而想醫治這些人的愚蠢；由此，他就走到了文藝的國土裏來了。這是什麽呢？這就是所説的“人之發現”呀！我們衹看見魯迅冷酷地寫他的小説《示衆》，而不知道這就是人之發現的反面文章，那我們是太老實了。由此説來，人權思想是魯迅的根本動機，他在《阿Q正傳》裏寫看熱鬧的閑人，他在《孔乙己》、《藥》、《一件小事》等等作品裏，寫些無知的可憐的人，都可説是爲要把人當人而吶喊，更不用説《示衆》，幾乎完全是寫他所看過的那電影。再，魯迅翻譯過厨川白村的東西，厨川的歐化思想是與他一致的，而厨川的藝術觀、戀愛觀，也就是尊重人權的個人主義。這些，都是土著資産階級，在“五四”前後的意識的反映。

（丁）無出路的悲觀　五四運動剛到氣焰熾盛的時候，土著資産階級馬上便退縮了，《新青年》分化了，魯迅也由吶喊而彷徨了。爲什麽呢？那是爲如（乙）項所説：封建勢力已經和帝國主義結了婚，她在强力的庇護之下，土著資産階級不能動彈她一指頭；加以帝國主義已霸占了中國的市場，土著資産階級又不是他的對手；世界新興勢力已經起來，俄國革命已宣告成功，自己的末日，馬上就會到來，即使能打倒封建勢力，也是同歸於盡。於是，土著資産階級，四面都找不着出路，結果很多人就陷入悲觀。在魯迅的作品裏，這種灰暗的色彩是很濃厚的；尤其是《在酒樓上》，最表現得出色。《在酒樓上》的主人公，年青時是一個反封建的志士，他曾到廟裏去打過神像的嘴巴。但好幾年之後，他完全投降於封建勢力了。當久别的老友再會見他的時候，他已萎靡不堪，要喝了幾杯酒之後，纔稍微看出一點當年的氣概。他説，我在當家庭教師，你以爲我在教 ABCD 吧，不，我在教詩云子曰，人家要我教這些。此外，他還做了好幾件完全表示没有生活，無聊傷感的事。我們知道 ABCD 是新的記號，詩云子曰是舊的記號；其實，何嘗如此，詩云子曰是封建的代表，ABCD 是資本主義的代表呀。一個打神像的嘴巴的人，竟會教起詩云子曰來，并且説，人家要我這樣，這是多麼清楚的土著資産階級投降於封建勢力的畫圖！這之後，他的雜感集，就是《華蓋》，《墳》，《而已》之類。衹是書名，也就充分表示其無出路。

第二，在土著資産階級的意識裏所没有的，轉變以前的魯迅的作品裏也没有。

（甲）反帝國主義的熱情　猛一看，似乎是一件奇怪的事。土著資産階級最大的死敵是帝國主義，爲什麽它會没有反帝國主義的熱情的呢？看，辛亥以前剛由地主階級轉變爲資産階級的時候，他們的口號是“中學爲體，西學爲用”，没有一點反帝國主義的氣味。武昌起義，首先就宣言不侵犯列强在華利益；甚至十三年發表的民族主義的結語：“恢復固有道德，迎頭趕上西洋科學”，雖然比“中學爲體，西學爲用”進了步，但仍舊不反帝國主義（過去中國革命運動中，曾有打倒軍閥打倒帝國主義，——即反封建反帝國主義的口號，但當别論）。光榮的五四運動，也正和這些前後的各種運動一樣，尋不出打倒帝國主義的字樣。這不是一件偶然的事：首先，是因爲上著資産階級本身含着許多矛盾，他們中間的工業資本家，有一部分是由買辦階級蜕化而來的，還直接依附於帝國主義；銀行資本家，一部分是軍閥官僚豪紳地主的變相，和封建勢力關係很深而間接依附於帝國主義；這矛盾，就使它没有健全的民族意識。其次，土著資産階級的力量，不是帝國主義的敵手；前面已經説過，要反帝國主義，專靠自己是不够的，必需聯合更强大的新興勢力；但這聯合，很清楚，於自己是不利的；何况世界新興勢力已經起來，樹立了自己的政權，在世界新興勢力影響下的中國新興勢力，豈是永遠的忠僕？這些事實，就是使土著資産階級自始至終没有反帝熱情，即使有時參加反帝，不久就會退出以及有時雖反某一帝國主義而反做了另外帝國主義的工具的决定的理由。在魯迅轉變前的作品裏，也是如此。對於帝國主義，不但像《狂人日記》、《熱風》的那種尖鋭反抗的精神没有；相反地，他還和厨川白村一樣，極力崇仰西洋，高叫着："全盤歐化"。

（乙）發揚蹈厲的氣概　魯迅轉變前的作品，没有一篇不缺乏發揚蹈厲、吐氣舒眉的氣度。不但如此，并且除了文字技巧給你以某種快感以外，内容簡直没有一篇是愉快的有希望的。這是什麼原故呢？這是由於土著資産階級，初形成的時候，完全在艱苦中奮鬥；稍有發展，又遇着帝國主義與封建勢力這個結合了死敵，并且眼見末日也馬上會到來，永久也不能有舒展的一天。誠然，世界大戰時，是土著資産階級千載一時的機會，但不但東方帝國主義乘機猛進；西方帝國主義的鐵蹄，也馬上再度踏來了。這不幸的運動，差不多完全反映在魯迅的作品之中。關於這，在"無出路的悲觀"項下，已有另一方面的説明，這一點就不是這篇短文所能詳細論列，應當把他的全部作品，再精讀一次。假如有這個必要，以後總有機會的吧。總之，轉變以前的魯迅，就他的作品看來，是代表土著資産階級的。不但前文舉出的作品，就是《阿Q正傳》、《孔乙己》、《祝福》、《社戲》、《故鄉》等描寫農村的衰落，小資産階級的末路之類的作品，也是獲得了土著資産階級的意識之後，用土著資産階級的眼睛看了寫出來的。至於他的唯心的哲學，機械的歷史觀（如《頭髮的故事》及《白光》中所表示的），更是資産階級的本來面目，用不着多談。這裏，且説説他的轉變傾向，以爲本文結束。

魯迅的轉變，决不是因爲好强、怕罵之類的理由。土著資産階級既没有出路，“彷徨”魯迅往哪裏逃？如果他不去教詩云子曰（投降封建勢力），就衹有轉爲現在的他。但這轉變，也不是一天早晨起來，忽然與昨天不同了，在他未轉變的時候，早已多少有了這種傾向。他在講《娜拉走後怎樣》的時候，已經開始懷疑易卜生，知道經濟問題大於人權問題了。《彷徨》中，有兩篇作品，是寫小資産階級的生活壓迫，一篇是戀愛的場面，另一篇是一個著作家的家庭，篇名忘記了。這種東西，在《吶喊》裏就没有。此外，如《華蓋集》以下的幾本雜集中所表示，他已看不慣胡適、顧頡剛、陳源、徐志摩之流的學者紳士正人君子們了，而那些人，資産階級的氣氛是非常充分的。自然，這并不是轉變，可是却使他有轉變的可能。末了説句玩話，魯迅對於他自己，比任何人對於他還要知道得清楚。他第一部作集題名《吶喊》，第二部題名《彷徨》，四個字就完全説明了他。假如他的第三部作集出版，大約題名爲“轉變”的吧。

可惜他轉變後的作品，我們很難看見。是他很少寫呢，還是寫了而不容易發表呢？

十一月廿一日，於東京

（原載 1932 年 12 月 20 日《中華日報》）

《人與女人》

——謹就正於“第三種人”

一切罵女人，譏諷女人，指摘女人的弱點以爲嘲笑的資料的文章，都是胡説。爲什麼呢？因爲世界上没有一個止是女人而已的人，正等於没有一個止是男人而已的人一樣。“女人”，是一個抽象的名詞；它除了説明不是男人，生理上和男人部分地不同以外，什麼都不能説明。爲什麼呢？因爲世界上没有一個止是生理的人，没有一個不同時是社會的人。人，無論男女，决没有一個是生存於他或她的生理上的，剛剛相反，是生存於一種社會制度、經濟組織尤其是他或她自己所屬的那一集團，那一“層”上面的。這件事，豈不是不説也可以明白的麽？然而發昏的人們（幾乎全是些“男人”們），成天地在各種各樣的報章雜志上發表他們蔑視“女人”的高論。

要把那些高論搜集起來，不知該可以成幾百萬言的專册，恕我没有這樣有閑。但大概的情形，可以知道。一個大學生，一個公子哥兒，或這之類，他在公園裏釘梢碰了壁，或者發出去求愛的信，得不到回音，再或者在跳舞場，在咖啡店“失戀”了，再或者不必爲什麽直接的原因，於是他作詩了，寫小説了，寫各種各樣的文章了。内容不外：女人啊，你虚榮心重的女人啊，你止知道洋錢，止知道地位名譽的女人啊，你生成了做軍閥、官僚、資本家們的姨太太的女人呀，不懂愛情，不需要愛情，一句話，你不愛我的可憐可耻可恨的女人呀，等等。下流的甚至於，你是娼妓啊，淫婦呀，傳種泄欲的手段呀，等等。無聊的則，你短腿子呀，大屁股呀，要不是我的母親也是女人……呀，等等。我想，若是每個“女人”都能看懂這般公子哥兒們的“作品”的話，也許會有無數的“女人”向他們圍攏來説：親愛的少爺，我愛您，我嫁您，我没有虚榮心，不稀罕洋錢、地位、名譽……止要您的愛。這些“女人”之中，也許有他的老祖母，也許有半老的媽媽，也許是三河縣的老媽子，馬路上拉客的野鷄，廣東福建等省種田，挑糞，挑鹽，挑行李，抬轎子的農婦或苦力，上海漢口等都會上每天早晨提着飯籃進工廠，晚上十幾雙小脚吊在獨輪車邊，被軋軋擠擠推回家的女工；衹是没有一個長袍短套，高跟鞋，跳舞襪，搽雪花膏，燙短頭髮，塗紅嘴唇，畫細眉毛的所謂“莫耽擱耳”。我知道，哥兒們所駡所恨的不是這些“女人”，但這些“女人”，豈不也確而鑿地是“女人”麽？由此我們可以知道，“女人”，這是個多麽抽象籠統的名詞；更可以知道，“女人”，也和“男人”一樣，在她們各自的社會關係，各自的生活環境之下生活着，大别之，可分爲兩個“層”，細分之，可以成爲許許多多的品類。“女人”這個名詞，一點也不能表示這些。

這些話，因爲蓄積了好久，一提起，就不免有過於嘮叨之嫌，那麽，趕緊把話移到本題吧。

有一位杜衡先生，在《現代》第五期（九月號）發表了一篇小説，題爲：《人與女人》。止這題目，就已是把女人列於人之外了。在這篇小説上，作者所想説明，事實上已經説明，而且也止能説明的是，男人是男人，女人是女人。男人是向上的，努力的，革命的；女人，不用説，剛剛相反。把女人從社會，或者説經濟組織，以及一切的生活環境，拉得遠遠地，來證明：因爲她是女人，所以是墮落的、軟弱的等等的這一件事，豈不正和説女人是短腿子、大屁股，所以……一樣地無聊？

故事是這樣：

珍寶和她的哥哥嫂嫂，都是工廠裏的工人。“他們兄妹倆原是同樣地在渴望不再做牛做馬的日子的到來的。”哥哥呢，是相信“快了，不出十年……不出二十年……”的人，他是想以銅筋鐵骨縮成五年十年的那樣奮鬥着。并且時常把一些“做人的大道理”灌輸給珍寶。但是珍寶覺得十年二十年，不及母親所説的“兩年”快，覺得王翠姐的金戒指是可羨慕的，覺得“女人”，是可以“不做工便會有飯吃”的。這樣，兄妹之間，就走着不同的兩條路。哥哥，窮，硬，硬，窮，結果被捉到“司令部”去了。妹妹，是過了好的生活，“每一次男主人的更换，都衹表示着她又爬了運命之梯的一級”。後來，哥哥不知怎樣了之後，本來被哥哥同化了的嫂嫂，也走向自己所走的道路。但是，珍寶是不能忘記哥哥的。“人應得像哥哥所説的那樣做，她承認，可是女人，是有她們自己的道理的，女人——兩樣。”這是珍寶的結論，也就是這篇小説的結論。要是還嫌這結論不够，我還順次抄幾句這作品上的話吧：

一、“自己和哥哥——一個女人和一個男人——之間的對比是一天天地變成顯然，而且……”

二、“她估量着自己的吃不起苦的細嫩的皮膚：在這世界上做好人要吃苦她是明白的。可是我們不能怪珍寶識好不學好。她没奈何，她是女人。”

三、“哥哥是銅筋鐵骨的男子漢，自己是女人……”

事實是怎樣呢？是像這篇小説，這一對兄妹，因爲是“男人”和“女人”的不同，所以走了不同的道路的麽？不是，决不是！却是因爲一個覺悟，一個不覺悟的原故。同是兄妹，爲什麽一個覺悟，一個不覺悟的呢？這與社會制度、生活環境有密切的關係。但是我們現在不能牽涉到這些。第一，這對兄妹，衹是作者的假設；别人也可以假設另一對兄妹，妹妹是覺悟的，而哥哥不覺悟的。第二，這一對兄妹進工廠以前的來歷，在工廠的日常生活，作者没有告訴我們，要詳加解析，也無從着手。總之，人，無論男女，一定都有他或她自己所屬的“層”，全層之間所有的分子，一定有覺悟與不覺悟的，而這覺悟與否，一定不是由他或她的性别來定的。作者能够説，每一個“男人”都是爲了“十年……二十年……”以後的事而伸出着拳頭，没有一個想“爬高運命之梯的一級”而苟安而賣層的麽？能够説，每一個“女人”都是爲“過好一點的生活”而“識好不學好”，没有一個不顧“自己的細嫩的皮膚”而吃苦，而且

“而且……而且……”的麼？固然，在現制度之下，“女人”的智能，一般地説起來，要比“男人”低，這是事實。可是這一事實，是社會制度的結果，而不是生理的結果，則更是事實。

現在我們要問：爲什麼，我們的作者，把覺悟與否的問題，認爲是生理的問題的呢？他這樣説，目的何在呢？這實在是一個值得詳加討論的問題，但是本刊編者警告在先：這個年頭兒，要逢人便“説三分話”，否則，恐怕連一分也不能讓人聽見。那麼，試簡約地説明如次：

革命的現階段，使治者層的全體系都發抖，而不能不想盡一切的方法來掙扎。在文化思想方面，是儘量地宣傳昏亂的陳腐物，儘量地隱蔽或曲解事物的真相，以期麻醉，欺騙另一層的“人與女人”。因爲這樣，於自己有利。我們的作者的這篇《人與女人》，無論他是自覺地或不自覺地，客觀上，是盡的這種任務。“男人是男人，女人是女人”或“女人是有她們自己的道理的”這一問題假如可以成立的話，它可以使某種層的“女人”離開鬥争的行列，懷疑自己的力量，而各自打點“她們自己的道理”。話又説重複，人（女人也在内）是各有他或她的所屬的層的，而且，各人都盡忠於自己所屬的層。作品，也一點没有例外。因之，《人與女人》，也一點没有稀奇。

末了，説句玩話：聽説（注意，聽説而已）我們的作者，就是自命爲“第三種人”的蘇汶先生。一提起“第三種人”，就不禁令人想起張博士的“第三種水”這名詞來。第三種水，假如真有，也很平常，不過，要小心，有些人的第三種水是有毒的。

十二，廿九，東京

（原載1933年1月10日《中華日報》）

社會主義的寫實主義與革命的浪漫主義

——蘇聯文壇的新創作口號

和蘇聯的黨政設施足以影響全世界的革命勢力一樣，蘇聯文壇的活動，尤其是理論方面，也左右着國際革命文壇。過去，所謂“普羅寫實主義”以及“唯物辯證法的創作方法”，都曾不僅作爲蘇聯文壇的創作口號，而且成爲國際文壇的創作口號的事實，即其明證。現在……不但普羅寫實主義，因爲内中包含的有樸列汗諾夫的系統及孟塞維克的機會主義的要素，早已批判而撤銷；就是唯物辯證法的創作方法，最近也引起了種種議論，而提出“社會主義的寫實主義與革命的浪漫主義”這一新創作口號。去年十月二十九日至十一月三日在莫斯科舉行的全蘇作家聯合組委會第一會總會，曾熱烈地討論這一問題。提出新口號的辯士，是組委會主席 I. M. 格浪斯基和書記長（也可説是現在蘇聯文藝運動的指導家）V. Y. 基爾泡慶。如格浪斯基的總會結論所説“那些問題，不能想爲是已經解决了。不，那不過是剛纔提起而已。我們要用全力來正當地解決它”。因此，我想，不但在蘇聯，就是全世界（中國也不能例外）的革命文壇，馬上就會討論到這一問題的吧。現在我把格浪斯基和基爾泡慶兩人的論旨，摘要介紹於此，以供關心文藝理論者的參考。

對唯物辯證法的創作方法的批評

由格浪斯基、基爾泡慶説起來：“拉普的同志諸君，要求作家用辯證法的唯物論的方法寫作品。但是由辯證法的唯物論的方法寫作品的這回事，究竟是怎麽一回事呢？對於這一質問，拉普的同志們，不能給一個率直明瞭的解答。我們的作家們要真實地研究‘馬’‘恩’‘列’‘施’的著作，事實上，是研究的。我們希望我們的作家，好好地知道‘馬列主義’，好好地知道歷史、經濟或哲學，并且實際把握到辯證法的唯物論的方法。但是，作家們務必要用辯證法的唯物論的方法寫作——這樣的要求，我們不能向他們提出。”（格浪斯基）

我們是藝術上的辯證法的唯物論的擁護者。哪怕這樣，但是“唯物辯證法的創作方法”這句口號，却是不正確的口號，那一句口號，把問題單純化了。那口號，使藝術創造與意德奧洛基的企圖之關聯，以及前者對後者的依存關係，還有藝術對於自己的階級的世界觀的複雜的依存關係，都自動地、圖式地轉化爲行動的法則ゴ。（基爾泡慶）

此外，基爾泡慶還説：“藝術家，屢屢有在他的藝術作品上，反乎自己的世界觀，與自己的世界觀鬥争，以到達正確的教訓的結論的事。這一件事，對於藝術，是一個 Minus（法語：降低、低能之意）。”

社會主義的寫實主義是什麽？

社會主義的寫實主義是什麽呢？格浪斯基和基爾泡慶答復如下：

“我們現在提出的問題，是社會主義的寫實主義；是幫助我們向大衆解説關於社會主義建設的所有的真實，關於向無階級社會前進的所有的真實的那樣的寫實主義。那麽，由社會主義的寫實主義的方法寫作品，究竟是怎樣的寫法呢？對於這一質問，我們的答復是‘寫真實！’。”（格浪斯基）

“藝術的創造，是複雜的，多面的。若干把社會主義的寫實主義的口號回復到圖式的處方箋，是不行的。各個各個的藝術家，可以由各各不同的路，以達到創作目的；各個各個的藝術家對社會主義的接近程度，各各不同着。各個藝術家克服對它對立的傾向的程度，也是各各不同的吧。”（基爾泡慶）

主張革命的浪漫主義的理由

“但是——格浪斯基説——我們主張社會主義的寫實主義，却也并不拒否革命的浪漫主義。那就是對於爲我們的未來而鬥争，使人們武裝起來那樣的，并且給鮮明地顯示出那種未來的那樣的浪漫主義。把爲未來的社會而遂行着英雄的鬥争的人們理想化的事，是可以容許的麽？可以！那是必要的，而且不能不那樣。”

又，基爾洦慶也説：“革命的浪漫主義，不是與社會主義的寫實主義矛盾衝突的。剛剛相反，我們向英雄主義的時代前進着。未來像這樣明顯地在人類面前顯出它的基本的諸特徵的事，還不曾有過。那未來，在我們之間，也在鄉村的林木之間，發露起來。它，現在正在生長着。英雄主義被人類像這樣强烈地發揮的事，還不曾有過。爲實現較好的社會主義的未來的運動，到這種程度地遂行着的事，還不曾有過。……英雄主義，大事業，革命之無限的卓越性，我們的現實的夢想的實現，所有這些，是現代非常特徵的、本質的特質。藝術家，研究這些特質，是必要的，有益的。而且在那種場合，割開非本質的部分和日常平凡的事以及第二義的微末的東西，而把那些特質給以理想化；或描寫出作爲我們建設的目標的，完全的生活那種偉大的姿態，是不妨的。血色革命的浪漫主義，是正當的，有益的要素；它比之於社會主義的寫實主義，是提供了如何寬的場面啊！”

以上，算把這一嶄新的口號，就提出者的原話，簡單地介紹給讀者面前了。遺憾的是，本刊太小，不能多事譯引；而且蘇聯的材料，不容易完全找到；關於這一問題，不但反對論者們的論據怎樣，尚不曉得，就是格浪斯基及基爾洦慶兩人的文章，也祇是些零碎的斷片，所以我們尚没有充分研究的機會。若止就這點材料看來，介紹者個人的拙見，以爲似乎有進一步退兩步的危險。何以呢？革命的浪漫主義，若加上若干條件，不應當否拒，它的確可以提供無限廣大的場面。但，非難藝術家和自己的世界觀鬥争，以期達到正確的結論的事；甚至於認“文藝的黨派已經過去了”（格浪斯基語），而容許藝術家各個自己的世界觀，叫他們“寫真實”；若没有更充分的説明，縱然在蘇聯已經可以這樣，但在其它各國，是可以產生許多離奇的現象的。因爲，例如在中國，什麼自由人、第三種人，以及其它的莫名其妙的人，還非常之多。

我們等着研究這一問題吧。

（原載 1933 年 2 月 28 日《中華日報》）

電影與現實

——從《現代一女性》説到《我們的生路》

回國後看了兩次“國産”電影，一是《現代一女性》，一是《我們的生路》。覺得我們的“國産”影片，不但已經離開舊戲或文明戲的從屬與模擬的地位，而達到了電影藝術的獨特的領域；并且，一致的傾向：想把握現實，雖然把握住了没有，還很成問題。這一點，在意識方面，可説已超過了專以逃避現實爲能事的美國影片之類的東西。

但是把《現代一女性》和《我們的生路》連在一塊兒來説，却是很不應當的。這兩種影片，在各方面都隔着一個長的距離。假如我們撇去兩者的演出方面，專談它們的脚本，則《現代一女性》，雖然還不能算成功的作品，却是已接近於成熟的作品；至於《我們的生路》，實在不容易發現比較可以使人滿意的地方。

《現代一女性》的主題是，在像現代這樣一個大時代中，過着頹廢生活的某階層的人們（内中包含着女性），終於不能永久維持自己的頹廢，而轉變過來，走上了新的途徑。它的題材，則是一個不願結婚而又需要“刺激”的浪漫的，公司裏的女職員的最後一次和男性的羅曼司。故事是這樣：聯合地産公司的職員萄萄小姐在頹廢的生活之中，愛上一個已經結婚而又很清貧的新聞記者。她什麼都“不在乎”，衹問“此刻現在”他愛不愛自己。她爲他拒絶了銀行裏的史經理的進攻，她爲他失掉了自己的職業，她爲他貧到無法支持、反轉來用“某方面”去滿足史經理而换取另一方面自己（不，她和他兩人）所必需的東西，最後她爲他竊取了史某的支票，犯了一般人“所謂的罪”，而被捉將官裏去。但是這樣，却連他也不能諒解，在監獄寫了好幾次信給他，終於一個字的回音也没有。於是，她感覺到了愛的空虚；同時，聽從了幹着社會運動的舊識，同牢房的王安琳女士的勸誘，而走上了新的路。此外，還有些不必要的過場，如：余冷（她的愛人）的家庭瑣絮，離婚，墮落，入獄以及她出獄時在獄門前與正在獄中做苦工的他面會等等。

這個故事，有相當的現實性，如果不苛求，故事本身也還圓通，并且它還告訴我們許多事，如：愛是有條件的，它是在社會制度、金錢、法律、成見等等鐵蹄之下被蹂躪着的一點小玩意兒之類。儘管這樣，這片子却有許多應當加以嚴格的批評；至少，下列的幾項，非提出不可。

第一，這個現代的女性，究竟是怎樣一個現代的女性呢？所謂現代，究竟是怎樣的一個現代呢？現代，中國的現代，是：國際帝國主義者，伸出它們的長的鐵腕，收買了中國的新舊軍閥、官僚、政客、買辦、土著資産階級，連結着封建地主，造成一道反革命的萬里長城，對中國的勞苦大衆，施以最後的最無情的重重壓迫，以致農村破産，工人失業，内亂頻仍，灾禍連結；另一方面，是：工農大衆，不堪壓迫，群起反抗，到處遂行着英勇的鬥争，尤其是農村革命的烽火，普遍到各處；抗日的義勇軍、便衣隊、覺悟的兵士，自動地和帝國主義軍隊死戰，無形之中，把民權運動和民族解放運動打成一片。同時，現代是，帝國主義全體系總崩潰，全世界革命運動勢力抬頭的時期，是革命勢力與反革命勢力遂行着最後的鬥争的時期，而這勝利一定是屬於前者。這樣的一個現代，我們的《現代一女性》，在什麽地方指示給我們了呢？是的，所謂“現代一女性”，她是説着“現代”的話，穿着“現代”的衣服，她的生活，她的思想，都是現今某階層實有的現象；但光是這，是怎麽也不能表示出我們所有的這血淋淋的現實的現代的呀！或者有人説，這片中有一個王安琳女士，她曾在大家狂飲的時候，點酒不嘗；她曾告訴工人們認字，她曾坐牢，對同牢的蔔蔔小姐宣傳，把她引上了新的路。這就是微微地揭起另一面的現代的幕角，而透露了個中的消息了。但是，王安琳的出現，實是這故事中最牽强的部分，同時，也是最抽象的部分。王安琳，是我們的作者，爲了蔔蔔小姐結末的轉變而特設的人物，絶不像是一個本有的人物；并且，蔔蔔與王安琳的會合，是非常之偶然，非常之凑巧的。而最重要的是，這位王小姐，若不是字幕告訴我們：她是個社會運動家呀，我們竟無法知道。退一步説，我們承認王安琳是有現實性的，却也并不是現代的；現代的社會運動家，是已經超過王安琳非常之遠了。因此，《現代一女性》，作者衹寫了“一女性”而没有接觸到現代。

第二，在現代這樣的大時代中，時代影響着個人，個人一面不能持續其没落階層的頹廢生活，一面受着英勇的鬥争的啓示而覺醒、奮發、換變，雖是非常之多而不足爲奇的事，却也是活生生的現實。把握得住現實的作者，應當把時代展開在我們面前，像高爾基的《母親》一樣地來再現自己的時代中某階層的人們的轉變。《現代一女性》的主人公是怎樣轉變的呢？是什麽使她轉變的呢？那是與時代毫無關係，完全由於自己的私生活，由於失戀。并且私生活的轉换、失戀，則是作者所特設的幾件偶然的事：1. 萄萄小姐的愛人是已經結了婚而又愛自己的妻子的窮人；2. 因爲史經理的進攻，而致失業、犯罪、入獄；3. 連她的愛人也認爲她犯了罪而不諒解；4. 同牢房的恰巧又是那位王安琳。這四件特設的偶然事，如果有一件不完備，則萄萄小姐轉變與否，是很成問題的。假如她的愛人在最初是個未婚的人，或後來能够諒解她轉變不了；再如没有史經理的進攻或偷了支票也不追究，則她又轉變不了；末了，若是她不認識王安琳或認識又同時入獄抑或入獄而不同房間，則她也未必轉變。這些情形，比起作者所寫成了的故事的可能性還要大得多。所以《現代一女性》，不過是件偶然的湊合的故事，而不是活的現實。其實萄萄的轉變，説起來是件很可笑的事；她，因爲受經濟的壓迫，能盡情地放浪，不能圓滿地戀愛，無法，於是乎轉變，這等於説，一個女人生得不好看，没有人愛，於是衹有在别的方面去出風頭，或者“專心革命”。這，即使再革命，也并不是有真正的覺悟而不過有機會主義的行動而已。真正的現代的女性，決不是這樣。總之，《現代一女性》，看不出絲毫時代的痕迹，所謂現代的女性，完全未接受一點現代的影響，即完全不是現代的女性。當然，如果把“現代”的意義，光衹作頹廢、浪漫、窮奢極侈那樣解釋，則另是一種説法。

第三，《現代一女性》的表現方法，是完全要不得的東西。雖然要人現身說是現代，但實際却把現代的積極的鬥争的一面，完全給掩飾住了。展示給我們的，如作者艾霞女士在這片子的説明書者所説，不過是一個“淫囂的夢”。既然是夢，就不會是現實，這且不説。作者示給我們這樣一個夢，無論是有意無意，她是利用這夢，這都市上某階層的生活的淫囂所直有的誘惑，刺激，麻醉性來招徠這片子的觀衆。换句話説，就是用這片子來誘惑，刺激，麻醉它的觀衆。這是這片子最不可容恕的地方。無論作者附加了怎樣的教義，但是决不能掩飾這片子本來的企圖。這樣説，决不是什麽苛論。《金瓶梅》，有人改名爲《多妻鑒》，要明顯地表出那書上的因果報應的世界觀！《肉蒲團》，則硬把肉和蒲團拉在一氣，末尾并表出它的主人公“放下屠刀，立地成佛”。儘管這樣，却也没有一個人説《金瓶梅》或《肉蒲團》是一部善書。《九尾龜》之類的東西，無論怎樣努力地申明它“我不淫人婦，誰敢淫我妻”的勸善教條，結果，也不過是一部嫖經而已。自然，《現代一女性》，是不應當和那種色情狂的作品相提并論的，這裏不過爲了使讀者容易瞭解我的話，聊以備用，請勿誤會。如果作者的企圖，不是如我所説，則這片子就不應當用百分之九十九的力量來描寫一個女性的頹廢生活，而把旁的部分都馬虎過去。例如，萄萄轉變了，上了新的路這一件重大的事！我們除了從字幕上知道了以外，在她的表現上，一點也看不出來。

除了上述的幾點，《現代一女性》，還有好些應當批評的地方；不過，比較地衹算是些小節，姑且存而不論。至於演出，主演這片子的艾霞女士，除了面部表情，似嫌單調一點以外，在動作上，都是值得稱贊的。但是最值得稱贊的還是字幕和説明書。字幕不多，語句簡單而有力，并且好多都近於肉口所説的話。衹這一點，就比《我們的生路》可愛得多。雖然有些地方，由於表現不足而用字幕代替了，却也不能掩蓋它本良的好處。説明書，在我看過的範圍之内，是最好的一種。它是活的，具體的，本身就可算得一件藝術品。就衹這，已可看出作者的才能。

《現代一女性》雖然有好些嚴重的錯誤，但是就全片説，它的表現是具體的，故事是圓通的，所表現的某階層的生活是實有的，所以還算有相當的現實性；如果我們的作者能够百尺竿頭更進一步的話，她的前途是未可限量的。把《現代一女性》和《我們的生路》一比，則後者不過是一個幼稚、貧弱、劣拙的空想，一個歪曲了現實的抽象而已。《我們的生路》，無論從哪一方面説，都值不得一看；看了，如果不後悔，恐怕就難避免受它的惡影響吧。

《我們的生路》，在表現方法上，抓住了一個電影所特有而又特别容易見長的東西，就是對照。固然，這片中的對照是太多了，但像流浪公子們踏青的馬蹄和農民在水車上踏青的腿，農村姑娘的紡車與公子小姐們跳舞的音樂留聲片，都市豪貴的戀侣的游釣與農民爲生活而網魚等等，頗可看出作者的會心。演出方面，雖然“主角”范雪朋的鄉下姑娘，不算稱職，而陳雁的富家小姐却很出色，尤其是她的面部表情，酷似阮玲玉，很足引人注意。可惜的是，這些小的好處，被這整個片子的抽象、糊塗給吞没完了。

這片子的主題，由字幕和説明書的指示，説是在描寫農村經濟破産，農民不能安居，或從農村跑到都市去找生活，或者去當義勇軍，終於找到自己的生路：勞動！但是，作者用什麽東西表現了農村破産呢？那是地主與農民的對立。地主與農民的對立，不用説，是使農民生活困苦的一個重要的因素，可是决不是使農村經濟破産的全部原因或最大的原因。中國農村經濟破産，是由於世界資本主義，發達到了帝國主義階段，它的炮艦擊碎了閉關自固的中國的門户，機器工業把中國原有的手工業經濟打成粉碎。與手工業經濟密切地聯繫着的農村經濟，在這時候，就開始隨着手工業經濟的破壞而分化，没落。這時候，不但農民受到空前的打擊，就是封建地主的地位也非常動摇，他如果不轉變成買辦及土著資本家，像南通張季直之流那樣，爲了想挽回、延長自己的生命，就衹有更加緊對農民的剥削。這是造成中國的現狀的總原因。此外，帝國主義不斷地在中國製造軍閥戰争，壓迫中國的革命運動。中國的軍閥、官僚、買辦、資産階級以及窮鄉僻壤的貪污土劣等等連結而來的政治，因爲所得的帝國主義搜刮之下的零餘，因爲個人政治地位的不穩，所能做的，就祇有徹底地腐化；落在農民頭上的就是苛捐雜税，重利盤剥，勒種鴉片毒品，以及水旱“天灾”等等。這些重大的事實，這鐵一樣的活的現實，《我們的生路》，告訴給我們以什麽了呢？没有，一點兒也没有，除了在字幕上有什麽“民族戰争”之類的字樣，似乎涉及帝國主義外，它告訴我們的就祇有地主與農民的對立。這裏，我們可以看出作者是怎樣地對於現實散布了一個大的烟幕！

現在我們就事論事，《我們的生路》，它怎樣地表現了地主與農民的對立呢？這裏，應當涉及作者所選的題材。地主少爺，在桃花正開的時候，到鄉下去踏青，看中了佃農的女兒阿珠，一定要弄到手；阿珠的表哥也可説是愛人的志新，一個年輕的農民，因爲年荒，到都市找職業，在富户某家當書記，被富户小姐愛上了，并且結了婚。這是表示地主壓迫農民麽？是表示地主與農民對立麽？作者以爲是的也未可知，在我們看來，剛剛相反，遽表示兩者之間，有充分調和的可能而已。想想看，阿珠若是能到地主家去當少奶奶，豈不是平地登天，阿珠的父親也豈不正可去當岳老太爺麽？志新能够在都市富豪家招駙馬，其爲榮華，更不在話下。這是多麽一個愚妄的夢呵！

我們要知道，地主對於農民的壓榨，必然有他决定的方式，而這决定的方式，决不是地主階級的公子小姐自己在别方面找不到老婆或老公，要向農民内面去搶。自然，“上下五千年，縱横九萬里”不能説絶對不會有這樣偶然發生的事件，但即使有，那是非常之偶然的事，與在日常生活上去壓榨農民這一决定的事實，没有任何必然的關聯。若照《我們的生路》上所表現的看來，好像在都市上養尊處優的地主資産階級的公子小姐們，看不得在鄉下刨黄土的農人農女，一看見就非搶到手不可。如果這樣，農村的青年男女，用不着在烈日炎天之下鋤田種地，都到都會上去做地主資産階級的少奶奶姑少爺去好了。天下有這樣滑稽的事麽？

還有，都會上的少爺小姐爲什麽看中了農村的少男少女的呢？不用説，是由於他或她長得好看，即形體的美。這裏至少有兩個問題應當提出：一，形體的美决不是生理的先天的，而是社會的階級的。農村的少男少女，因爲他們的先輩苦痛勞作，就很難有美好的兒女，容或偶然有了，也因爲在烈日嚴風之中朝夕勞作，一定會毁壞他們的美好。二，美的觀念，决不是固定的、各階級一樣的，而是變動的，各階級彼此不同的。尤其是物質文明的現代，地主與農民，都市與鄉村的生活習慣，相去得非常之遠，思想、知識、智慧、言談舉止，簡直像兩個世界一樣地相差，我們説農村中的美好的少男少女，就是地主資産階級所認爲美好的少男少女，豈不是痴人説夢！《我們的生路》中的志新，在鄉下是農夫，一旦到了都市，穿起了西裝就變成了花花公子；阿珠若是穿上了旗袍，不用説，也會變成摩登小姐的吧。這樣看來，地主資産階級與農民之間的區别，衹是衣服穿的不同。這是什麽話，這是抽象的離現實非常之遠的空想。

最壞的還是這片子的結末。什麽是我們的生路呢？開礦！給誰開礦呢？給國家！怎樣的國家呢？不知道！可憐的農民，被地主壓榨得不能生活，被戰争的炮火掀毁了房屋田土，弄得有國難奔，有家難投，九死一生之後，還要給“國家”開礦！這種國家又是多麽可愛的國家喲！農民，給地主耕田種地，流汗出力，不錯，是死路，可把鋤頭鐮刀丢了，拿起新的工具，到礦山裏替國家開礦，就是生路，這是什麽道理呢？怕是因爲地主對於農民的壓榨，太明顯了，農民們太瞭解了，所以給换上一個比較抽象的名詞，農民們不大瞭解的東西：國家。這樣纔容易蒙蔽的吧。要不然，國家，作者并未申明是什麽新的東西，既不是新的東西，豈不還是地主資産階級軍閥官僚在帝國主義的卵翼之下，所形成的一個政治組織麽？爲這樣的國家開礦，硬説是生路，我衹有佩服作者的蠻横。頂可笑的還是這片子的字幕，把所謂國家之類的東西所習用的欺騙宣傳的口頭禪，都搬運到了。聽！

“這開礦是我們的生路呀，我們的生路，就是大衆的生路，替國家出力，有什麽苦呢？”

自然，這樣的話，如果寫在論文上，用在演詞或别的什麽宣傳品上，也許是漂亮的詞藻；可惜的現在是一個鄉下小姑娘，無家可歸了，在礦山碰見分別了許久的愛人的時候說的！這片子全部字幕、全部的對話，都是這個樣子的，農人農女們，全會說什麼勢力範圍呀，經濟壓迫呀，爲國家出力，爲民族争光以及許多學術上的名詞術語，我疑心他們都在黨務學校畢過業了。連農民們說的什麼話都不曾聽見過的人，他怎麼能捉得農民們的靈魂呢？所以這片子，說好一點，祇表出了作者幼稚、貧弱、劣拙的空想而已。

合觀這兩張片子，可說都是想同現實發生關係。但是《現代一女性》，回避了現實的積極面，即不敢把握真正的現實；《我們的生路》則更歪曲、抽象化了現實，硬叫農民們說了一頓從來不說而且怎麼也不會說的抽象的詞藻。雖然兩者之間有着很長的距離，却仍都不是成功的作品。我也知道，我們現在不是已經有了充分的自由，可以攝製任何的影片。不過除了故意地歪曲以外，我們應當明白横在我們面前的問題是什麼！爲了攝製好的電影，爲了欣賞好的電影，我們要争取電影的自由！

（原載1933年7月20日《中華日報》）

暴君勒羅

在東京最後一次看的電影，名叫《暴君勒羅》。這電影是美國派拉蒙公司以幾百萬美金攝成的。取材於羅馬城焚燒中的一段故事。那時候，基督教（?）剛傳入羅馬，羅馬人民信者極少，羅馬的暴君勒羅，更是深惡痛絶。因此殘殺教士的事，時有所聞。信教與傳教者們的行踪，都是非常秘密。羅馬城已經焚燒了三天，暴君勒羅還在王宫以酒色自娱。宫門之外，有許多人民前來請願，被暴君的鷹犬們横加鞭打。内中有些面容慈和的老人，因爲被發現是教徒，特别被人蹂躪。崇樓峻閣上的王公貴婦反引這種慘狀爲笑樂的資料。正當此時，有一青年大將某帶着衛隊驅車到此，知爲鞭打教徒，初亦未加注意；後見教徒中有一少女，生得非常美麗，也在被打之列。乃下車將人衆趕散，很温和地撫慰了一回，將少女及老人們送走。後來這位將軍還到少女那處去了幾回，無非是表示愛慕之情，不在話下。有一回，教士們秘定某夜在某森林舉行傳道會，羅馬全城的教徒都往參加。但事機泄露，被王軍大隊馳往圍勦，正當千百信徒，引吭高歌，傳教者慷慨陳詞之際，軍隊刀槍炮火，從天而降，衹殺得那會場尸横遍地，鬼哭神嚎。正當此時，青年大將聞訊，恐其鍾愛之人横遭不測，亦帶隊馳往解救。不用説將她及其他多人救出重圍。但多人雖得免死，却亦盡數被捕。那少女雖在危難之中，因信仰不同，也不願接受大將的愛，寧願與衆人受同一的待遇。後來大將向勒羅請求赦免彼女，經多少煩難，始得應允。但那少女見同道都不能得救，不願獨生而享榮華。雖大將施盡種種引誘，終不屈撓。直到最後，勒羅將這些教徒趕到演武場，放出一群獅子出來攫食他們的時候，大將又來作最後的請求，衹要她表示愛，就可以得生。少女説，我愛你，但是我更愛真理。要是你真愛我，你就信仰我所信的宗教，我們一同去做殉道的人。

大將爲她所感動，乃犧牲一切，和她牽着手，隨着一群人之後，高唱着教徒們的歌，昂頭闊步地走到演武場去了。這片子很長，鋪張得非常華麗，表現暴君的荒淫、教徒們的慷慨、愛人們的悱惻纏綿，都有相當的可愛。可惜我向來没有那種所謂宗教熱情，看了之後，老實說，什麽興感也没有。

一個星期之後，我被日本警察捉進牢裏去了。牢中没事，不免胡思亂想。不知怎麽，也想到這張片子上來了。

多麽可愛的美國電影資本家喲，在科學昌明的二十世紀，還攝製這種煽動宗教熱情的片子，豈不是時代錯誤麽？不！我告訴你，資本家們决不這様蠢，把九百萬美金，花在於他們自己毫無利益的地方的。這張片子，無論它能不能使派拉蒙公司獲得一筆厚利，它對於整個資産階級却有非常重要的使命，發生非常積極的作用。

資本主義第三期的恐慌，使資本主義全體系，手忙脚亂。他們要重新分配市場，要鎮壓殖民地的革命運動，要進攻非資本主義的國家，以延緩自己的生命。所以不惜采用任何擴器對世界革命勢力作最後的挣扎。依照他們的企圖，一定掀起世界大戰，一定要驅策無數萬的勞苦大衆到戰場上去屠殺。但是師出無名，軍家所忌；士無鬥志，又勝算難操。他們用什麽東西去掀起大衆們的敵愾心呢？真實的話，不用説，談也談不得；祇有欺騙地、歪曲地用那古舊的題材來燃起大衆中落後的傳統的宗教的熱情。雖然有許多科學家如哥白尼等爲真理的原故，曾被宗教這魔鬼所迫害，雖然許多哲學家們也宣稱過自然科學要從宗教獨立起來；但是現在情急無聊，也不能不藉助於宗教了。

我們知道，美國電影公司，攝演過許多《人獸奇觀》、《蠻女的天堂》之類的片子。那些片子，都是表現的文明的白人，到荒野的蠻地，碰見許多凶猛的野獸或野蠻的人群。更不用説，那片子是極力地表出文明的白人如何文明，野蠻的蠻人們如何野蠻、無知、迷信，仇視、迫害白人，白人萬不得已，不能不施出那文明的威力，來征服那些野蠻的人或獸。這是什麽意思呢？很簡單，它告訴你説，世界上還有那麽多的地方被野獸們盤踞着是可惜的；蠻人們的文化低落是應當去教化的；但是他們仇視白人，却又是可恨的；白人對他們的傷殘是應當的。一句話，要使帝國主義對殖民地的侵略這件事合理化而已！如果大衆都認爲這件事是合理的，説聲“出兵”，豈不都是踴躍參加麽？

但是致帝國主義的死命的不僅是殖民地的反抗運動，帝國主義者們所要進攻的死敵，不僅是殖民地。世界上既不是殖民地也不是帝國主義的“第三種”國已經出現而繁榮，并且這“第三種”國并不是野獸也不是蠻人，他們的膚色和頂文明的人一樣。怎麽引起大衆對於這種國家的仇視呢？有了，最好的一個口實：他們是异端，是無宗教者，不，是反宗教者！瞧！歷史上的先例，那些异端，那些無信仰的東西們，是如何地殘酷呀，是如何地同野蠻人們一樣呀，是如何地，不，簡直就“率獸而食人”呀！還不進攻，還不進攻，這裏，展開了那至寶一樣的歷史的畫圖！

不特此也！帝國主義還有一個最大的敵人，就是他本國的勞苦大衆。世界的勞苦大衆已經覺悟興起，無論哪一個帝國主義國内部，隨時都有爆發革命的可能。怎樣鎮壓呢？武器就是宗教。鼓勵他們落後的意識，可以使他們麻醉；假借不信宗教，可以對他們摧殘。并且轉移他們的視綫，又可使他們“一致對外”，而忽視本國的當前大敵！毒矣哉，帝國主義的陰謀；辣矣哉，資産階級的詭計！

因此，《暴君勒羅》，不是電影，不是藝術，簡直是大戰前夜的一篇誓師詞；是勞苦大衆最狠毒的麻醉劑。我們如果笑“多麽可笑的美國電影資本家喲”，美國電影資本家一定要反笑我們“多麽愚蠢的你們喲”了。算盤打盡了的資本家們，何嘗肯寃枉花一個鏰子呢！

末了，我們應當指出的是，在現代，率獸食人，屠殺大衆的决不是羅馬式的暴君，而是更凶狠到不知多少倍的國際帝國主義的全體系。被摧殘、拘禁、殺戮的决不是什麽宗教、教徒，那些東西已經成爲帝國主義的構成細胞了；倒是無數的覺悟的大衆。他們所争的决不是什麽心靈的宗教自由，而是全世界被壓迫的民族等階級的解放。我所身受的日本帝國主義政府的鐵窗風味，證明我這認識的正確。

一九三三年九月三日上海

（原載 1933 年 9 月 11 日《中華日報》）

笑與幽默

一

“笑”，在藝術上，必然地與現實主義結合。有古典主義、浪漫主義、象徵主義等觀念的傾向的藝術，概與“笑”無緣。這件事，是“笑”之爲物不外是現實主義的態度那件事之當然的結果。

“笑”，在藝術上，不是心理或生理的笑，而是社會的笑。所以如此説者，因爲若把客觀的事態從“笑”的視角看起來，是以發達并覺醒了的社會意識爲前提的原故。

社會的笑，世人稱之爲幽默。但幽默，是成立於對社會的生活事實取了特殊的認識態度及表現態度的時候的笑。并且這態度，與藝術上的現實主義態度是共通的。

現實主義藝術，不是人的意識離開生活的現實，隨他自體的昂奮，使特殊之觀念的典型發展下去，剛剛相反，而是把他拉回到現實的生活意識的一種認識態度、表現態度。這與科學的意識，暴露常識的錯誤的作用相同。“笑”，有與藝術的這種現實主義相密接的關係。現實生活上的笑，除了有這種社會意味的笑以外，也有單是生理的或心理的笑，但是發達了的社會人，在日常生活上，是笑着前面所説的社會的“笑”的。

好多研究“笑”的學者，往往祇從使笑發生的事實或祇從“笑”的方面之心理等視角來觀察，而看掉了“笑”的社會性質。就是説，把“笑”看成對於那對象或對於那主體，祇是孤立的現象。把矛盾、缺陷、醜惡、不統一、不合理等事實，當作什麽笑是在從不受他的影響的優越地位看的場合發生的啦。是在從有突變爲無的時候發生的啦。笑是從崇高到卑賤，從理智到迷妄，從真實到虛僞，從有價值到無價值，從流動到停頓等急轉所惹起的啦！這些解釋，是自亞理士多德以來，康德、柏格森及其他的哲學家或心理學者共通的見地。但這，似乎没有充分承認高級的笑的社會性質。

“笑”，不外是從高處看見了如前所述的生活的Cap時而發生的。但是單把某一特定事實的形態當作笑的條件，把某一特定心理形態當作笑的態度，至少，以之説明社會的笑，是不完全的。

社會的笑——幽默，是一個社會的態度，不是他的對象那事態的必然産物。許多哲學者的見解，以爲某一特定事實的狀態會産生“笑”，却忘記了“笑”不是簡單的客觀事實之主觀的反映，而是以特殊的社會態度對付事實的場合的表現。

二

作爲社會態度的“笑”，應當從兩方面看：第一，是把“笑”當作認識態度看，第二，是當作表現的態度看。

説起關於第一的場合，惹起笑的，不是因爲事實的狀態本是那樣，而是依據於對那事實的特殊認識態度。依“笑”的哲學者們説起來，是我們自身，對矛盾或缺陷，站在超越他的優位的場合，笑就發生。但是社會的笑，無論怎樣低級，也不起於“笑”的對象之局外者之間。衣冠齊整昂頭闊步的紳士，被風吹掉了他的禮帽，他去追趕那在地上亂滾的東西的光景，使人失笑。但這不過是不能稱爲社會的笑的一種低級的滑稽。如“笑”之學説所倡，笑這件事的人們，無疑的，是站在超越這種矛盾的地位。然而就是這種場合，“笑”，也决不是由於超越着那矛盾的事實而起的。這事實之所以使人笑，是因爲他們對這矛盾取着一定認識態度，不是因爲超越着矛盾纔笑，而是因爲對“矛盾”有某種意味的關心纔笑。關於這樣的低級的“笑”，説明“笑”，是不適切的。然而這種場合的“笑”，也是認識了被戴禮帽并弄成典型了的“尊嚴”之外表的形式的破綻的“笑”。就是，人們以前就認識這種“尊嚴”不是絶對的這件事，是這種場合的“笑”的條件。因之，没有這種認識，即相信這“尊嚴”是“絶對的”的人，這種矛盾，也不能引起他的笑。例如這戴禮帽的紳士的兒子，若是相信父親的“尊嚴”是絶對的話，這矛盾不能給與他以笑，而會給與悲哀或羞耻的吧。

“笑”，因之，是一個批判的態度，所有批判的態度，一定不會超越對象那東西，因爲超越了，就不是批判的態度，因爲密切地關係着，就不得不批判。幽默，必需是與由社會的關心而來的認識態度、批判態度，全然相同的東西。這認識態度，衹取理性的、論理的過程的時候，在那裏會發生批判，但不會發生笑。笑，在那場合，對理性或論理，是作爲先驅的衝動的所謂“直觀的”態度而起的。

爲了那種場合，不發生正經的批判，而發生笑，就有這樣一説：是以對象的事實，不是值得正經的批判或不是會發生悲哀與憤怒的那種重大事件爲條件，這一説，衹要在關於社會的笑的範圍，是完全没有根據的見地。“笑”對那對象的事實之矛盾或不合理，是衝動地起於在可以批判的地位的昂奮，是不問事態之大小輕重而發生的東西。衹對超越了自己的批判的事態，是自己不能現實地觀察他的對象。現實主義的態度，以透徹地理解對象爲前提，那透徹了的理解，自然會發生笑。若把釋迦的“拈花微笑”解爲徹底的觀照之表現，那麽，現實主義的“觀照”，可説是自然隨伴着“笑”的道理。

藝術的“笑”，與“拈花微笑”一樣，“使笑者”與“笑者”之間，以有認識之共通點與因此而透過外表的裝置以觀察現實爲條件。

三

然則幽默是起於既成的諸制度與諸典型，露出了那儼然的外的構造之破綻的場合的。因之，社會一般，到某種程度地，認識内在於那制度或典型之非流動的形態上的矛盾或缺陷（即使漠然地），是必要的。即，

“外觀”與“真實”之相違，縱然是無意識的，也禁不住感到社會之一般的感覺這件事，必需作爲社會的笑的前提而存在。

（原載 1934 年 4 月 11 日《中華日報》）

杜衡先生還往哪裏逃?

《文學》四月號刊了一篇陽秋先生批評杜衡先生的《懷鄉集》的文章。這篇文章是很刻毒的。

第一，他檢舉了杜衡先生(《懷鄉集》作者)在他的大著的自序上用的“倒退年月”的辦法。雖然陽秋先生好像怕杜衡先生難爲情，故意説:“不過這不關重要”，其實，這關重要得很。它證明杜衡先生所説的什麽“藝術的完成”，不過是一句聊以躲閃、聊以遮羞的話。在從前，杜衡先生自己或别人，也許以爲杜衡先生的作品，意識總該不壞的吧。然而“受過一位某先生的嚴厲批評的現在”，已證明他的作品“在意識上的歪曲”，無法，衹得用“藝術的完成”這塊擋箭牌想來應付那“意識的歪曲”的毒箭。而那擋箭牌，并不是什麽真的擋箭牌，不過是一張“姜太公在此”的紙條兒。也許杜衡先生明知在那紙條兒背後，躲不住自己這位偉大的作家，不過情急之餘，也不得不暫時躲一躲。這就是説，什麽“藝術的完成”，原不過是杜衡先生的“情急智生”，不必當作真的去相信。

不用説，這已經够了，很够了！然而陽秋先生還不放松，一定要把杜衡先生的“姜太公在此”撕成粉碎。他説:“一位作家聽從了理智……而又終於‘發現’了‘感情虚僞’‘事實架空’，乃是因爲他對於某種題材的生活經驗不足之故。”他用真憑實據，證明杜衡先生的作品中的主人公“衹是個紙剪的人兒”，“人物的面影，像是一幅印壞了彩色的圖畫”，“杜衡先生恰如小學教師上課似的……用了這樣教書式的寫法”。“好像是單靠字幕來説明戲裏的人物的情感思想而不從畫面去表現”的電影。一句話，杜衡先生的“寫法”“實在和杜衡先生所‘注力’以求的‘藝術的完成’是南轅而北轍”;最好的作品，對“藝術的完成”，也衹表示了對

“在門檻邊”——雖得其門，而尚未入也。先生，爲什麽要這麽作踐別人？杜衡先生不是讓步了麽？不是已默認了自己的作品之意識上的歪曲了麽？爲什麽這最後的“姜太公在此”底下，也不讓人躲躲？嗟乎，此我們的“作家之筆”之所以“擱筆”而長吁短嘆也！

不過我要問的是，“姜太公在此”撕碎了之後，杜衡先生還往哪裏逃？

（原載1934年4月12日《中華日報》）

《懷鄉集》的根本態度

我說過，《文學》四月號，陽秋先生對杜衡先生的《懷鄉集》的批評，是一篇刻毒的文章（見本月十二日本刊）。雖是這樣，陽秋先生的文章却免不了也有他的缺點。那缺點是，正因爲陽秋先生完全針對着杜衡先生的“藝術的完成”這句話，所以“注力”的祇是《懷鄉集》這部大作，是否“藝術的完成”，而忽略了別方面必需提出的問題。因之，陽秋先生的文章本身，就成爲一種近似於純技巧，或“純藝術”論者的批評。這無論如何，是不够的。

陽秋先生把《懷鄉集》中的十篇小說分作三類之後說：“剩下還有一篇《葉賽寧之死》，則爲應用了外國文人自殺事件的‘想象的’故事，無可歸類。”於是，他的文章，對這無可歸類的《葉賽寧之死》，倒是必需强調的東西：那是杜衡先生怕我們無法瞭解《懷鄉集》，特爲給我們預備的一把鑰匙。不用說新俄的農民詩人葉賽寧，并不是《葉賽寧之死》中的主人公那樣。杜衡先生自己也說：在事前，一點也没有用過什麽考證工夫，因此，一切情景均出於“摹想”。爲什麽要“摹想”成這樣一個葉賽寧呢？從“年去歲來，像這樣的一位詩人是最容易被忘記的”這種口吻看來，豈不是因爲作者同情於這樣一個葉賽寧麽？爲什麽同情於這樣一個葉賽寧呢？豈不是因爲作者多，或少與這樣一個葉賽寧有着共同之點麽？那麽，《葉賽寧之死》中的葉賽寧，即使不能說簡直是杜衡先生自己的畫像，謂之爲差不多，也該可以無大過矣罷。好，我們且看這個葉賽寧是怎樣的一個人物！

咖啡店的侍女，有一個獲得了新的意識的哥哥；杜衡先生說：對於這樣的哥哥，不用說，舍爾該·葉賽寧是不會有興趣去追問的（頁二三九）。又當她說也要做一個跟哥哥一樣的人的時候，杜衡先生又說：“聽

到這聲堅決的回答，舍爾該・葉賽寧出人意外地狂笑起來。”（頁二四三）

對新的人物制度，引不起興味，而且取着一種嘲弄（狂笑）的態度的，是《葉賽寧之死》中的葉賽寧，不！是杜衡先生自己。對新的東西是這樣，必然地是對於舊的東西表示眷戀，惋惜，不可遏止的同情。最好的例，當然是作者對這自己“摹想”的葉賽寧的態度，而在《藍衫》、《懷鄉病》中，也一再地表明着。姑且從《懷鄉病》中舉個例罷：

> 我不願意從那縣城到區鎮的一段路程稍稍有點异樣。我要什麽都照了舊時的公式做（頁六五—六）。
>
> 不，我將永遠憎厭長發所憎厭的一切，我將永遠像長發固執着他的職業似的固執我的對於鄉村的偏愛。衹要世界上還有區鎮，衹要上區鎮還有這條水路，衹要這條水路上還有航行的船隻，那我便到老都不願意去坐那汽車（頁七〇）。

同時，爲杜衡先生大吹大擂的凌水先生，也説杜衡先生屬於“舊社會的喪葬曲的歌唱者”一類。這是句捧場的話，實際不過是對舊東西的偏好。依我説就是眷戀，惋惜，同情。我們必需瞭解這一點，纔可以談《懷鄉集》，因爲這是《懷鄉集》的根本態度。

（原載 1934 年 4 月 17 日《中華日報》）

新形式的探求與舊形式的采用

猛克先生在本刊上（《中華日報》——編者注）寫了一篇關於投降舊藝術的問題的文章，題爲《采用與模仿》。他說："在社會制度没有改革之前，對於連環圖畫的舊形式與技術，還須有條件地接受過來……却有人以爲這是投降舊藝術。"以爲一接受就是投降，恐怕應該叫做什麽"左傾幼稚病"罷。但猛克先生的説法，却也非常之類乎"投降"。例如猛克先生説：

> 形式與街頭流行的連環圖畫頗不同，而技術有的也模仿着如立體派之類，不但常常弄得兒童看不懂，就是知識階級的人們，也無法瞭解其内容。

這就是説，舊藝術，在内容上，也許不無可議之處，而形式方面，則是兒童與大衆都能徹底領悟的。把内容與形式這樣機械地分開，對不對，且作别論；而因爲舊藝術内面有一二接近大衆的東西，就這樣爲整個舊藝術捧場，以爲一"頗不同"，就"無法瞭解"。要"瞭解"就非全"同"不可。猛克先生豈不儼然成了舊藝術形式的辯護士了麽？

以爲一采用舊形式，就可瞭解，這是把藝術大衆化這問題簡單化而且卑俗化了。一小部分舊藝術之能爲大衆"瞭解"，"習慣"，"愛好"，有種種複雜的原因存在，决不單靠形式之通俗；同時舊形式的形成，也有種種複雜的條件，條件不够不能在温室趕造；條件變了，形式也跟着轉變，决不怕誰抱殘守缺。要談采用舊形式，不先從這些决定的原因上加以詳細的研究，看見《啼笑姻緣》銷路廣，《姊妹花》賣座好就眼紅，這是機會主義的辦法。自然，猛克先生説的是"有條件地"，也聲明"采用”不是“投降”；然而這條件是什麼呢？又到怎樣的程度纔算“投降”，怎樣纔不算“投降”呢？全没有交代清楚。

要藝術大衆化，衹有一條路，就是新形式的探求。新形式的探求，纔是藝術大衆化的根本動力。衹有在新形式的探求的努力之中，纔可以獲得真正合乎大衆口味的東西；也衹有在新形式的探求的努力之中，纔可以談有條件地采用舊形式。不把新形式的探求與舊形式的采用，辯證地統一起來，任你申明一千回“不是投降”，是没有用的。

但是猛克先生一定哈哈大笑：立體派既“無法瞭解”；某先生也説：達達派是裝鬼臉，未來派也衹是想以“奇”驚人，雖然新，但我們衹要看 Mayakovsky 的失敗，便是前車之鑒。

但是這不相干。正因爲立體派、達達派、未來派無法瞭解，我們纔必需探求有法瞭解，容易瞭解的新形式，而不能衹是模仿已有定評的來路貨。離開了新形式的探求，單獨地講舊形式的采用，不是有意的投降，也會是無意的投降罷。

希望這討論能發展開去。

（原載 1934 年 4 月 24 日《中華日報》）

何謂形式?

對於采取舊的藝術形式這一問題，達伍先生提出了另一命題，教我們注意如何采取舊形式。這個提示是對的。我也曾請猛克先生注意過。但達伍先生對藝術的形式的解釋，似乎不很對。達伍先生説：

> 譬如小説，是文學的形式之一種，不論文學的内容如何變更，但小説這種形式是保存着的。

假如形式是指小説、詩歌、劇本之類，而這種形式又“不論文學的如何變更”，也“是保存着的”，那就無所謂新形式與舊形式了。從有小説這形式的那天起，到没有的那天止，總是一樣，形式新舊的問題也就不能成立了。把小説之類當作形式解，是由於用語的含混。達伍先生寫過《吹毛求疵》，對這一點總是很感到着的罷。我以爲達伍先生所説的形式，應當叫做類别或者别的什麽。但是不能叫做形式。其次，像達伍先生所説的那種永遠保存着的類别也是不存在的，時代的進展，會淘汰些東西，也會增加些東西，譬如十四行詩及中國的賦之類，就很少人作，而現代的電影甚至照相都跑到藝術之宫了。

那麽，形式是什麽呢？恕我引用别人的話。藏原惟人説：“藝術的形式云者，就是得把内容在形象之中表現出來的手段，也就是題材、處理（構圖，韵律，諧調，整齊等）及表現的工具（言語，色彩，音響等等）之總和。”

（原載 1934 年 4 月 24 日《中華日報》）

藝術形式受什麽東西的規定呢?

司馬疵先生説:“一到了新的階段,舊的形式不適當時,而新内容的産生,又不能一下子憑空自成一種新的形式,當然衹有對於舊形式的采取。”這比起達伍先生的采取舊形式是使大衆接近藝術的輕便的橋梁之一,而不是唯一的橋梁的説法來,顯然是錯誤的。第一,明明知道“舊的形式不適當”,新形式又不能“一下子”形成的時候,不努力於新形式的探求,而束手無策地“衹有”采取“不適當”的舊形式之説法,雖然我極不願意説是“投降”,而事實上却是“投降”。第二,什麽叫做“一下子憑空自成一種新的形式”呢?“一下子”不能“憑空”形成,“兩下子”以上,就可“憑空”形成了麽?正告司馬疵先生,藝術形式,是“被那終局地規定某一個時代,某一個勞動形式的生産力之發達所規定”(藏原),從來就没有“憑空形成”過;并且雖然有了“新的階段”,如果不通過人的努力,新的形式,仍然永不會“憑空形成”的。舊形式的采用,不用説,有它相當的作用;但决不是唯一的辦法,也不是根本的辦法。它始終衹是一種橋梁,一種過渡時期的不得已的手段。這從“采用”“利用”之類的用語上也可看出來,那麽,基本的辦法是什麽呢?我的答復是:新形式的探求!

然而司馬疵先生又説我“有把内容與形式分開的危險”,於是就提出他的改正:“新内容的探求”,但是這説明了什麽呢?什麽都没有説明。新内容,是我們立論的前提,我們參加這次討論的,没有一個人不是説的新内容。難道我們還在關心舊内容是探求新形式抑采用舊形式好麽?針對着舊形式的采用,提出新形式的探求,在這場合,應該如此,也衹能如此。如果還加上些“内容”什麽的詞句,那就會成了文字的臃腫。又,司馬疵先生的用語,也有“不無可疑之處”(猛克先生是把不字看掉了的)。内容，應當是把握而不是探求，固爲然已先形式而存在，形式纔可以説，探求因爲有待“藝術學徒的努力”。

不但如此，司馬疵先生對於内容與形式的認識，還有一個根本的錯誤。他説:“所謂形式與内容，那衹是一種東西的兩面。”又説:“内容决定形式，當然是千真萬確。”前後是矛盾的。一個東西的兩面，就不能説甲面决定乙面，如果甲能决定乙，那就是乙對於甲，有着因果關係，依存關係，而不是等量齊觀的兩面，這一矛盾的原因，是司馬疵先生還未正確地瞭解藝術的形式究竟真受什麽東西的規定。

“藝術的形式”——藏原説——被那終局地規定某一個時代，某一個社會的勞動的形式的生産力之發達所規定。這是唯物史觀之根本的原則。……以農業爲主的社會，生出農業的藝術形式，以商業爲主的社會，生出商業的藝術形式，不用説，在以工業爲主的社會裏，工業的藝術形式便産生出來……。

(原載1934年5月7日《中華日報》)

從未來派説到大衆爲什麼不懂新藝術形式[①]

第一回 存在都合理外國人早有名言 機器是榮光未來派曾留偉績

話説在關於新舊形式的探求與采用問題的討論當中，作爲大衆所不能瞭解的新形式的例子，提出了幾個藝術上的流派：立體派、未來派、達達派，説未來派是以奇驚人，達達派是裝鬼臉。如果祇當作一種“克敵的咒文”，固守舊形式采用的壁壘而向新形式探求進攻，倒也不必苛求。不過，一個外國古人説得好：“凡存在的，是合理的。”我們没有瞭解那些流派的合理性（注：合理之“理”，與倫理之“理”無關），祇就所表現出來的一部分，輕率地説它是奇或鬼，不但無從把握這種流派的本質，也就無法説明大衆何以不瞭解。某種藝術形式的探求或采用，是根據藝術大衆化的基本命題提出來的；如果放弃大衆何以不瞭解的探討，祇説不瞭解完事，就表示我們没有忠於藝術大衆化這一工作。爲説話的方便與簡短，試先説明一種藝術流派——未來派——究竟是什麼。再説明我們的大衆爲什麼不瞭解它。

產業革命以來，機器成爲人類社會的主要生產工具這件事，是周知的。機器既闖進人的生活中來了，是生活的反映的藝術，當然會受機器的影響。果然，一九〇九年，意大利未來派詩人馬尼勒茨，就發出了贊美機器的宣言：

---

① 編者注：本文以章回體形式寫成，此後并未發表續篇。

我們在此宣言：世界的榮光被一種新的美，即快速的美弄豐富了。有那裝飾着像吐出爆發的氣息的蛇一樣的粗管子的車體而奔跑着的汽車，像在彈雨中衝跑而吼着的汽車，比沙摩士列的勝利還要美麗。

我要歌頌那電氣亂爆的月下的兵工廠或造船廠的夜之振動；要歌頌那吐烟的蛇似的饕餮的車站，那烟霧連雲的工廠，那像運動選手一樣跳過在太陽下放光的河的刀鋒的橋，那……郵船，那……機關車，那……飛機的飛行！

但未來的所謂機器，有以下的三個特點：

1. 都是街頭的機器。汽車，機關車，飛機，車站，橋，無論哪一樣，都是街頭的機器，消費的機器。縱然爲工廠之類的場所，也除了從外面看看以外，没有涉及内部的東西。生產的機器，不曾作爲未來派藝術的題材。這，表示藝術家離開著生產過程。

2. 機器除了被當速力以外，没有别的理解。機器的目的、任務及其合理性，在未來主義者的視野以外。他們欣賞着機器的盲目性及其無目的的驀進性。這，不是從事生產的英特利更契亞的心理，可不待談。

3. 機器的拜物主義。在未來主義們看來，機器不是爲達到何種目的的手段；它本身就是目的，就是理想。這，也不會是自己從事機器的製作與轉運的英特利更契亞的心理。

這些特點，是由未來主義者們，是中小資產階級（商業的，金利生活者的資產階級，小市民，教師式）的英特利更契亞這一階級基礎所决定的，把生產的機器當作藝術的題材，要等表現派、構成派的出現。雖是這樣，我們不能輕蔑地説它祇是“以奇驚人”而已。未來派的面向機器，及對於力學的關心，實是近代藝術史上不可磨滅的功績。

然而這樣一個藝術流派所創出的藝術，不曾爲中國大衆所瞭解，甚至不曾爲中國知識分子所瞭解，這是什麽道理呢？道理是：

藝術祭師生活太隔膜　　勤勞大衆意識有問題

欲知其詳，且等下回分解。

（原載1934年5月8日《中華日報》）

“蘇聯的何徐事件”及其它

《華北日報》的每日談座，前幾天刊一趣文，題曰《蘇聯的“何徐事件”》，據作者説，這樁公案是在《“槍手”泄漏蘇俄“小説家”的秘密》（原題 *The“Ghost”Sguawkedon the Russian“Novelist”*）一行標題之下。披露於最近出版的《文學摘要》（*The Literary Digest*）一一七卷第十六號上的。何家槐是一個叫做 Jaeol Gansburg 的青年作者，而徐轉蓬則是被人所不信任而忘記了的六十三歲的布爾喬亞小説家 bich-Koshuref。

可惜的是，作者并没有注明《文學摘要》是哪國出版的刊物，而這篇文章，又没有直接取材於《文學摘要》，倒是根據於西歐某報副刊上的一個通訊員的描寫。我們且看這位通訊員怎樣描寫的吧：

> 甘斯實格偶然地發現了可憐的老柯削羅夫，他即向他提議“合作”——他説：“你寫作品，我有有勢力的朋友，可以使它印行。”於是甘斯實格即預支與三辨士相等的代價給他。
>
> 不久，甘斯實格第一部光明燦爛的小説《野兔與叢林》出版了。它的真作者所得的報酬是一瓶麥酒，但甘斯實格在無產著作家協會裏，在向他恭維的人的中間趾高氣揚地説：“我們青年作家就是世界的‘紅’鹽。”
>
> 但名作家須繼續生産的甘斯實格又把這戰栗於陋屋中的可憐的老窮人找着了。他心裏有一個計劃，“我必須把這個老頭子恐嚇住，他就可以不至於泄漏”。
>
> 他對這老人説：“我即刻需要那小説第二部，并且至少還要兩篇戲劇。現在你很危險，警察在注視你。假使你照計劃做去，我就拯

救你，還給你一些青魚頭，及一塊馬肉。假使你不照計劃做去，你就要入獄。我有有勢力的朋友。”

這些恐嚇結果使甘斯寶格前功盡弃。兩篇戲劇倒很不錯，但柯削羅夫的腦筋已枯竭，且又爲甘斯寶格所嚇昏，他從他自己“被忘記”了的已出版的著作中采用了一百頁到甘斯寶格的小說的第二部裏去。

你們看見過奇迹麼？這裏多的是。

第一，有一個鄉下的土老兒，總以爲“警察”在“注視”自己，被人一嚇就“嚇昏”了，爲了——爲了什麼呢，於是接受别人的“三辨士”“一瓶麥油”“一些青魚頭”及“一塊馬肉”之類，替人家拼命寫作品。一部又一部地。

第二，假如真有這種土老兒，照理，應當是和中國頂閉塞的鄉村裏的無知的老農人一樣，是不知有漢，無論魏晋的角色了。可是不然，他是“布爾喬亞小説家”。寫出的作品，又是，據我們的作者説：是“社會建設的史詩”。

第三，蘇聯的警察，偏不“忘記”一個早“被忘記了的”老“布爾喬亞小説家”。而這老小説家，倒“忘記”了“一百頁”之多的自己的“已出版的著作”，又寫進“第二部”去了。

不過，也有些平常的事，正和我們的國度裏一樣；例如，作家，先得要有“有勢力的朋友”，否則就没有人給出書等等。

這，首先是直接説明蘇聯文壇的一塌糊塗，新的作家簡直無用；至少，要寫出“社會建設的史詩”，必須靠“布爾喬亞小説家”。什麽《鐵流》呀，《毁滅》呀，别吹牛皮了。雖然寫的是“何家槐”先生的大著！哼，安知不也是未經揭穿的人所寫呢？間接呢，當然還可牽涉旁的。文章上就“警察”呀，“有勢力的朋友”之類。

蘇聯文壇，究竟是否如此，我也不很知道；我知道的是，通訊之類，尤其是關於蘇聯的，往往不一定可靠。去年上海的報紙，還在登載列寧夫人在“教育部長盧那恰爾斯基”名下，控告托爾斯泰的作品；這消息，十年以前我可就看見過了。過去的不必説，即如五月二十八日上海的報上，就有“蘇俄當局誠意邀請梅蘭芳赴蘇俄”的消息，内面説：“爰蘇俄學術界，向分寫實與象徵兩派，現寫實主義已漸没落，而象徵主義則經朝野一致提倡，引起欣欣向榮之概。”真不知道這位新聞記者先生在做什麼夢。一年以來，中國刊物上不斷地介紹過蘇俄的社會主義的寫實主義的理論，什麼象徵主義，早已清算，連提也没有人提起了。關於藝術，也許還算是專門知識，那個，看下面吧：“蘇俄中央文化委員會願津貼補助金三萬盧布（約合國幣五六千元），邀請中國戲曲名家梅蘭芳……”難道一個盧布，“約合國幣”若干，也不該先探聽一下麼？

看了中國報紙的記載，對於每日談座上的文章，乃至什麼外報副刊上的通訊，我真没有相信一點兒的勇氣。

五，廿九

（原載1934年6月19日《中華日報》）

文學無用論跟文學不足道論

吴稚暉先生雖然説："文學不死，大禍不止。"好像文學真是罪該萬死。其實他的意思，不過説文學趕不上工藝文有用，文學衹是文學家們在做文字的游戲，跟國計民生無關。一句話，就是文學無用論。

這樣一來，可把有些文學家嚇壞了。吴先生説文學慣闖禍，要廢止文學，這該如何是好呢？於是出來"辯護"説文學是個挺乖的小子，向來不闖禍的，吴先生，請你饒了文學吧。

不信，請看作家黎錦明在《自由談》上發表的文章：

> 打開東西洋的歷史一看，從古直到當今，似乎還没有一個文人作家一手握筆一手操刀的人物。更没有一個説是以文學爲政綱，秣馬厲兵，攻城拓地，和皇朝作對的。《詩經》之成，衹是些弱小到連説話也不敢的小百姓的哀怨之音；《楚辭》之作，不過成因於屈原的耿介寒酸，不會鑽營，如果説他實際是失戀於某女性，而故意借題發揮，亦未始不可。至於説到後來造反的人物，曾受過《詩經》《楚辭》的刺激的，更是絶對没有。
>
> 就比方説當今的朱德毛澤東之流，他們懂得什麽哈卜德曼，蘇特曼，瓦塞曼，亨利曼，托馬斯曼這些曼麽？恐怕什麽是"文"，什麽是"大衆語"——他們也莫名其妙。
>
> 至於説盧騷直接影響於法國大革命，也是胡説；説到俄帝室的覆亡，老實説，與什麽托翁、陀翁、高翁都很少關係。

這，可算跟文學洗刷得乾乾净净了。瞧，時無論今古，地無論東西，没有禍則已，如有，都跟文學無關。不用説，更跟文學家無關。可惜我不是當局，不能對這樣安分守己的文學家們奬以一等忠實章。

推黎先生的意見，無非也説文學是跟國計民生無關的，它并不能闖禍，不妨任它存在。這，可叫作文學不足道論。

文學不足道論其實就是文學無用論的另一名稱。吴先生所以輕蔑，要廢除文學的，也正是因爲如此。兩位先生雖然一個是原告，一個是被告律師，想不到英雄所見，其“同”也如此。

説文學直接引起革命或戰争，那應該是天字第一號的傻瓜之流。然而因之就説文學簡直無用，不足道，不能發生任何作用，或者衹是少數人的消遣品，如果不是别有用心，恐怕也是地字第二號的傻瓜。爲要替文學辯護，對傻瓜之流所提出的控訴，我們需要并非傻瓜的律師。

（原載 1934 年 8 月 18 日《中華日報》）

關於電影跟土話跟拉丁化

葉籟士先生的復信中，提起“影評人”們圍剿拉丁化及土話論者，因而他自己很憤憤，就提筆寫了那篇《駁斥》，我以爲他的憤慨是多餘的。

現在的電影製作，操在誰的手裏呢？如果是操在電影商手裏，“影評人”們的意見没有錯。對白用土話，懂的人，一定衹限於一個地方；因之就難普遍推銷到全國各地。一句話，“弗是生意經”。字幕用拉丁化的中國字，那是完全以大衆爲對象的東西。不能望之於從影片商手裏製作出來的影片。一副片子，剛出來，在“高等”電影院放映，入場券賣大洋六角乃至一塊五角；最後在低等電影院放映還要至少賣兩三角的這事實，就説明電影商絲毫没跟我們所説的大衆打算。他們所需要，所供給的對象，是中等華人以上的角色。這些角色，已經懂普通話，官話，白話文，文言文。壓根兒不需要土話或拉丁化的中國字。如果有那種片子出來，影片商因爲銷行的地區有限，大衆又出不起錢，不用説，非蝕本不可。

“影評人”們的意見没有錯，如果用影片商的“生意眼”看。

然而我們需要另外的看法，我們需要文化領域的工作者自己來攝製影片。

（原載1934年8月20日《中華日報》）

談雜文

《現代》九月號的《文藝獨白》上有一篇反對雜文的文章。作者林希雋先生說："雜文"的"蓬勃"是"畸形的發展"，"意義是極端狹窄的。如果碰着文學之社會的效果之全般問題，則決不能與小説戲曲并日而語的。""在目前，現時代，現社會……隨時隨地都有着……更有意義的諸文學製作之豐富的題材……爲什麽不下點工夫把這些寫成小説或戲劇，却偏偏要寫些那種零碎斷片的雜文?""要不是説明作家之甘自菲薄而放弃其任務；即便是作家毁掉了自己，以投機取巧的手腕來代替一個文藝作者的嚴肅的工作。""嚴格地説，是宣告作家創作精神的破産，没有刻苦艱辛的態度來埋首於一些繁重文學製作。"此外，林先生還説，寫雜文，"應視是最可耻可卑的事情"，"充其量袛是一種浪費的生産罷了"。不用説，"倘若以現階段的文藝眼光來看，這現象……非特無絲毫需要之處，反且是一種惡劣的傾向"。

林先生的字典上，大約没有更多的辱駡了；不然，這篇"雜文"（對不起，在林先生把自己這篇大作明文規定爲"小説"或"戲曲"以前，我袛好不揣冒昧地稱它爲"雜文"），該不會一千多字就完卷的吧。

"雜文"是文章的一種體裁。它現在也許還没有成爲定型。但文藝上的各種體裁，都不是從天上掉下來的；雜文也跟小説戲曲一樣，會由作者的努力，形成一種固定的形式。何凝先生在《L. S. 雜感選集》上説的"這種文體，將要因爲 L. S. 而變成文藝性的論文（Feuilleton）的代名詞"，正是這個意思。文章不從内容上去觀察，不注意文章所演的任務，袛注目於作爲形式的條件之一的體裁，把某些體裁抬到三十三重天，某些體裁打入十八層地獄，完全是形式主義的偏見。至於由某種體裁來推斷作者是可尊可敬或"可耻可卑"，這種智慧，恐怕袛有爲沙利文餅乾公司服務的先知（?）“任道先生”纔有的。

小説戲曲，不錯，能够用具體的形象，把社會的現實指示給讀者；它的任務的確不是雜文所能達到的。但雜文也自有它獨特的任務，爲小説戲曲所不及的地方。眼前就是例子，林先生的這篇雜文和雜文家林先生“爲什麽不下點工夫，把這些寫成小説或戲劇，却偏偏要寫成零碎斷片的雜文”呢？也許林先生自己以爲是“創作精神破産”，所以“甘自菲薄”，“投機取巧”；但依我看來，未必不是因爲這篇文章的“題材”，再下多工夫，也不能寫成小説或戲曲，所以不得不借重於自己所深惡痛絶的雜文的吧。依此説來，文章的體裁，各有各的用處；即使個人的偏見，看不起某種體裁，到了非用它不可的時候，可又不能不采用。什麽雜文“决不能與小説戲曲并日而語”，是一句毫無意義的廢話。

雜文的“蓬勃”，也許可説是一種“畸形的發展”；但這畸形的原因，决不是像林先生所説，是由於作家之“菲薄”、“投機”、“可卑”、畏難等等個人的缺陷之類；倒是有它確鑿的社會根據的。“在目前，現時代，現社會”，現中國，固然“隨時隨地都有着豐富的題材”，可以“下點工夫”，“寫成小説或戲劇”。但是能下而又肯下工夫的是誰呢？有閑的遺老遺壯遺少們，衹是天字第一號的孱頭。雖不一定積極地直接地成爲剥削者；但在這動亂的社會，一面既怕舊東西的殘害，一面又怕新的力量來奪去了現有的優勢，於是在自己的周圍起造一座墻，跟社會隔絶得水泄不通，好像某種動物，一遇險象，就先設法蒙蔽自己的眼睛，或把整個身體都縮到某種地方去。縱有“豐富的題材”，也看不見，還談什麽“創作精神”？有些没落的“沉痛”，那衹好“寄”之於“悠閑”，寫點四平八穩從容恬淡的正宗小品，聊以排遣這死以前的歲月。不但小説戲曲寫不出，就連散文也衹能“小”而不敢“雜”。自然，有些聰明的遺少們，是會借“埋首”創作，來做逃避現實的口實的，可惜他們的視野既小如針尖，又不敢正眼凝視現實，“豐富的題材”，在他們面前，也變成貧乏。他們“寫成的小説戲曲”，衹能是經過了粉飾歪曲的畫圖。不過他們畢竟是聰明的，不但借“埋首”創作來逃避現實，并且借“埋首”創作來反對雜文了。此外，還有些無文無行的角色，小説戲曲不用説，能够寫點通娘搗奶奶式的他們的所謂雜文，已經要算是他們的選手，根本就不該對他們存什麽希望。不用説，把“豐富的題材”“下點工夫”寫成作品的任務，衹有在另一部分的作家的肩上。這另一部分的作家，“豐富的題材”是要采取的，小説戲曲以及任何文藝體裁是要運用的，他們寫過不少的小説戲曲，現在還在寫，而且將不斷地寫下去。不過他們已經不是一個簡單的作家，他們要最直接最迅速地反映出社會的日常事變，因此就較大量地産生了最直接最迅速地反映社會日常事變的雜文。由這種“畸形的”社會根據産生出來的雜文，不但絲毫不足以“宣告作家創作精神破産，没有刻苦艱辛的態度”，剛剛相反，它正是作家的“創作精神”，正是從刻苦艱辛中産生出來的創作。衹有竊取光榮的雜文的形式來做反對雜文的雜文，像林先生的大作之類，纔是這種雜文的例外。

現在再看社會上需不需要這種雜文。林先生爲要説明“以現階段的文藝眼光看來……非特絲毫無需要之處”，故意把讀者對雜文的歡迎及雜文在讀者中的影響一字不提，這手法是很巧妙的，可惜馬脚在不留心的時候又露出來了。林先生自己説：“而雜文之不脛而走，正是不足怪的事。”有這樣的事麽？雜文“絲毫無需要之處”却又能“不脛而走”；“走”了，又“不足怪”。這道理恐怕衹有林先生自己纔懂得。“倘若以現階段的文藝眼光來看”，雜文的“不脛而走”，我也説“正是不足怪的事”。歷史轉動了前進的車輪，使大衆加强了文化的欲望；日常事變的千奇百怪，層出不窮，又使大衆迫切地需要理解。正同需要物質的供應一樣，他們也需要精神的糧食。“拿糧食來！”他們喊。可不一定限定作家衹寫小説戲曲或某種特定的體裁。不過，“在目前，現時代”，他們不期然而然地多量地選擇了這種最直接、最迅速地反映日常事變，而又最淺顯最容易消化的雜文。在這種場合，雜文絶不是什麽“絲毫無需要之處”或“浪費的生産”，除了林先生自己的雜文。

九，一一，一九三四，上海

（原載 1934 年 10 月 5 日《太白》半月刊第 1 卷第 2 期）

林語堂的“扯淡”

孔子西行不到秦。也許科學東行不到中國；所以雖説從達爾文以來，生物界不可思議的東西已經很難找到了，可是我們的名人學者之流，一涉及這方面的問題（雖説在别方面也是一樣），還是胡説八道一陣。例如：

想宇宙萬類，應時生滅，然必盡其性。花樹開花，乃花之性，率性之謂道，有人看見與否，皆與花無涉。故……甚至使生於孤崖頂上，無人過問，花亦開……皆率其本性，有欲罷不能之勢。拂其性禁之開花則花死……花衹（應作“衹要”——筆者）有一點元氣，在孤崖上也是要開的。

因爲無花有刺之花，在生物學上實屬謬種，且必元氣不足也。

這是林語堂在《宇宙風》第一期開卷第一頁寫的文章。意見是中國傳統的昏亂説法：“天命之謂性，率性之謂道”，“盡己之性……乃能盡物之性”，從達爾文倒走了一千多年且不説它，還加上了一個更昏亂的“元氣”，作爲買一送一的贈品。

依他的説法，好像植物的發榮滋長，跟土壤，氣候，空氣，陽光，水分這些東西毫無關係，單靠神秘莫測的“本性”或“元氣”來支持的。可是既然“宇宙萬類”都“必盡其性”，“花樹開花，乃花之性”，何以又有“無花有刺之花”的“謬種”偏不盡其性呢？不可解一。既然“花衹要有一點元氣，在孤崖上也是要開的”，何以也有元氣，僅僅“不足”，但也許不止“一點”的“無花有刺之花”，不在孤崖上也不開呢？不可解二。同是植物，何以有的有元氣，有的又没有；有的元氣足，有的又不足；并且有到多少分量爲足，多少爲不足呢？不可解三。

最不可解的是他的文章的主旨，全在“孤崖頂上”這四個字，好像花一生在孤崖頂上就有什麽了不得。怎麽，誰規定花衹應該生在平地，不能生在孤崖上的麽？孤崖就是不毛之地，没有土壤之類的使花生長的條件麽？孤崖跟平地就一定像寒帶和熱帶那樣氣候不同麽？花生在孤崖是因爲自己不願生在平地，所以喬遷了的麽？如果不是，花生在孤崖也正和生在平地一樣平平無奇，有什麽值得大驚小怪的呢？更跟什麽本性啦，元氣呀，有什麽關係呢？

還有：

> 有話要説必説之，乃人之本性，即使王庭廟廡，類已免開尊口，無話可説，仍會有人跑到山野去向天高嘯一聲……故説話爲文美術圖畫及一切表現，亦人之本性。

從前儒家對“人性”的意見有兩派：一派説是善的，另一派説是惡的。現在林語堂在兩派之外另創新説：“人之本性”是“有話要説必説之”。不單説話：有文要爲必爲之，有美要術必術之，有圖要畫必畫之，有一切要表現必表現之。

花樹爲甚麽要開花呢？因爲它的本性。人爲甚麽要説話呢？因爲他的本性。語言乃至一切藝術怎樣發生，人爲什麽要用它來表現呢？因爲人的本性。“一切的一切”爲什麽這樣，爲什麽不那樣呢？無非都因爲本性。簡單倒蠻簡單，痛快也蠻痛快，可是這説明了什麽呢？從這説明，除了知道了“本性”這個抽象名詞以外，我們又能瞭解什麽呢？一切都是本性，其實就是一切都是神秘，一切都是莫明其妙。

又，既然一切都是本性，“王庭廟廡，類已免開尊口，無話可説”，是不是本性呢？如果不是，他們的本性到哪裏去了呢？如果是，這“無話可説”的本性跟“有話要説”的本性打起架來用什麽話勸解呢？本性論者或者説：人本來有兩種相反的本性，有人有這種，有人有那種，有人又兼有兩種，這說法倒調和了儒家性善性惡兩說，功勞也許不小。不過調和其實就是取消。本性既有這樣的又有那樣的或可以這樣又可以那樣，那還有什麽本性存在呢？

不用說，人是社會的動物，言語及一切藝術更是社會的產物，都與什麽“本性”無關。某種人“有話要說必說之”，某種人“免開尊口，無話可說”，都是由各自的社會環境決定的，并非天生如此。人，除了是生物這件簡單事實以外，没有一件東西是天生的。本性之類，根本就不存在。

道理即使再簡單明瞭，跟林語堂可講不通，首先，他就說他的話是“姑妄言之”，根本就不能認真；認了真對他講，他即使聽，還不是“姑妄聽之”！魯迅最近在《雜文》上發表了一篇文章，叫做：《從幫閑到扯淡》。林語堂的話，根本就是“扯淡”，雖說同時也是幫閑。

一九三五，九，二九。

（原載 1935 年 10 月 10 日《文藝大衆》第 1 卷第 6 期）

《八月的鄉村》

田軍著　容光書店出版　定價九角

這《八月的鄉村》……嚴肅，緊張，作者的心血和失去的天空，土地，受難的人民，以至失去的茂草，高粱，蟈蟈，蚊子，攪成一團，鮮紅的在讀者眼前展開，顯示着中國的一份或全部，現在和未來，死路與活路。

——魯迅　本書《序言》

《八月的鄉村》是一部十五萬字的長篇小説，寫的是爲民族生存的戰鬥的一角，是同類題材中間的最好的一部，也是整個現中國文壇上最值得誇耀的收穫。

把中國民族生存的每一個戰鬥，史詩地展開在讀者面前，是現中國每一個作家最光榮的任務。可是這任務，并不是誰都能够擔當起來。有些作家，正在誇耀他們的主觀的自由，自以爲因爲那樣，反可以使他們的視野廣闊起來，題材豐富起來。他們忘記了那自由衹是咖啡店，跳舞廳，跑狗場的自由；因之，廣闊和豐富，也衹能是咖啡店，跳舞廳，跑狗場的廣闊和豐富。有些作家，正在羡慕天文家的閑適和無所爲的態度，好像一把眼睛朝着天空，偉大的創作就可産生出來。他們忘記了創作題材，并不存在於天空，倒是存在於地上。歷史上的偉大作品，没有一篇是從天空中找出來的。希臘的神話，荷馬的史詩，也衹是人類社會的産物，人類社會的反映。《八月的鄉村》對那些作家提出了一個倔强的反駁，它告訴我們：天空底下，咖啡店，跳舞廳，跑狗場外面有着怎樣廣闊的世界，豐富的血腥的現實。火一樣的熱情，鐵一樣的信念，嚴肅，緊張，處處抓住人的心腑，這作品，在中國是没有出現過的。拿這和前面說的那些作家的高論一對照，就使人想到作序的人引用的兩句話："一方面是莊嚴的工作，一方面是荒淫與無耻!"

偉大的作品，是現實正確的反映；它的題材，定是從最震撼人心的，構成時代核心的史實去汲取的。《八月的鄉村》，描寫一群在茂草溪流邊，在大森林邊，在綿亘無際的山嶺中間和民族的敵人作殊死戰的英雄，一個不知到什麽時候纔完結的驚心動魄的故事，"顯示着中國的一份或全部，現在和未來，死路與活路"，是最值得推薦的地方。不錯，像作序的人說："雖然有些近乎短篇的連續，結構和描寫人物的手段，也不能比法捷耶夫的《毁滅》"，這部書也還不能就說是偉大的作品。不過爲《鐵流》作序的人說：要瞭解綏拉菲摩維支的史詩《鐵流》，不能忘記一世紀以來的俄國文化（大意）。那麽，在没有一世紀的高度文化的中國，當然不會有《鐵流》或《毁滅》的産生。就中國自己的文化程度說，《八月的鄉村》在中國文壇上，就説不減於《鐵流》或《毁滅》之在世界文壇，似乎也不算十分誇張。未來的中國是未可限量的吧，比《八月的鄉村》更有力更純熟的作品大概不會没有。但是此刻現在，我們却還衹有這樣一部，而這一部對於未來更好的作品，一定會給與良好的有力的影響。

《八月的鄉村》，前面說過，是一部十五萬字的長篇；要把那整個故事介紹出來，即使再粗略，在這裏也是不可能的。爲了讓讀者在讀到原書之前，可以窺見一斑，且截取一段故事，節録一點原文。

鄉村的年青寡婦李七嫂，抱着她的兒子去找她的姘頭唐老疙瘩，唐老疙瘩是戰鬥中的一員，這時候敵人正在圍攻，在路上因爲小孩哭鬧，叫敵人聽見了，她被强奸，孩子也摔死了。

醒來的時候，孩子被拋在溝下的石頭上。腦汁沁流在小溪旁邊，隨着流水流到什麽地方去（頁一〇八）。

李七嫂無止盡地流着泪，無止盡地悲傷着……她没有勇氣再去看看頭顱碎在石頭上的小東西……她怨恨那個寬肩膊的農民，那個年青的情人。爲什麽他會不知道她在這裏苦難着呢？打仗便什麽全忘了麽？連自己的情人也一樣？她要去尋他，現在除開他，她覺得生命的希望像燈一樣不可靠……

“我也去吧！我也去吧！和他們一道去吧！讓‘鬥争’死了吧！和情人死在一起！”（頁一一〇）

李七嫂瞧看幾步以外唐老疙瘩的尸身，帽子遠飀到一邊，臂膀還是那樣寬闊，兩腿長長地拖直……那一邊是他的步槍（頁一三一）。

使自己的頭枕到尸身的胸膛上。那有彈力飽滿的肌肉，寬闊的胸膛……一切曾是她所熟習的啊……

——睡吧！孩子！睡着吧！媽媽好漢的孩子！這是多麽好的地方啊！你埋在這裏！你的同志們……念着你……念着你……中國同胞也念着你呀（頁一三三）。

李七嫂剥下唐老疙瘩的衣服，使自己穿上。子彈袋也束在腰裏。提過了那步槍，又復跪倒在尸身近旁：

等着吧！媽媽爲你去報仇！睡吧！睡在這裏吧！你的同志們念着你咧！媽……媽媽念……着你咧！睡吧……念着你……

一種堅决的，忍受的步子，踏着野蒿，踏踐落在地上的樹枝，踏着碎細的月光，踏着茫茫的夜，没過了山岡（頁一三四）。

李七嫂的故事是書中出色生動，感人的部分，性格也描寫非常好。可惜這裏一節録，倒成了斷片的電影，使讀者莫名其妙，也説不定。不過不讀原書，這是没法補救的。

總之，《八月的鄉村》，是一部值得推薦的書，是現中國文壇上最光榮的收穫。正像作序的人所説：“凡有人心的讀者是看得完的，而且有所得的。”

（原載 1935 年 11 月 10 日《讀書生活》第 3 卷第 1 期）

我對於小品文的意見

韓侍桁先生前年在《現代》七月號上發表過一篇小文章，題目是《大小文章》，很不滿意近來流行的一些小文章。他說：

> 也許再過幾年，文人就不必寫文章了。衹要能寫出一個題目就够，如果連看小題目就嫌費事的話，盡可裝訂幾百頁的白紙，想出一個很美麗很動人的書名，讀者也就很過癮的了。所以現在我想提倡白紙無字的書。

這對於小文章的流行，是一個刻毒的諷刺。這意見到了去年，就變成有名的林希雋先生的反雜文的論調。林先生已經不是諷刺，簡直就肯定雜文的流行是由於作者墮落、卑鄙、偷懶、投機。不幸的是，韓先生諷刺小文章的這篇文章本身，實在太小；林先生反雜文的高論，也仍舊用的雜文形式。

小文章中主要的形式是小品文，雜文也衹是小品文中之不大拘守“文學”範圍的一種。韓先生并且説“理論家們”曾“大聲疾呼：‘小品文的時代到了’!”那麽，我現在發表對於小品文的意見的時候，首先牽涉到韓、林兩先生，應該不是十分冒昧的事。

大品文跟寫大品文的人比起小品文跟寫小品文的人來，也許被人尊敬些；可是這衹是在形式主義者的面前，文章的標準，不取决於它的内容，倒取决於它的形式；或不問它的質，衹問它的量。推論下去，一個作者，不能或不願寫大品文，衹有不寫；一個讀者没有能力或時間讀大品文，衹好不讀。

我們的看法完全兩樣。文章的價值在於内容。一篇充實的小品文，未必不勝過十篇空虛的大品文。小品文固然不能代替大品文，却也有它獨特的任務，也不是大品文所能代替的。在社會生活越見複雜忙碌的現在，在新的文學體裁越見加多的現在，小品文這種體裁，祇有更被作者多量地運用。

然而提倡什麽閑適、幽默、瀟灑、輕鬆的“個人筆調”，借小品文來逃避現實，因之使小品文變成無用無力的東西的企圖，是應該受指責的。他們説“宇宙之大，蒼蠅之微”，無所不談，好像他們的視野真是廣闊，題材真是豐富了。其實不然。他們是把眼光注視在人類社會的現實生活以外的大或微，却剛剛對不大不微的人類社會的現實生活閉上了眼睛，安得列夫的《往星中》，應該是對於這種人下的針砭。至於“個人筆調”，無非由於他們選擇了某種可以寫成閑適、幽默、瀟灑、輕鬆的文章的題材，把許多嚴肅的東西都抛到九霄雲外去了。小品文到他們的手裹，已經不是一種文章體裁，倒是一個貼着“姜太公在此，諸神回避”的逋逃藪了。反對小品文的人，應該把眼光注在他們身上。

不過提倡個人筆調跟反對小品文的人，却是一家——都是形式主義者。

一切形式主義者的論調，都是喪失了内容的飾詞。

一九三四，上海

（原載 1935 年《太白》半月刊第 1 卷紀念特輯）

一年來的文化動態

一

一九三五年開始的時候，有些文藝刊物預測過這樣一個問題："今年是什麽年呢?"據那些刊物的意見，這一年應該是"翻譯年"。可是事實上并不這樣。翻譯在這一年并没有占到主要的地位，反而專門刊載翻譯文章的刊物《譯文》却在這一年停刊了。那麽那一年究竟應該叫做什麽年呢？我以爲是："舊書翻印年"。

本來翻印舊書并不是從這一年開始的，這一年翻印的舊書也不一定比往年特别多。所以獨説這一年是舊書翻印年者，却有另外的原故。

往年，翻印舊書，衹是書業商人們的事，雖然也有劉大杰先生之流標點過《袁中郎全集》，文人學者們硬起頭皮來幹的究竟數目太少，印出的書籍也不多，并且絶没有發宣言擬計劃書，打出種種漂亮的招牌，大吹大擂，大張旗鼓，大規模地大幹特幹。像這樣幹的却衹有今年的《世界文庫》，并且那首功是不能不推《世界文庫》的編者鄭振鐸先生的。由於鄭振鐸先生，翻印舊書這偉業纔由書業商人的手裏轉移到文人學者的手裏，使施蟄存、阿英先生之流都發見了廣大的前途。由於鄭振鐸先生，翻印舊書這美舉，纔從商場走到了文壇，值得我們在關於"文壇"的文章上大書特書。當然也是由於鄭振鐸先生，我們有了很多的"珍本叢書"，要看《足本金瓶梅》之類，就衹消向某某書店訂閱叢書若干種，或索取某某雜志公司的另印本的贈品。奇文共賞的幸運，就不限定國立北平圖書館的重要職員纔有了。

這是周知的事，《世界文庫》并不是全部都是舊書的翻印，一半的篇幅是獻給“世界名著”了的。可是世界名著在這裏演了怎樣的角色呢?很明顯是鄭先生重金禮聘來的舊書的鏢客。藉世界名著的聲譽，藉那些譯者在讀者中間的信仰，鄭先生巧妙地合盤售出了他家藏的“珍本叢書”。同時又享到提倡世界文學，提倡國粹，調和中西文學思潮的國譽。假如他把世界名著的課本單獨印成一種刊物或印成各種單行本，那麽，翻印的舊書就不能在欣賞世界名著這樣一個美名之下成蔓地售出，也不好意思發宣言，作計劃書，來大張旗鼓地幹，那就也許我們到現在還不知道馮夢龍、蘭陵笑笑生等原來是和西萬提斯、哥果爾諸人一樣，是世界的大文豪了。從這一點看來，鄭先生翻印舊書推銷舊書的聰明才智，的確不是施蟄存之流所可比其萬一的。

我們没有忘記，一九三四年有兩件大事，就是十教授宣言的發表和“存文會”的主張的提出。復古運動在這一兩年來達到了理論和實際的最高峰。十教授宣言之類的文章，不斷地在全國各報上出現，有人統計全國廿九大學的文學系，僅有四處在新文學方面的影響之下。舊文學乃至舊文化（封建文化）的抬頭，是鐵一樣的事實。可是復古運動中最勇敢的人，還没有一個人敢把成批的封建文學、色情文學硬栽給廣大的讀者，没有人敢説《金瓶梅詞話》或《警世通言》之類的書是和《吉訶德先生》《死魂靈》等同等的世界名著。也許不是他們不敢，倒是他們没有這樣博學，没有這樣靈巧。這一偉大的任務，不能不等我們的鄭先生來完成。作爲他們的酬庸，僅僅是一個國立大學文學院長的位置，對於鄭先生未免太菲薄了。

二

和鄭振鐸先生爲復古運動立下了不朽的功勞這件事相反，和十教授建設中國本位文化的宣言及存文會的主張針對，文學社等十七個文化團體及一百四十餘作家在這一年七月間發表的對於文化運動的意見，是必需提起的。

復古空氣的濃厚，前面已經提過。禁止男女同行，通令讀經尊孔，從良妻賢母主義及恢復文言文爲文章正宗的高論的重提，到愚夫愚婦的迎神賽會和天師活佛的齋醮法會都成了救國要道的時候，復古運動實在“如火如荼”地熱鬧好看。然而值得大書特書的還是十教授和存文會，他們把落後的無知的表現變成知識分子的集團的①公然的主張了，他們爲一些别有用心的暴舉造出了一個冠冕堂皇的“理論”，那“理論”在全國各種報章雜志上做了盛大的宣傳。

不用説，以十教授宣言爲頂點的復古運動，完全是一種開倒車的行爲，是一個愚妄的夢，是使中華民族早日關門大吉的靈丹妙藥。它雖然會爲廣大的覺醒了的大衆所唾弃，可是也必然會爲被中國傳統思想所麻痹蒙混了幾千年的無智的大衆所接受。那宣言所能發生的影響，那影響裏頭所潛伏的危機，是每個進步的中國人所不能忽視的。然而它却衹得到十幾個文化團體和一百幾十個作家的回答，這回答太微弱了。

《對於文化運動的意見》，雖説是整個復古運動中的一個不可少的回答，它的目標却衹注重在反對讀經反對恢復文言文這兩點。照那意見所標示：

我們相信救國不必讀經，讀經和救國没有關係……“經”是什麽呢？我們衹要分析一下，便知道所謂十三經衹是古代一部分著作的結集。抱着二千多年前古人的著作，以爲熟讀了便可以救國，若不是相信那經書有通天的魔術的作用，便無法解釋這可笑舉動了。

同時，我們相信民族自救的責任不是少數人所能擔負的，必須大衆來通力合作。怎樣普及知識於大衆，是今日最重要的問題。所以我們對於改革漢字的運動覺得是必要的。

我們相信文字和文化運動有極密切的關係，文言文或古文早已

① 編者注：此處原刊有衍文“們把落後的”五字，據文意删。

> 走上了末路，那些僵硬了的文章組織實在不足以表現現代的生活，依照口頭語寫成的“國語文”，在修辭學上看來，其精密詳審的程度，比較文言文進步得多，决不是淺陋苟簡的東西。

現在看起來，這意見書所發表的意見是很不够的。第一，它僅僅對復古運動提出了一點消極的反抗，完全没有指出中國新文化的前途必然或應該是什麽。是的，意見書上有：“民族的自救，除了向‘維新’的路上走去，再没有别的辦法了。”可是“維新”這個名詞未免太曖昧，并且怎樣叫做維新，意見書上一個字也没有提。第二，對整個復古運動，僅僅衹指出了讀經和“存文”這兩件事，這意見書實在太謙虚了。同時，意見書雖然説對整個復古運動“明白其原因并不簡單”，可是對那“并不簡單”的原因也没有指出一點。别的不説，豈不會使讀者（如果不是聰明的讀者）以爲所謂“明白其原因”這句話，衹是一批人在那裏吹牛皮麽？第三，雖説明白地宣言“讀經和救國没有關係”，熟讀了也不能救國，却没有指出“經”裏頭所包含的思想如何不適用於現代的中國，如何反足以害國這些必需的意見。好像“經”雖然與救國無關，讀了雖然不足救國，讀讀却也無妨，因爲反正没有什麽壞處。第四，對於漢字也衹籠統地主張“改革”而不敢昌言“廢除”，并且提出“國語文”這個抽象的名詞來對抗文言文，顯然比先一年的大衆語論戰退步。總之，没有循着歷來反封建反文言文的路綫，没有利用歷來文藝大衆化及大衆語論戰的成果，是這意見書之所以無力，所以没有得到它所應得到的影響的主要原因。

可是我們也不能否認在這年頭兒發表意見以及把意見變成印刷品的困難。我們記得這一年文學社爲了二周紀念出版了一册叫做《文學百題》的書。《百題》的確是“百題”，可是“題”雖“百”，文章却衹有七十來篇。當然不是找不着作者，也不是作者不能交卷，那些在那本書上衹有題目的文章，後來零零星星地在别的刊物上附上一個“答文學社問”的小標題而出現了就是證據。至於文學社的編者當然也不會不發表那三

(四?)分之一的徵文來自己表示對讀者拆爛污的。爲什麼終於“缺”了二三十篇呢?那是另有原因的。原因是——何必説呢,一個公開的秘密!

那麼,那意見書縱然無力,縱然没有收到更大的效果,可是在某種環境的束縛之下,究竟不失爲對復古運動一個不可少的抗議。

三

給復古運動——讀經乃至存文——以事實的答復的是這一年的手頭字運動、通俗文運動和新文字運動。

一九三五年三月由二百個作家,十五個文化團體聯名發表的《推行手頭字緣起》,内容是這樣的:

> 我們日常有許多便當的字,手頭上大家都這麼寫,可是書本上并不這麼印。識一個字須得認兩種以上的形體,何等不便。現在我們主張把“手頭字”用到印刷上去,省掉讀書人記憶幾種字體的麻煩,使得文字比較容易識,容易寫,更能够普及到大衆。……

和這《緣起》同時,他們并且提出了三百個手頭字作爲第一期的字彙。這運動曾引起相當的注意。由於這運動本身所包含的改良主義的色彩,使當局也認爲便於采納,連教育部也在手頭字運動興起之後,來了一個推行簡筆字的命令。

手頭字運動,如果作爲在大衆語運動樹立了理論基礎之後的一個比較注重於實際的問題而提出,作爲暴露漢字的缺點,打破漢字的尊嚴的運動,它是有不可抹煞的意義的。它的缺點在於没有拋弃漢字,很容易使人誤會它雖然要“改革”漢字,同時却又擁護“改革”了之後的漢字的存在。其實,手頭字運動木身并不是終極目的,祇是從漢字到新文字(拉丁化)的過渡中的一個擾亂漢字的陣容的手段。這任務就决定它没有遥遠的前途。所以“手頭字推行會”不久就轉化爲“中國語言學會”,而中國語言學會現在也不知所終了。

和手頭字同樣是一個注重實際問題的通俗文運動，是由《讀書生活》《生活知識》《通俗文化》《生活教育》《婦女生活》《漫畫和生活》《客觀》《中國農村》等幾個刊物發起的。是從辦刊物的實際經驗中産生的。這運動爲它的名字所表示，是比較注重文章的技巧，即盡可能地通俗，容易懂。可是我們不能忘記：文章的内容的大衆化，適合讀者大衆的需要，是這運動的前提。如果不是這樣，這運動就不能發生；就算能够發生，也没有絲毫價值可言。通俗文運動，衹有把大衆語論戰的成果弄成自己的東西，并且和新文字運動合流，纔有遠大的前途。現在這運動還衹剛剛開始，我們會看見它的發展的。

新文字運動跟手頭字或通俗文都不同：它不是一個過渡的手段而是一個終極目的，不是局部的改良而是整個的革命，不是一個技術的問題而是歷來語文論戰所引起的各種問題的總解决。有了新文字，什麽文言白話問題，别字手頭字問題，詞類連寫及横行直行問題，乃至注音符號，國語羅馬字，千字課，老少通等一切糾紛不徹的的辦法，都一掃而空了。中國文字現在什麽問題都没有了，唯一的是怎樣來推行新文字，使它成爲大衆的工具。新文字運動是大衆語運動的高度發展，是中國文字的一個空前的革命，同時也是最後一次的革命。

新文字，就是用拉丁字母記録中國話。就是完全廢除漢字，用拼音字來代替。用拼音字代替漢字的主張，本來老早就有，新文字的北方話方案的出現也在幾年以前。可是到了大衆語論戰的時候，新文字的意義纔被正確地認識。至於這運動的具體化，至少在國内是從一九三五年纔開始的。這一年出版的關於新文字的書有：葉籟士編的（1）《拉丁化的理論，原則方案》（上海中文拉丁化研究會出版），（2）《拉丁化概論》，（3）《拉丁化課本》（均天馬書店出版），（4）《文盲課本》（研究會出版），應人編的《拉丁化檢字》以及《門外文談》（魯迅著，均天馬書店出版）。專門研究新文字的刊物，上海有《新文字月刊》，北平有《新文字半月刊》，太原有《拉丁化半月刊》。經常刊載關於新文字的文章或闢有專欄刊載用新文字寫的文章的刊物更多。像上海的《生活知識》《客觀》《讀書生活》《婦女生活》《通俗文化》《漫畫和生活》，天津的《北調》，太原的《文藝舞臺》等等。至於各地自發的和別處没有聯絡也就無法統計的新文字運動，實際上比我們現在所知道的還要熱烈，還要普遍。現在上海方面的文化工作者已經有了新文字座談會及研究會之類的組織，預計不久的將來一定有大規模的發展。

新文字運動是這一年中最值得注目的運動。

四

另一件值得注目的事是小報的改革。

小報這東西是上海所特有的刊物。别的地方雖然也有些模仿品，終於不能像上海這樣旺盛起來。上海的小報是和帝國主義者（租界），流氓，買辦，没落的文士或政客以及娼妓，戲子等有密切關係的。如果也是屬於所謂文壇的話，它是文壇上最封建的一角。

五四運動以後，以反封建爲主要内容的新文學逐漸成長；完全失掉了這一時代意義的所謂舊文學——在内容上是封建制度的歌頌，形式上是文言文，已經没有存在的能力。一般寫舊式文章的人，上一等的，就運用傳統的辦法，加緊和武人政客的勾結，直接成爲他們的幫閑以攫取一官半職，像章炳麟、章士釗、梅光迪、胡樸安、柳詒謀、汪懋祖之類。下一等的是托庇於洋場大亨，以小報爲逃逋藪，像張丹斧、孫玉聲、徐卓呆之流"人才"濟濟，説不勝説。不用説，那般下等的舊文人不僅衹辦小報，同時也編大報的副刊像《新聞報》的"新園林"，《新夜報》的"李阿毛信箱"；也寫成部的小説，像《啼笑姻緣》《江湖奇俠傳》；也編劇本，像《月兒彎彎》。可是能够作爲他們的陣容的代表的東西，仍舊衹有小報。因爲小報是在這種人手裏，所以文化運動每達到一個新的階段，小報總站在反對的方面（極少數臨時混入小報中間的不算）。又因爲他們的品格的低下，攻擊新東西的時候，理性更缺乏，手段更卑劣。很多的場合因爲小報的誣衊，新文化運動受到不小的打擊。可是因爲它是小報，終於無法可想。正像孫悟空變成了骯髒東西，二郎神就衹好皺眉頭一樣。至於小報經常的內容，意識總是落後的，趣味總是低級的。戴着維持風化的面具來玩弄風化，玩弄色情是它們的拿手好戲；娼妓照片，韓莊軼聞，坤伶艷史，是它們的主要材料。并且正因爲它不能登大雅之堂，却成爲輪船火車上，茶樓酒館中必有的消閑品，而有着廣大的銷場。

小報給予讀者大衆的毒害是不能估計的。一般人忽視小報的錯誤也是很明顯的。不過我們現在没有工夫來談這些，衹想説以新的姿態出現的小報已經有了。《世界晨報》，據我所知，就是最初的一種。

《世界晨報》是一種早就有的小報，中間停頓過一些時；再出現的時候，面目簡直和從前不同了。從《世界晨報》的編法和取材看來，似乎在極力想擺脱低級趣味、消遣態度，并且真正灌輸點知識給讀者。它的名人傳記、活的知識、給讀者的信、假法庭、各種職業訪問等欄，都很帶有“中間讀物”的色彩——把硬性的內容寫成軟性的文章。可惜的是，它還有一個舊小報式的尾巴，并且也漸漸不够精彩了。

《世界晨報》出版之後，有許多受了它的影響而改革的小報，也有和它相近似的新出版的小報。內中最能使人滿意的却是一種叫做《生存綫》的周刊。《生存綫》的篇幅或形式，都很接近小報，可是內容却比《世界晨報》還要純粹得多，在普通小報上所常見的腐臭材料已經完全絶迹了。不過《生存綫》也有缺點，就是太知識的了，還不够活潑，所以還不算是頂合適的中間讀物。

此外，一種小報式的雜志《禮拜六》的改頭换面，也是值得提出的。文壇上曾有一個術語：“禮拜六派”；和“鴛鴦蝴蝶派”同樣是指一般無聊的舊式文人的。可見《禮拜六》這刊物過去是一種怎樣的性質。可是《禮拜六》現在變了，和鴛鴦蝴蝶派告了别，和它的過去告了别。有人説：一九三五年是小報改革年，可不是麽？

小報的改革，不是一個些小的問題。它代表舊文化最後的壁壘——小報，已經被新的勢力攻進去，舊文化的總崩潰已經不遠了。和鄭振鐸先生爲復古運動服務相對照，我們可以説：前進的人物落了後，落後的東西上了前！

五

現在讓我們來談談各種刊物。這一年來的刊物，有不少值得記述的事。《世界文庫》《通俗文化》《芒種》《現代文學》《創作》《雜文》《婦女生活》《生活知識》《客觀》《漫畫和生活》《大衆生活》等刊物的出版，除了《世界文庫》又當别論以外，都是值得欣慰的。一般地説，它們都把文化運動當作一種嚴肅的工作，真正在向讀者灌輸知識，解答問題；没有表示出投機取巧的其他作用。在内容上也似乎比較以前一些隨出隨没凑熱鬧的刊物豐富充實，比起以前的所謂“雜志年”來，至少在質的方面，毫無遜色。不過也有些不幸的事件，那就是有幾個刊物的停刊。

《新生》的停刊是一件大事，大約是周知的了。《太白》的停刊，雖然不是由於什麽外力的壓迫，却不能不説是在復古的空氣中没有得到好的培養而夭折了的。《太白》，自然不能説就是理想的小品文刊物，但那比較嚴肅的態度和比較進步的立場，却斷斷乎是比《論語》《人間世》《宇宙風》之類高出很遠的。在這一意味上，《太白》的停刊，很值得惋惜。

以和《太白》同樣的理由停刊的有《創作》《現代文學》等文藝刊物。而明顯地表示出爲舊勢力所挾持，不能不停的則推《申報》上的幾種副刊。《申報》的電影副刊，是進步的影評人的園地，它和軟性論者姚蘇鳳、穆時英之流鬥争得最厲害。因之在各種副刊中，它停得最早。《自由談》是有悠久的歷史的，一向在鴛鴦蝴蝶派手中，自經黎烈文主編後，一變從來的態度，以多刊堅强的小品文著名。《婦女園地》這一個周刊，在某一時期差不多是唯一的進步的婦女的言論機關。這些副刊都因爲取了進步的立場，遭受了舊勢力的打擊而停刊了。

其次是《譯文》的停刊。這也許衹是編譯者和出版者兩方“誤會”

之類的緣故；可是因爲《譯文》那刊物本身的價值，因爲這一年有人預測爲“翻譯年”，因爲這一年有用一半篇幅刊載翻譯文章的《世界文庫》的出現，我們多花點時間來談談《譯文》，也不是毫無意味的吧。

有人在十月號的《文學》上分析過一年來的《譯文》的內容：

第一，《譯文》所介紹的人多數是屬於現實主義的，或者向社會的不平挑戰的作家（例略）。第二，《譯文》分配了不少的篇幅介紹了小民族的作品（例略）。第三，所介紹的作家差不多全部是屬於近代的，有許多還是現代的以及現存的。第四，對於新的文學現象也分與了注意。介紹了對於超現實主義的批評、立體派的詩、幽默作品、兒童文學。第五，譯文上的論文都是堅實有用的東西，像恩格斯、紀德、高爾基等人的論文。第六……第七……

這樣看起來，《譯文》的停刊，實是文化界一個大的損失。

有人説《譯文》所能盡的任務，《世界文庫》的“外國之部”完全可以代替，并且《世界文庫》所介紹的“世界名著”都是洋洋數十萬言，比《譯文》的規模要大得多。然而《世界文庫》忽略了近代和現代的短篇名著，尤其是小民族的作品。同時完全拒絕了隨時發生的新的文學現象和那些堅實有用的論文。那末，《世界文庫》能不能代替《譯文》，豈不很明顯麽？

不錯，長篇名著的翻譯，我們也很需要，可是《世界文庫》那刊物却完全是多餘的。因爲它的“中國之部”，可以像施蟄存、阿英之流的辦法，印成什麽“珍本叢書”，發它的大財去。“外國之部”也應該印成各自首尾完全的單行本的使讀者有隨時選擇的餘地。現在的《世界文庫》，把中國之部和外國之部訂成一册，强迫看中國古董的人買翻譯，又强迫看翻譯的人買中國古董。并且每期又都是一大堆有頭無尾或無頭無尾的東西。無論要讀哪一篇作品的全文，都不能不附帶地買下一大堆不相干的殘骸。讀者除了將來再買另印的單行本，除了把這刊物買到最後一期了自己另行裝訂，他所有的每一部長篇，都是七零八落，永遠不能成爲一本完整的書。《世界文庫》，在書業商人看來，也許是個巧妙的推銷法，它可以使讀者買甲的時候必需連帶地買乙丙丁……，又可以使讀者買了一次（刊物）之後再買第二次（單行本）。但對讀者有什麽好處呢？没有，衹有麻煩和損失。

然而《世界文庫》存在，《譯文》反而停刊了，這是一件怪事。哲人有言："合理始存在"，我們會看見《世界文庫》的壽命和銷路的吧——雖説現在也許還一時新鮮。

六

在文藝創作方面，一九三五年似乎比前一兩年要旺盛些。因爲普遍的不景氣，年來出版的創作集非常少，以致新人的成長非常困難。可是這一年來却相當地出了些可讀的集子。像東平的《沉鬱的梅冷城》，奚如的《葉伯》（以上天馬），歐陽山的《七年忌》（生活），《夢一般的自由》（天馬），周文的《父子之間》（良友），張天翼的《萬仞集》（商務），荒煤的《劉麻木》，草明的《女人的故事》，艾蕪的《山中牧歌》，方之中的《速寫集》《詩人畫相》，沙汀的《愛》（以上天馬），征農的《結算》（生活），巴金的《神鬼人》，靳以的《落珠集》，蕭軍的《羊》（以上文化生活）等等，多數是以叢書的名義出版的。

各種叢書之中，天馬叢書最爲活潑。它在新文字方面，盡了不小的任務，出版了好幾種拉丁化書籍。在創作方面也印了好些少壯作家的作品。它的特點是每種書都不大，定價也不太高，所選的作品也還整齊。可惜的是這叢書衹出到二十幾種就停止了。據説是書店方面發生了某種變化。欲知後事如何，衹得且聽下回分解了。

有一種專印創作的叢書，由"奴隸社"編印，是由作者們自費印的，在這一年是最值得特筆的東西。"奴隸叢書"現在已出了三種，第一是葉紫的《豐收》，第二是田軍的《八月的鄉村》，第三是蕭紅的《生死場》。

《豐收》是六個短篇的結集，大都取材於現代的農村，是一本含有很高的現實性的集子。這六篇小説以前都曾在各種刊物發表過，并且很早就有過了適當的評價，嚴格地説不能算是這一年的收穫。這裏就免除了詳細地介紹。

《八月的鄉村》，是一個十五萬字的長篇。描寫一群在茂草溪流邊，在大森林邊，在綿亘無際的山嶺中間和民族的敵人作殊死戰的英雄，一個不知到什麽時候纔完結的驚心動魄的故事。火一樣的熱情，鐵一樣的信念，嚴肅緊張處處抓住人的心腑，這作品，在中國是没有出現過的，魯迅在這本書的序文上説："作者的心血和失去的天空，土地，受難的人民以及失去的茂草，高粱，蟈蟈，蚊子，攪成一團，鮮紅的在讀者眼前展開，顯示着中國的一份或全部，現在和未來，死路與活路"，的確不算過譽。

《八月的鄉村》不是没有缺點，對於題材的組織力的薄弱，使這部長篇"有些近乎短篇的連續，結構和描寫人物的手段也不能比法捷耶夫的《毁滅》"（魯迅序言）。然而由於這題材的悲壯，體驗的深切，態度的嚴肅以及自然描寫的逼真，所有的缺點，會被讀者所忽略的吧。

《生死場》是一個兩百多頁的中篇，寫的是東北的農民怎樣生，怎樣死以及怎樣在欺騙和壓榨下掙扎過活，静態和動態的故事。我們的農民們，"蚊子似地生活着，糊糊塗塗地生殖，亂七八糟地死亡，用自己的血汗自己的生命肥沃了大地，種出糧食，養出畜類，勤勤苦苦地蠕動在自然的暴君和兩隻脚的暴君的威力下面。但這樣混混沌沌的生活也是并不能長久繼續的。"終於有一個時候，"這些蚊子一樣的愚夫愚婦們就悲壯地站上了神聖的民族戰争的前綫。蚊子似地爲死而生的他們現在是巨人似地爲生而死了。"（引文見胡風的《讀後記》。）

胡風在《讀後記》上説："使人興奮的是，這本不但寫出了愚夫愚婦的悲歡苦惱，而且寫出了藍空下的血迹模糊的大地和流在那模糊的血土上的鐵一樣重的戰鬥意志的書，却是出自一個青年女性的手筆。在這裏，我看到了女性的纖細的感覺，也看到了非女性的雄邁的胸境。"

這書也有些缺點，那缺點正和《八月的鄉村》相近似，這裏不必多論了。

總之，奴隸叢書，尤其是《八月的鄉村》和《生死場》，是這一年來創作上最好的收穫。它們的出現，會使中國的創作達到新的較高的水準是無疑的。

七

以上算是一年來中國文化動態的一點速寫，對於應該注目的事態，似乎都已提及。其餘像對第三種人及其他的理論的檢討，各種文藝刊物的動静的叙述，或因其影響較小，不必詳述，或因材料繁多，需另有專文，這裏都一概從略。

從以上所提供的材料看來，中國的文化動態，仍舊在新舊交替的時期，新文化和舊文化的鬥争，益見尖鋭，兩方面的壁壘也日見清楚，“不入於楊，則入於墨”，當中已没有徘徊的餘地。連鄭振鐸先生那樣威靈顯赫的文豪也找不出中立的地帶，更不用談施蟄存、阿英、林語堂之流了。同時，個人的意見日見減少，集體的意見日見加多，散漫的個人力量已變爲集體的力量了。這不僅從幾百的作者聯名發表意見書這件事看出，也從作者或小書店所出的叢書中看出。天馬叢書和奴隸叢書都比大書店或老牌文化團體所出版的東西有力而活躍，盡到了他們所不能盡到的任務，是最特色的現象。

新文字運動的具體化，也是這一年來的特色。它結束了過去語文問題上一切理論的糾紛，斷然地排斥了懷疑觀望的態度，把新文字問題從理論的階段提高到實踐的階段。新文字是大衆的文化工具，它能够把幾萬萬一向住在文化國土以外的大衆從無智的深淵裏解救出來。因此它必然會爲廣大的群衆所擁護，必然能得到預料的成功。可是也必然會得到少數特權者的反對和壓迫。新文字運動的發展，同時是大衆文化對特權者文化的鬥争的展開，最近的將來定會看到兩方面的肉搏。這一年來的新文字運動衹是一個小小的開始。

另一方面，舊文化的擁護者在這一年來更加不擇手段地對新文化加以摧殘。拼命地翻印舊書，拼命地傳播封建文化，用封建的古董來堆成一架山，堆成一架萬里長城以阻止廣大的讀者走向新的前途。甚至使在反封建文化的運動上有了相當歷史的人像鄭振鐸先生，也不得不大顯身手，發宣言，擬計劃，用一切巧妙辦法來替他們翻印《金瓶梅》，把中國的封建文學誇張成世界名著，把笑笑生、馮夢龍等抬高到和西曼提斯、哥戈爾、高爾基等一樣的地位，以便完成中國本位文化即中國文化（封建文化）爲世界最優勝的文化的理論。這一可怕的現象是從來不曾有過的。

此外，《新生》《太白》《譯文》等刊物的停刊，都是舊勢力直接或間接給予的打擊。尤其是有悠久歷史的《申報·自由談》和其它副刊的停刊，更明顯地露出舊勢力的猙獰面目。舊文化的理論已經完全破産，不能一刀一槍地和文化運動搏鬥，却利用在某方面一時的優勢，蠻橫地做出秦始皇以後的焚坑。不但《新生》《自由談》，就是《現代文學》《創作》等刊物也是在這復古空氣中弄得窒息了的。新舊文化的鬥争，不但一時不會終止，而且將愈演愈烈的吧！我們且看那一九三六年的悲壯或殘酷的武劇。

（原載 1936 年《中華月報》第 4 卷第 1 期）

文學上的所謂“翻譯年”

1935 年開始的時候，有人説今年是“翻譯年”。

這翻譯年有兩樁大事：

一、《世界文庫》出版，

二、《譯文》停刊。

《世界文庫》把幾種長篇世界名著翻譯出來了，像《吉訶德先生》《死魂靈》等。真了不起。

可是《世界文庫》的翻譯年衹有一半。其餘的一半是“翻印年”，就是翻印王維的詩，蘇軾的文章，《金瓶梅》之類的小説等等。

《譯文》的翻譯年也衹有一半，因爲這一年没有出到頭就停刊了。

有人在十月號的《文學》上分析將要出到一卷的《譯文》的內容：

> 第一，《譯文》所介紹的大多數是屬於現實主義的或者向社會的不平挑戰的作家（例略）。
>
> 第二，《譯文》分配了不少的篇幅介紹了小民族的作品（例略）。
>
> 第三，所介紹的作家差不多全部是屬於近代的，有許多還是現代的以及現存的。
>
> 第四，對於新的文學現象也分與了注意，介紹了對於超現實主義的批評，立體派的詩，幽默作品，兒童文學。
>
> 第五，《譯文》的論文都是堅實有用的東西，像恩格斯、紀德、高爾基等人的論文。
>
> 第六，略。
>
> 第七，略。

這樣看起來，《譯文》的停刊，實是文化界一個大損失，尤其是在這“翻譯年”。

或者有人説，《譯文》所能盡的任務，《世界文庫》的“外國之部”完全可以代替，并且《世界文庫》所介紹的世界名著都是洋洋數十萬言，比《譯文》的規模大。

可是，規模是另一問題。《譯文》是同人刊物，《世界文庫》是股東老闆的刊物。《譯文》窮，《世界文庫》富。規模不能决定刊物的好壞。

《世界文庫》忽略了近代和現代的短篇名著尤其是小民族的作品，同時完全拒絶了隨時發生的新的文學現象和那些堅實有用的論文。

《世界文庫》不能代替《譯文》。

不但這樣，《世界文庫》完全是多餘的刊物。

不錯，長篇名著的翻譯，我們也很需要。可是爲什麽不印成各自首尾完全的單行本呢？爲什麽要和“中國之部”在一塊兒呢？

《世界文庫》强迫看中國古董的買翻譯，又强迫看翻譯的人買中國古董。

那些長篇又都是有頭無尾，有尾無頭或無頭無尾的東西。無論要讀哪一篇的全文，都不能不附帶買下一大堆不相干的殘骸。讀者除了把《世界文庫》買到最後一期自己改訂，除了將來再買另印的單行本，他所有的每一部長篇都是七零八落，永遠不能成爲一本完整的書。

《世界文庫》是書店老闆的巧妙推銷法。它可以使讀者買甲的時候，必需連帶買乙丙丁……又可以使讀者買了一次（刊物）之後再買第二次（單行本）。

但對讀者有什麽好處呢？

没有，衹有麻煩和損失。

然而《世界文庫》最大的作用還在它的中國之部。

外國之部不過是編者借那些作者譯者在讀者中的信仰來給中國古董保鏢的。重要的是推銷中國之部，不要稿費的。

還不但這樣，《世界文庫》的編者發宣言擬計劃登廣告，説王維的詩，《金瓶梅》之類的色情小説是世界名著，偉大作品，和《吉訶德先生》《死魂靈》一樣。

中國有這們多的世界名著，偉大作品，有這們多的《吉訶德先生》《死魂靈》。中國文學當然是世界最優秀的文學，中國固有文化，當然是世界最優勝的文化。

“建設中國本位文化，以中國固有文化爲本位!”

“中學爲體，西學爲用!”

《世界文庫》的路綫是一切國粹派的路綫，是存文會和十教授的路綫。這路綫一直通到讀經，尊孔，迎神，賽會，良妻，賢母，辮子，小脚，鴉片，姨太太。

《世界文庫》使每個國粹派一見哈哈笑，拍案驚奇，嘆爲警世通言，覺世名言，醒世金言；使存文會十教授的理論得到了無比的實證而變爲十分圓滿。

《世界文庫》和《譯文》没有絲毫共同之點。

《譯文》的停刊是重大的損失，《世界文庫》存在，是無比的毒害。

這就是所謂翻譯年的怪象!

（原載 1936 年《禮拜六》第 623 期）

别兹敏斯基的《悲劇之夜》

亞力山大·伊里奇·别兹敏斯基（A. I. Biezemenski）生於 1898 年，革命前是布爾什維克，是十月政變的有力的參加者。是青年團的組織者之一，并且是青年團最初的中央委員。他的初期的詩集——《十月的朝霞》（1920 年）和《面向太陽的一方》（1921 年），有“鍛冶場”派的詩的一切主要特徵。依然是把革命擴大到游星的世界來謳歌它，描寫不真實的抽象的勞動者的姿態，贊美集團勞動的威力，而且把宇宙，過去，自由勞動，慈悲等等抽象化，概念化，人格化，用大字描寫出來。

但是這種性質不久就起了變化。復興期初頭，他是普羅現實主義文學的先導者。他和其他的作家們共同組織文學團體“十月”。以後，全蘇聯作家同盟的組織也參加了。他的作品都充滿了社會的内容，有很大的政治的緊張意味。他的詩中個人性完全與社會性合一起來了。他的思索總是首先向着社會，政治生活。經濟的建設問題打動了他。由於他的作品之政治内容，須要與它相應的文章，所以他大量地使用政治用語和新聞用語。其中的一部很多用了革命後的新的省略語。這種散文體（散文的事務文之特徵的表現）有時使他的文章枯燥，剥掉了它的感動和華麗，但從他方面看，他的文章頗接近現代性——現代的政治和政治生活。

蘇聯進到新的改造時代的時候，别兹敏斯基是首先對新的問題表示了文學的反應的一個。1929 年他寫了詩式的喜劇《發射》，在各處劇場上演了。這部戲曲，觸及社會主義競争，突擊；以及對黨的偏向和官僚主義的鬥争等等重要問題。像這樣的主題提出在文學上來的是以他爲最初了。

這幕喜劇的一切人物，是自己介紹自己，暴露自己；依照作者的定義，“是拿着揭開了蓋子的頭腦箱子”在走着。所以祇要聽了最初的話，讀者和觀衆不難理解是怎樣的人物。結果，登場人物之描寫上相當地單純化——得到了官僚、無賴漢、熱情的突擊隊員等 Type 的縮圖。

《發射》裏面肯定的人物之提出方法太不好了（這部作品單純地做了直綫的人物配置，應該明瞭地注意到否定的人物和完全肯定的人物兩個部份之劃然地區别開來）。描寫肯定的人物的場合，别玆敏斯基陷於非藝術的一般化和個性的缺乏。

綜合長處和短處的全體的《發射》，是對於改造期初年的指針的作品。這部戲曲一時居於文學上的批評論之中心，也并不是不可思議的。

以後的作品，别玆敏斯基提示了於生産計劃，五年計劃，爲社會主義而鬥争的普羅作家的活潑的參加之實例。他同《真理報》編輯部所組織的派遣隊一路，出發到發見了停止工作的各地工場。於是，當作黨員的組織者，當作詩人，以他的武器詩和言語，努力於使這停止工作的現象消失。

嘲笑懶怠者，坐不住的人和没有經營力量的行政家，鼓起組織者和前衛勞動者的勇氣，别玆敏斯基的 Epigram、標語、歌謠、詩等等，都收集在《詩製作鋼鐵》(1930 年)、《詩動員起來了》(1931 年)、《運輸者的詩》(1932 年）等集子裏去了。這些作品衹有一個觀念——充滿了對於生産計劃之遂行的鼓舞和充滿對於克服一切障害的工人階級之活躍的信賴。這是文學直接參加了社會主義的改造事業之明瞭的實例。這點上，許多的蘇聯作家，應該學習他的。

加入派遣部隊工作這件事給了别玆敏斯基的杰作關於得尼泊洛斯特洛伊的詩《悲劇之夜》的材料。

作者在得尼泊爾發電所之建設的情勢中，以其工業風景——起重機碎石機的轟聲，汽笛的狂吼，來往疾走如飛的小火車等當做背景，描寫出兩種悲劇。

第一部裏面，描寫了國際主義者的資産階級教授的悲劇。

教授抱着悲哀的心境，回憶古昔查波洛吉（16 世紀的得尼泊爾的可薩克殖民地）時代的事迹，以及四弦琴，麥地，圍墻上的野菊花等等，在心裏頭描出“祖國之古昔領土”的美麗。但是，這美麗的野菊花和詩的四弦琴，都是昔日幼稚的技術與基於人類榨取人類經濟的產物。這都關連到奴隸的政治組織和人民大衆之乞丐生活似的世態。因此，空想着野菊花的教授，實際上是喚起往昔之社會經濟的、政治的條件之復興。

然而，現實指示了這類的空想是没有希望的。教授以恐怖的心理，認識了由於社會主義的工業化，宣布一切私有的集團和要素的死刑，感到不能變更歷史的道程，教授終於自殺了。

自覺了自己的運命，懷着憎惡之念的“有學問的鵝”的悲劇，當然不是横行世界的新興階級的悲劇。所以，别兹敏斯基用了關於“快樂的世界”和“轟轟的起重機”等勇敢的話來終結本章。

别兹敏斯基把這種漸趨消滅的階級的悲劇和社會主義的攻擊軍鬥士之一人的機械工得瑪·特加列夫所體驗的其他的悲劇對立起來。他在生產競争中，敗北於有高級資格的美國人機關車手杰克·哈斯頓。因爲這次敗北，得瑪的内心起了不適宜於布爾什維克的有惡意的嫉妒的感情。作者一面想起普希金所描寫的嫉妒者沙里葉里（戲曲《瑪爾特與沙里葉里》），這樣地説也有他的道理。

看到嫉妒之悲劇的是沙里葉里。

然而，沙里葉里加入了地區黨委員會嗎?

得瑪悲憤之餘，將要墮落成一個醉漢。不過得瑪的悲劇是假想的。由於黨機關的影響，他的思想改變了，决意地熱心地從事技術研究——公式的語學，定理的語言的研究。

他方面，原來在美國與妥協的勞動團體有過關係的工頭哈斯頓，想懂得“革命的俄語”。他希望讀列寧的原本，想研究“爲參加布爾什維克鬥争”的政治問題。

特加列夫羡慕“完全懂得機械的方言”的哈斯頓，哈斯頓羡慕“瞭解黨的問題如同瞭解自己的家事一樣”的特加列夫。但是，這已經不是“人對人像是豺狼”那樣野獸法則的資本主義競争所生的惡意的嫉妬的羡慕。那是與好人同等的，追上先驅者的，給後進者以助力的另外的新感情。這樣，這部詩的題詞——“世界改造的轟聲中，也執行感情的改造”——裏面“感情的改造”正在執行着。

詩的終了，叙述關於以後的競争之進行。個人競争方面哈斯頓再勝得瑪，可是全體上，特加列夫的部隊超過了哈斯頓的部隊——“隊長敗了，隊却勝了。”這對我們説明了集團的能力，大衆的英雄主義比什麽要强。像特加列夫那樣高級的政治的自覺，訓練協力的集團的勞動，使大衆提起生産的熱情。

以上是《悲劇之夜》的豐富的内容。

這部詩中，别兹敏斯基把表現在《發射》上面的圖式化的弊端基本地尅服下去。他思索地描出作品中人物的經驗，因此免掉了個性的缺乏而得出人物的真實性。他展開敵人的内部世界（死前的教授的信），因此來反駁錯誤的斷定——即是從内部的一切感情與心境來描寫對敵階級，這會對敵人起憐憫之念，有解除讀者的武裝的危險。

作者在這部詩中插入以前的作家著作的抄襲，這當然不是模仿，倒是和革命前支配階級的文學相論争，反駁。例如一面引用普希金的“静静的烏克蘭之夜”的記述，他接着了完全不同的意見，使貴族的、受動的、瞑想的自然觀察方法，和能動的新興階級的觀察方法對立起來。作品中的人物，如果是必要的，如果建設的熱望要求它；那麽，毫不躊躇地繪畫似地展開美麗的密林。

也有和哥戈里的呼應同樣的意義。如果哥戈里是詩化了得尼泊爾的自然，隨意地賞玩静午的河流；那麽，别兹敏斯基則是首先珍重得尼泊爾的，從勞動者的活動生産的，不依據於氣候與自然的東西。

詩的Composition上演至要脚色的是Contrast對立的手法。第二悲劇，其内容和結尾，對照着全然不同的第一悲劇。擊斃的敵人，教授之死，加强了社會主義的建設的力量和威力。第二部中最有興味的一章，全然衹是以“他們風姿的東西和我們風姿的東西”之對照而成立的。這兒，第一是時代落伍的農民的的見解和技術上占先驅者的美國的見解相對照；第二是資産階級風姿和蘇聯風姿之現實評價相對照。

這部詩有韵脚的音樂的多樣性和聲響的强壯特色。如果提取第二部幾章爲例，叙述得尼泊洛斯特洛伊的“奇迹”的偉大之第六章和第二十章，是用有抑揚的，莊重雄大的朗誦式的話寫出來的。爲什麽得了這樣的印象呢？因爲那不是普通的短的斯特洛伊（詩節），而是長凡八行都用了斯特洛伊，選了包含許多不揚元音的話的原故。描寫蒸汽起重機的活動的第三章和第八章，行與用語都非常之短，完全一行一個元音語。總而言之，揚音非常之多。數母音語爲了讀出各元音的揚音，每音節分成一行。這樣到某種程度能傳達音樂的拍子，使人印象着規則的機械的響聲。

第十九章完全感覺不到詩的韵脚。這兒一行裏四個揚音，其間不揚元音的數目，有自一個至五個的參差，得到散文的印象。這是極其適應内容的，因爲這是新聞記事的抄襲。

音響的描寫也極豐富，子音很巧妙地配列着，這兒傳達了被描寫的事物之音響和力量。

當然，這部詩中也有許多缺點。例如教授之自殺，當作漸趨消滅的階級，這是過於不是典型的結尾。他們很忍耐地抵抗，不經過競争是不會投降的。大概地説，這教授的社會的面貌，過於不明瞭了。作者把他當作古舊的封建農奴制度的擁護者而描寫，没有明顯地指示他不是反對一般的工業化，而是反對社會主義的工業化。詩的文章上也能發見缺點。它的韵脚和音響的效果，并不常常表現出來。

但是，全體上看這部詩是新興文學的杰作。而且，這是實證了蘇聯有了别兹敏斯基那樣偉大的詩人——合着自己的階級以及黨的步調前進，描寫出英雄的鬥争，以自己的詩武器活潑地參加鬥争。

（原載1936年5月1日《中華月報》第4卷第5期）

創作口號和聯合問題

最近一期的《文學叢報》上有一篇胡風先生的文章:《人民大衆向文學要求什麽?》在那篇文章裏頭，作者提出了一個新的創作口號:“民族革命戰争的大衆文學”。我以爲這是值得我們注目的。文壇上已經有了比這更簡練的創作口號，那口號已經發生了不小的影響，不但文學，就是一般藝術的領域都正在應用着。這影響就證明它有着大的適用性，不應該忽視、抹煞，或輕率地作字句上的吹求。不過現在這個新的口號，却更明確地更不含糊地指出了現階段文學的内容的特質;更明確地更不含糊地指出現階段的作家所應該努力的方向;一切的誤會，曲解和野心的利用都不容易加到它的頭上來。這是這口號最特色的地方。

爲什麽要提出這口號呢?作者説:

> 九一八以後，民族危機更加迫急了。華北問題發生以後，整個的中華民族就走到了生死存亡的關頭。因爲這，人民大衆的生活起了一個大的紛擾，産生了新的苦悶，新的焦躁，新的憤怒，新的抗戰，凡這一切形成了一個新的歷史階段。這個歷史階段當然向文學提出反映它的特質的要求，供給了新的美學的基礎。因而能够描寫這個文學本身的性質的應該是一個新的口號——民族革命戰争的大衆文學。

作者又説:

> 九一八以後，反帝運動的最高形態發展了民族革命戰争，在文學上也得了反映，到最近且已争得了一些成功的紀録。在這些作品

裏面我們看到了民族英雄的比較真實的面貌，人民大衆在民族革命戰爭中所表現的英雄主義，尤其是民族革命戰爭和人民大衆生活之間的血緣關係。這是“民族革命戰爭的大衆文學”的先驅，是提出這口號的作品的基礎。

同時，作者强調這一口號的現實的基礎説：

第一，在失去了的土地上面，民族革命戰爭廣泛地存在，繼續地奮起；

第二，在一切救亡解放運動裏面，抗敵戰爭——民族革命戰爭的運動是一個共同的最高的要求；

第三，人民大衆的熱情，的希望，的努力，在醞釀着一個神聖的全民族革命戰爭的實現；那戰爭能够團結和動員一切不願做亡國奴的，不願做漢奸的人民大衆；

第四，從太平天國運動到一二八戰爭的一切偉大的反帝運動，祇有從民族革命戰爭的觀點，纔能够取得真實的評價……

不錯，用民族革命戰爭答復帝國主義，尤其是某一個帝國主義的無饜的侵略，是一切不願意做亡國奴不願意做漢奸的人民大衆的共同的最高的要求。在有什麽出什麽的號召之下，一切不願意做亡國奴做漢奸的作家，都應該把他們的筆和一切力量用在民族革命戰爭的實現、擴大、響應和勝利上，都應該面對着這一偉大的現實。無疑地，“民族革命戰爭的大衆文學”在現階段上是居於第一位的；它必然像作者所説：“會統一了一切社會糾紛的主題。”

這樣説來，“民族革命戰爭的大衆文學”絶不是今日以前的文學的全盤否定，倒是五四以來的新文學運動的高度發展。這一點是有些在文壇上提出或響應一個創作口號的論者所常常忽視了的。作者不但强調了九一八以後的“民族革命戰爭的大衆文學的先驅”即“提出這個口號的作品的基礎”，并且對五四以來的新文學作了如下的估計：

> 五四以來，形成了新文學的主流的是現實主義的文學，反映了人民大衆的生活真實，叫出了人民大衆的生活欲求的文學。然而，在殖民地的中國人民大衆的頭上，貫串着一切枷鎖的最大的枷鎖是帝國主義，它的力量伸進了一切的生活領野，在人民大衆裏面散播毒菌，吸收血液。所以，新文學的開始就是被民族解放的熱潮所推動，人民大衆反帝要求是一直流貫在新文學的主題裏面。

所以從現實生活要求産生出來的“民族革命戰争的大衆文學”不但承繼了九一八或五卅以後的創作成果，同時也承繼了五四的革命文學的光榮的傳統。在那麽一篇并非長篇大論的文章裏面，作者的説明却是很綿密的。

既然民族革命戰争是一切不願意做亡國奴漢奸的人民大衆的共同要求，既然這神聖的戰争能够動員一切不願做亡國奴漢奸的人民大衆，既然每一個作家都應該爲這戰争的實現、擴大、響應和勝利而努力，那麽，在“民族革命戰争的大衆文學”的口號之下，文壇上的聯合問題，就必然會被强調了。聯合或聯合戰綫的意思，無非説，衹要是不願意做亡國奴漢奸的作家，衹要他能够給民族革命戰争的總陣綫以多少幫助，哪怕那幫助是間接而又間接的，都應該不管他是什麽出身，不管他參加過怎樣的派别，不管他有過怎樣奇特的見解，甚至不管他曾在文學領域裏傳播怎樣有害的東西——一切不管，從現在起，大家携起手來，向共同的目標進取。

然而聯合的意思却没有把一切不關宏旨的個人的東西統一起來，也并不需要每個作家都寫和别人相同的作品。反之，每個作家都可以從各各不同的視角去選擇他所研究熟習的題材，用他自己的筆調去描寫。我們固然需要歌頌民族革命戰争表現民族革命英雄的詩篇，同時也需要表現封建剥削之下的人民大衆的生活苦痛和鬥争，需要暴露漢奸賣國賊以及一切没落的官僚買辦的腐敗生活的醜態……并且在那些作品裏面都不難指出祇有民族革命戰争可以解除人民大衆的枷鎖，結果漢奸賣國賊們的壽命。老實説，祇要作家不是爲某一個帝國主義和漢奸賣國賊效力的，祇要他不是用封建的、色情的東西來麻醉大衆，減低大衆的趣味的，都可以在“民族革命戰争的大衆文學”這一口號之下聯合起來。至於每一個作家都應該積極地參加種種救亡運動或進步的文化活動，在各人的生活環境裏發動種種反日反漢奸賣國賊的鬥争，我想是不消説的。這不僅因爲一個作家同時是一個中國人，應該擔負起救國的任務，同時也因爲離開了社會的實踐，就是斷絶了創作的源泉，作家就寫不出有生命的東西。

於聯合有害的是關門主義傾向，在理論上或行動上都是應該首先克服的。例如有人向作家要求正確的世界觀，這是“辯證法唯物論的創作方法”的重提。這口號在過去的蘇聯文壇上留下了宗派主義的錯誤，是周知的。宗派主義，在目前的中國，我們却希望它早日絶迹。有人説：“不是國防文學，就是漢奸文學。”這又是“不是同志就是敵人”的老調。它忽視了兩者之間的間隔，忽視了那間隔當中的各種文學活動和它的發展路綫，結果會拒否了作家的傾向和進步。此外，有人爲了自己私人的利害運用聯合來打擊真心爲大衆服務的人，用種種手段阻止别人和聯合接近，自然是更要不得的。

近來有人提議：“停止無謂論争。”這是很值得推許的，希望大家都有先從自己停止起的决心。不過，停止已有的無謂論争，裏頭應該包含着不製造或助長無謂論争的意思。例如“山坡上”問題，大概已經停止了吧；本來無關天下國家大事，謂之“無謂”大概不會有人替它呼冤。然而要免掉這樣的論争，最好先没有編者大段地“斧削”别人的文章的事實。其次，如果少幾個人説“公平話”，這筆賬也該早完結了。公平本不容易，縱然真正公平，也未必不被兩方面都不滿意，些小的問題，還是多一事不如少一事的好。再如巴金先生的《大度與寬容》和《文季》復刊詞上的話，固然不是“無謂”，但在談整個民族的緊急問題的場合，暫時讓它受受屈，也不算過分吧；不過要没有《大度與寬容》那樣的文章，先應該向在出版界有權力的先生們請願，再莫因爲私人的便利，閹割别人的文章。

總之，我同意“民族革命戰争的大衆文學”這一創作口號，願意爲全國作家的大聯合而努力，并且覺得我們應該有倔强的堅韌的毅力去説服或勸誘每一個倔强的堅韌的個人主義者或有這種傾向的作家。我們的前途，是全民族的解放！

（原載 1936 年 6 月 15 日《夜鶯》月刊第 1 卷第 4 期）

創作活動的路標

一

現實主義文學的創作口號是從現實生活的土臺産生出來的。没有某種現實生活的要求，就不會有某種創作口號；縱然有，也不能得到真實的力量。同時要知道一種創作口號正不正確，應該從作家的創作實踐上着眼，離開了作家的創作過程，就會失掉衡量任何創作口號的尺度。

“國防文學”這一口號是華北問題發生以後提出的。九一八以來，中國民族危機更加緊迫；東四省的失去，增加了無數的失地失家失業的人民；無數的人民在“亡國奴”的頭銜之下忍辱含垢地和生活搏鬥；無數的人民在日本帝國主義强盗的白麵、紅丸、鴉片、賭博、娼妓……等等的亡人之國，滅人之種，傾人之家，絶人之後的政策下面滅亡；無數的人民拋弃了自己的田園，拋弃甚至殺死了自己的家小，扛起梭鏢、馬棒、抬槍、土炮以及無論什麽粗笨的武器，在深山曠野中，在豐林茂草中，或者在冰天雪地中，無衣無食地用血和肉來回答日本强盗的飛機大炮和馬隊的圍剿，是周知的。無耻的漢奸，無耻的賣國賊在東北，在華北，在中國各地毫無忌憚地用一切的手段，把中國無辜的人民成千成萬成億成兆地，剥得赤條條，捆得緊綳綳地，奴顔婢膝千柔百順地獻在日本强盗的魔手底下，毒牙底下，鐵蹄底下，也是周知的。中國的人民大衆衹有一條路可走，聯合一切不願做亡國奴的，一切漢奸賣國賊以外的人來打倒驅逐日本帝國主義强盗和它的走狗漢奸賣國賊們。華北問題發生以後，更擴張了這一危急的形勢，更加緊這一迫切的要求，也更促進了這一要求的實現。這是一個新的現實，這新的現實必然會向文學要求反映它的特質，必然向作家提供了新的美學的基礎，必然使每一個不是漢奸，不是賣國賊，却是真正的中國人的作家受刺激受感動，而無所逃於天壤之間，而不能已於創作的反映。“國防文學”的口號是在這樣的情形之下被提出來的。因爲這口號本身簡單，容易説，容易記，發生了相當的適用性，不但在文藝領域，就是一般藝術的領域，也正相當地應用着。如果有正確的説明，正當的發展，它不難立刻動員現中國各階層各派别的作家，從各自的視角來反映這新的現實，不難招致更多的更熟練的更充實的《八月的鄉村》，《生死場》，《煉獄》等等作品，在最近的將來出現而爲中國民族革命戰争的一個大的助力。這口號是有用的。雖然因爲過於簡單，不免籠統，含糊；雖然什麽兄弟鬩於墻，買辦也反帝之類，并不算是最好的説明。

不幸有一位徐行先生在《禮拜六》、《新東方》等刊物上，發表了幾篇國防文學的反對論。他説：“國防文學的理論家的提出聯合陣綫是完全否認了一九二五—一九二七年的血的教訓。”“我們衹知道真正徹底反帝的社會層是中國出賣勞力的大衆，衹有他們是前鋒，也衹有站在這觀點上的文學纔是挽救中國的文學。”“其餘各階層都是被歷史車輪軋碎了的廢物。”“所以我（他）反對現時一般人所瞎説的什麽不問派别，國體，個人，宗教信仰，衹要贊成和擁護救亡運動的都可以而且應該聯合起來的胡言。”於是他舉出“社會主義的現實主義”這口號來代替“國防文學”。此外對於國防文學這名詞他也説了些不必要的話：好像“國防文學”就是“愛國主義”似的。

爲了避免把問題弄得更多糾紛，這裏且不作國防文學是不是愛國主義的探討；如果是爲了大衆的生存，民族的生存，爲了動員作家來面向現中國的新的現實，縱然在外觀上有若干和愛國主義類似之點，也不算國防文學這口號的致命缺點；而且縱然是真正的愛國主義者，也仍在聯合陣綫的邀請之列。關於這，徐行先生也没有怎樣申説，他的文章的重心是放在聯合問題上的。但是既是着重在聯合問題，徐行先生衹有某階層真正徹底反帝的話是多餘的。没有人説某階層不是像徐行先生所説的那樣，也没有人説另外的階層都和徐行先生所特别提出的那一階層完全一樣；并且某階層真正徹底反帝，這命題完全不能證明其餘的階層就簡直不會反帝。我們所要討論的是能不能够聯合和應不應該聯合，誰“真正”誰“徹底”是不説自明的事。

中國是個半殖民地國家，鴉片戰争以來，束縛着社會進展的不僅是没落的封建社會，同時也是國際帝國主義，在現階段上尤其是日本帝國主義，也衹有國際帝國主義纔是貫串着一切束縛的總束縛。因此中國的歷來的社會運動，雖然都是社會解放運動，同時也是民族解放運動；雖然這民族解放的要求，在每一次的運動中因爲種種關係，表現得或隱或現，或强或弱。農民暴動的義和團是這樣，豪紳地主和市民階級的戊戌變法也是這樣，以後的辛亥革命，五四運動，更以後的五卅運動以及徐行先生所説一九二五——九二七的革命運動，更無一不是這樣。既然社會解放運動同時就是民族解放運動，那麽，無論那一運動的主力屬於哪一階層，那一階層就都可以而且應該聯合在某一時期某一場合的同盟者，纔不使自己成爲孤軍，陷於絶境。滿清政府尤其是西太后派的反動政權，尚且能够成爲農民暴動義和團的支持者，（義和團的失敗原因很複雜，不能僅認爲被政府利用這一點。）説出賣勞力以外的各階層都是“被歷史車輪軋碎了的廢物”，簡直不能部分部分地或個别個别地參加反帝尤其是反日；以爲要他們參加就是忘記歷史的教訓，這意見是應該撤回的。

至於拿蘇聯的“社會主義的現實主義”來代替“國防文學”，完全是離開作家的創作過程的空談，無視了蘇聯和中國這兩國人民的現實生活之間的本質的差别，也無視了兩國創作水準的距離，不懂得我們的任務是要根據“社會主義的現實主義”的方法原則來設定具體的創作路標。

二

記得魯迅先生説過：“辱駡和恐嚇决不是戰鬥。”可是在許多駁回徐行先生的意見的文章中，有不少的人的戰鬥精神都被辱駡和恐嚇所代替了。姑且舉五月廿四日《星期文壇》上一篇短評作例，題目叫做《無耻的論客》，當然是指徐行先生的，可是没有提到徐行先生的文章上的半個字，裹頭却盡是辱罵和恐嚇。什麽“無耻的論客們”啦，什麽“狺狺而吠”呀，什麽“這些無耻的虚僞的戴着左的招牌的論客們”咯，“這些中華民族的送葬者”呀，“包庇這些落伍的論客……讓其高唱民族的葬歌”呀，“把這些無耻的論客擡進棺材裹去”啊等等。衹少説“無耻的論客”就是漢奸，就是賣國賊。倘衹從徐行先生個人方面説，縱然駡煞，也不會有什麽問題，因爲他應該爲他的錯誤理論負責；可是這樣辱駡和恐嚇下去，爲國防文學或聯合陣綫的前途着想，應該有説幾句話的必要。

周揚先生在《文學界》創刊號發表了一篇《關於國防文學》。他説：“國防文學運動就是要號召各種階層各種派别的作家都站在民族統一戰綫上爲製作與民族革命有關的藝術作品而共同努力。”這解釋大概會被“無耻的論客”的作者同意的吧。既然被號召的是各種階層各種派别的作家，就不能没有各種的對這號召看法；由於各種作家和這號召的距離的或遠或近，對這號召的響應當然也有緩急遲早；如果有的作家遲延了他的響應或者甚至表示了懷疑，也正是各種階層各種派别作家的本色——他們本來并不是統一的。如果一聲號召，就大家摩肩接踵，争先恐後，一個不剩地都跑來了，那豈不是説那些各種不同的作家早就統一了，聯合了，因之也用不着現在還來號召了麽？并且一表示遲疑，就被指爲“無耻的論客”，“民族的送葬者”，就該“擡進棺材裹去”，豈不是凡已表示或將表示懷疑的人就永久没有響應這號召的機會了麽？豈不是説這號召就是聖旨，就是金科玉律，一切作家，不需思考，不需表示自己的意見，除了乖乖地服從以外不能有任何的態度了麽？如果這樣雷厲風行，順我者昌，逆我者亡（擡進棺材裹去），豈不會使已經響應了的人人自危，怕以後仍有半點不到之處；還未響應的人，反正無法，爽性不來麽？如果有人反唇相譏，説他無异取消了聯合戰綫的工作原則……我不知道他將用什麽話來辯護。

聯合戰綫的組織者或擁護者，没有一個人的態度是應該這樣的。他們必需用充實正確的理論，誠懇真摯的熱情，殷勤地，反復地去勸誘，説服，招致“各種階層各種派别”中的每一個有成見的人，每一個象牙塔裏的人，每一個有個人主義傾向，虚無主義傾向以及任何不好的傾向的人來響應這神聖的號召，至少守善意的中立。衹有這樣，聯合陣綫纔能擴大，纔能堅强，纔能在漢奸和非漢奸之間劃一條明確的界限，纔能衝破漢奸賣國賊的營壘乃至帝國主義的營壘。這是個偉大的工作，可是也是個艱苦的工作，這工作决不是辱駡和恐嚇所能代替的。關於這，何家槐先生有一段很中肯的文章：

> 一個作家還没有完全脱離民族陣綫之前，我們就不能用謾駡的態度，不能隨便加人以一頂帽子。如果我們不分皂白地，對於在救亡運動上可以站在一條戰綫上的作家，運用起迎頭痛擊的批評方法，那結果一定是不堪設想的……我們在目前需要每一個漢奸以外的中國人，利用每一份對於救亡運動有用的力量：即使這個人或這個力量，是如何的動揺，如何的微渺，如何的薄弱。（《文學界》創刊號《文藝界聯合問題我見》）

可惜的是何家槐先生這樣説了之後，在同一篇文章裏，馬上就“隨便加人以一頂帽子”，從某某是“小資産階層的根性”，是“無非是賣弄風情的最惡毒的陰謀，想欺騙勞苦大衆……置他們於死地”。——剛剛和自己的意見相反。

同是“隨便加人以一頂帽子”而用意更爲巧妙深遠的是周揚先生，他説徐行先生的意見“正代表着一部分左的宗派主義者，他們對於國防文學雖然到現在還保持超然的沉默的態度，但是他們的宗派主義對於文藝上的統一戰綫或多或少地發生阻礙的力量”。（見《關於國防文學》）這裏且不説周揚先生怎樣在那裏謊報敵情，爲他人虚張聲勢；也不必問他所欽定的“左的宗派主義者”究竟是些怎樣的人物；要指出的是他把一切罪過都推在“左的宗派主義者”身上而洗清統一戰綫的一部分工作者的工作上的任何缺點。統一戰綫如果一帆風順，自然百事大吉，假如有半點風吹草動，都是因爲“左的宗派主義者”保持了“超然的沉默的態度”的緣故。這樣，“左的宗派主義者”們站着不動擔負着統一戰綫内部的一切責任；它内部的工作者自己倒像不相干的鄰人，逍遥自在得很。可是我不懂有這麽多的“左的宗派主義者”存在，統一戰綫的工作者爲什麽不引爲耻辱？爲什麽不拿理論來説服他們，使他們化除成見？爲什麽要先給一次“左的宗派主義者”的帽子之後一脚踢開去？徐行先生發表了不了解當前情勢的意見，所以他是“無耻的論客”，是“民族的送葬者”，自然不屑教誨；可是“左的宗派主義者”據周揚先生説不過僅僅“超然”而已，爲什麽没有人來教誨得試試看呢？并且既然“超然”着“沉默”着，周揚先生何以知道他們是“左的宗派主義者”呢，莫非他們額角上雕了字的麽？表示了懷疑，理合與漢奸同罪，“撻進棺材裏去”；“超然”着“沉默”着，也被斥爲“左的宗派主義者”而不被容納，如果統一戰綫真正不過如此，那面目豈不太猙獰，容量也豈不太狹小了麽？

爲了聯合戰綫的健康，爲了争取民族革命的勝利，不但《無耻的論客》的作者之流，就是作爲理論家的周揚先生的言論，我都希望他們能够自己清算一下。吉爾波丁的名言：“一切宗派主義不可避免地會招致和現時的政治任務的隔離”，豈不是周揚先生所引用的麽？周揚先生自己的意見究竟超出了“一切宗派主義”的範圍没有呢？

三

前面説過“國防文學”這口號是從現實生活的土臺産生出來的，因爲簡單，容易説，容易記，發生了相當的適用性。可是它的長處也衹有這一點。所謂“國防”，我們知道是指半殖民地反抗帝國主義侵略説的；可是，在另外的場合，例如社會主義國家在被帝國主義進攻的場合（蘇聯就有過和這一樣的口號），帝國主義國家之間互相衝突乃至帝國主義國家侵略殖民地半殖民地的場合（據徐懋庸先生説：“目前是連‘友邦’政府也在喊‘國防’的口號。”——見《光明》創刊號），豈不都可以應用的麼？——所以大家應該曉得，我們半殖民地中國人民大衆所要實現的“國防政府”，是爲了民族革命戰争的需要，是爲了争取民族革命戰争的勝利。

近來被提出的口號“民族革命戰争的大衆文學”，完全没有這個缺點。它具體地明確地指出了現中國新的現實的特質，差不多用不着什麽説明，一眼之下就可瞭解。而且，雖然解釋“國防文學”的文章有些是隨口説出的，但比較清楚的解釋，無法不證明現階段的創作口號，衹有叫做“民族革命戰争的大衆文學”纔和新的現實吻合，毫無遺憾。

例如周揚先生的《關於國防文學》：

> 他（徐行）根本否認……反帝聯合戰綫是現階段殖民地或半殖民地國家的民族革命的主要策略，也不瞭解日本帝國主義并吞中國的行動是怎樣在全中國範圍内捲起了民族革命的新的高潮，千千萬萬的勤勞大衆起來爲自己的民族的生存抗争……
>
> 國防文學就是……一方面立脚於民族革命高潮的現實上……

又如何家槐先生的《文藝界聯合問題我見》：

> 如果要進行勝利的民族革命戰争……
>
> 集中一切力量，把一切交給民族革命戰争……
>
> 使所有不願當亡國奴的人聯合起來，開展神聖的民族戰争……

既然在説明國防文學的時候，不能不屢次三番地提到人民大衆，屢次三番地提到民族革命戰争，現在這個最能説明本質的包含度最大的總口號“民族革命戰争的大衆文學”的形成，難道不是當然的麽？

然而這裏來了一個天外奇談，徐懋庸先生説的“民族革命戰争的大衆文學”“籠統”、“空洞”，倒是“國防文學”具體明確（《光明》創刊號)。是的，因爲國防文學具體明確，所以周揚，何家槐兩先生不能不拿“人民大衆”和“民族革命戰争”這些字樣去解釋它；因爲它具體明確，所以徐行先生説它是愛國主義；也因爲它具體明確，所以據何家槐先生説“喪權辱國的也奢談國防”；更因爲它具體明確，所以徐懋庸先生自己也“曾聽（當是聽見）有些人在私下議論，以爲‘國防’二字本來含有不良的意義”，并且“‘友邦’政府也在喊着‘國防’”（徐懋庸先生的話）。不用説也是因爲它具體明確，所以徐懋庸先生必需申明：“一句話是一句話”，“在一句話的本身上是一無所有的”（徐懋庸先生忘記了這句話衹是爲了説明正確的口號必需用實踐去實現這一點）。此種種都是由於“國防文學”這四個漢字具體明確的原故——理論到了這樣，真可算得神出鬼没了！其實徐懋庸先生已經把自己的論點完全“取消”了。既然“一句話衹是一句話”，“在一句話的本身上是一無所有的”，那就“國防文學”和“民族革命戰争的大衆文學”這兩句話之間完全失掉了“比較”的可能，兩句話完全一樣（都是“一無所有”），徐懋庸先生又根據什麽來説這是空洞籠統，那是具體明確的呢？

“民族革命戰争的大衆文學”這口號爲什麽“空洞”“籠統”呢？據徐懋庸先生説是“不足以表示目前的現實，不足以對太平天國運動之類的戰争表示分别”。如果徐懋庸先生“分别”不出，那實在是件無法可想的事，我决不願浪費筆墨。可是他的意思好像“國防文學”倒可和什麽戰争“分别”似的。他忘記了他們自己的刊物《文學界》上有一篇周木齋先生的文章，證明了《水滸傳》就是“國防文學”。“國防文學”連和《水滸傳》上的戰争都無法“分别”，徐懋庸先生真好意思來在“民族革命戰争的大衆文學”上想空頭心事。

我像這樣説，并不是反對國防文學，衹是説國防文學，衹有以“民族革命戰争的大衆文學”爲内容纔能得到正當的解釋，也衹有在“民族革命戰争的大衆文學”這個總口號之下纔能看出積極的作用。“民族革命的大衆文學”這口號不但不像徐懋庸先生所説，會“混淆大衆的視聽”，“分化整個新文學運動的路綫”，并且剛剛相反，它充實了國防文學的内容，使“大衆的視聽”變得非常明確毫不“混淆”；同時也“統一了一切糾紛的主題”（胡風先生的話），如果無法證明這口號和“國防文學”是根本相反的東西，“分化”什麽“路綫”的話衹會反而落在徐懋庸先生自己的頭上。

然而最有趣的是徐懋庸先生説：“這特殊的現實，就是日本帝國主義的滅亡中國步驟的加緊，因此特殊的意義，是抗日的民族革命戰争的全民統一戰綫的組織。但是我們在胡風先生的全文裏没有看到這樣的指示。”的確，在胡風先生的全文裏，和徐懋庸先生的話字句完全相同的指示是没有的。可是那裏頭有“九一八以後，民族危機更加迫急了。華北問題發生以後，整個的中華民族就已經走到了生死存亡的關頭”，而且徐懋庸先生所引用的話裏頭也就有：“人民大衆的熱情，的希望，的努力，在醖釀着一個神聖的全民族革命戰争的實現，那戰争能够團結和動員一切不願做亡國奴的不願做漢奸的人民大衆。”難道這些話都在“全文”以外麽？徐懋庸先生又説：“在他的分析裏，衹對於‘失去了的土地’上的戰争，予以‘民族革命戰争’的名稱，他并不認識‘民族革命戰争’即在未失的土地上面，亦早已發生着或正在發動着。”可是在同一頁上他引用的胡風先生的“四項原則”（徐懋庸先生這樣稱呼）裏頭，在第一項説了“在失去了的土地上面”之後，第二項就説：“在一切救亡運動解放運動裏面，抗敵戰争——民族革命戰争的運動是一個共同的最高的要求。”却明明指的“失去的土地”以外。徐懋庸先生把眼睛望到什麽地方去了？

徐懋庸先生“隨便加人以一頂帽子”，和周揚先生們的戰略完全相同，完全是存心誣衊，完全是宗派的成見。我不知道這些理論家們，何以總要在論點之外甚至抹殺别人的論點來一套花樣？

我願意反對“民族革命戰争的大衆文學”這口號的徐懋庸先生不要忘記了自己的出發點纔好。

（原載 1936 年 7 月 1 日《現實文學》月刊第 1 期）

抗戰以後的文藝活動動態和展望[①]
——座談會記録

時間：一月十×日下午

參加人（依座談會的號碼次序）：

艾　青　東　平　聶紺弩　田　間　胡　風　馮乃超

蕭　紅　端木蕻良　適　夷　王淑明

（蕭軍因病不能出席。）

一、抗戰後的文藝動態印象記

胡風　“七月社”早想開一次座談會，約集一些朋友來談談文藝上的問題，一方面給作家做參考，一方面給讀者做參考，另一方面也可以作爲討論文藝問題時候的資料。現在請大家提出問題來，然後編排一下，按着次序談下去。

東平　我提出一個問題：現在我們不跟着軍隊跑，就没有飯吃，如果跟着軍隊跑，就不能寫東西。因爲，如果我們還是照老樣子衹管寫自己的東西，他們一定把你當作特殊的存在：這個傢夥，不曉得他幹些什麼！結果衹好和他們一道混，没有工夫寫東西了。

乃超　但是，我以爲如果有時間而没有生活，也會感到苦悶。

紺弩　在這一點，我也有同樣的感覺。現在，我們想參加到實際生活去，但是没有機會，所以生活没有辦法，寫文章的材料也没有了，弄

① 編者注：本篇爲座談會記録。因聶紺弩發表過重要觀點，爲便於讀者全面瞭解，故全文照録。類似情況不另作説明。

得非常苦惱。我覺得，如果能够參加到實際生活裏面，寧可不寫文章。所以我提出的問題，恰恰與東平的相反。

（幾個人同時説：那麽，就談談這兩個問題罷。）

胡風　我看先把它分成兩個問題來談談，好不好？在没有談這問題之先，我們各人就自己的印象談一談對於戰争發生後的文藝活動的感想，看一看我們已經有了的文藝活動是怎麽一個樣子，再來談談作家和生活的問題。

（幾個人的聲音：好吧，就是這樣。）

田間　我個人感到文化人散漫，無中心組織，工作不緊張。

蕭紅　問題太大了！

（端木笑。）

胡風　（對乃超）你呢？

乃超　我還没有想完全。但有幾點意思。第一，抗戰以後，商業的文學關係或者説文學的商業的關係，相當地被打破了。這表現在兩點上面，第一是購買力的衰退，文學作品没有像以前那樣地被歡迎，其次是文學雜志非常少，除了《七月》和官辦的刊物以外，差不多没有刊物了。第二，從這裏看起來，好像文學有衰落的現象，不過，這是表面的，實際上文學依然在發展。譬如報告的發展就很大，比戰争以前更具體更真實地反映了生活。固然，這些報告大半是借報紙或小刊物發表的，没有《七月》那麽大的篇幅，但質量和數量都比以前進步，所以衹是商業的文學關係被打破了，實際上文學并没有衰落。第三，純粹消遣性的文學衰落了，離開了抗戰生活的文學没有存在的餘地。這是必然的。純粹消遣性文學的衰落，也就是有所爲而爲的文學能够展開的基礎。

紺弩　我對於乃超的意見有點補充。抗戰以後，讀者最關心的是抗戰，作者最關心的最願意寫的題材也是抗戰，但一般地説，作者和抗戰是游離的，這就規定了作品産量的減少。乃超説的純粹消遣性文藝衰落了，但實際上不僅僅純粹消遣性的文藝，就是不是消遣性的，祇要是直接和抗戰沒有關係的文學，也減少了。不過這裏還有兩個附帶的原因：一個是物質的缺乏，像紙張貴，印刷貴，書店不肯出版，第二是失地一天天多了，失地多就流亡的人多，流亡的人當然沒有購買力。有些事情當然是困難，如作者怎樣生活在抗戰裏面——

胡風　這個問題留在第二個問題裏再談罷。

紺弩　嗬，碰釘子了！

（大家笑。）

東平　抗戰以來，每天每刻我們在報紙上以及在小刊物上看得見許多報告啦通訊啦一類的作品，如果把這些當作文學看，那當然熱鬧得很，但是，我們想一想，這些是不是可以留到將來？如果不能，將來不是沒有文學了嗎？例如四行倉庫的八百壯士，報告囉，詩啦，出特輯囉，熱門得很，但在這些文章裏面，哪篇是最好的？誰也不能回答。這是現在一般的毛病。我以爲從前不能公開，沒有好的作品可以藉口說是檢查太嚴。現在呢？沒有檢查了，好像一個蓋子被揭開了，應該有表現啦，火應該噴出來了啦，但是，并沒有。大家應該用功，努力。我以爲，至少蘇聯是希望中國有偉大的作品出現的。

淑明　好的作品之所以少，一方面因爲有生活經驗的沒有時間寫，有時間的和抗戰游離了，沒有生活。像蘇聯，在戰時也很少偉大作品，好的作品都是在後來産生的。戰事過了以後，參加過戰鬥的人有時間寫了，文學者也可以調查，可以寫了。

紺弩　我常常徘徊在兩個觀點之間。第一個是文學的觀點，從文學的觀點上，我希望有偉大的作品（當然囉，所謂偉大的很難説，但總是有力量的，能經過時間的磨練的），希望偉大的作品出現，我自己也是愛好這種作品的，但另一方面，雖然不是偉大的作品，是乘機起哄的，如像關於八百壯士的作品，從作品的價值上看，是粗糙的，沒有力量的，但這些作品也有一時的影響。如果沒有這些，我想文壇就更寂寞了。我徘徊在這兩個觀點之間，希望能够得到指示。

艾青　這，我以爲是作品的由量到質的變化還不曾到達的現象。

端木　我以爲文學的價值，偉大或不偉大，要看它對於人類有用没有用。所以衹要是恰當其時的作品，就是好的，如像列寧對於高爾基的意見。現在的作品，偉大或不偉大，是要待時間來决定的，衹要是能在此時此刻恰當其時的作品，我以爲都是好的，無論偉大，或不偉大。

胡風　我看，一般地有兩種不同的意見：一方面是要求反映當前生活的小型作品，像報告等；另一方面覺得這些作品太没有力了，太單薄了，因而要求偉大的作品。其實，這是應該聯繫起來看的，現在的這些作品，同時也就是將來的偉大的作品的準備。（對適夷）你有什麽意見？

適夷　對於大家的意見，一般地我是同意的。但我看，一般地説，作家還不活躍。其次，今後的作品，形式上也應該有變化，像《戰争與和平》那樣的作品，要坐下來化幾年的工夫來寫它，這在我們恐怕是不可能的。所以我以爲，文藝的形式一定要變化，如像《被開墾的處女地》，就是以許多報告文學做材料寫成的。現在，我們雖然衹能看到這些報告通訊等，但其實，這就是産生偉大作品的過程。

艾青　這就是我所説的由量到質的變化問題。

乃超　由量到質的變化，這一點很對。戰争前和戰争後的作品，就有顯著的不同了。在戰争前，描寫民衆如何痛苦，如何掙扎的作品較多，在封鎖之下，材料不够，發表没有自由，但戰争發生了以後，社會的各種弱點完全暴露了，另一方面也保障了新人物的登臺。我以爲，報告也可以成爲偉大的作品，衹要作者把握得住人物的性格。所以，新英雄的出現，就是將來偉大作品的主人翁。我同意現在的文學活動，就是將來偉大作品産生的過程這説法。

二、關於新形式的産生問題

胡風　剛纔所説的，都是一般的情形，關於更具體的問題，有什麽意見没有？

適夷　我看得很少，但有一點感想。一般地，文藝作品和通訊等混淆不明。有些作品，説它是文藝作品嗎？不像，説它不是嗎？但裏面却有生動的斷片。從這裏，我以爲應該産生許多新的形式，不能太規定了。

胡風　關於新的形式，一般人往往取的是拒絶態度。譬如説，蕭紅的散文，開始的時候，有些人看不懂，田間的詩，到現在還受着非難。但我以爲，對於一種新的形式，衹要它是爲了表現生活，而且有發展的要素，即令它包含有許多弱點，我們也應該用肯定的態度去看它。

艾青　我也有這同感，現在的生活是新的生活，但文藝上却没有新的形式出現，像歐洲大戰以後，出現了許多新的形式，但我們却仍舊和戰争未開始以前一樣。

乃超　你所説的歐戰後的新形式指的是什麽？

艾青　如像未來主義、達達主義等，我們并不是要摹仿它們，但舊有的言語不够用，不够表現，却是事實。

端木　對於新形式的反感，因爲大多數的新形式不適應讀者的需要，和他們的内心的感應不調和。因爲它們和讀者所受的文學遺産相隔得太遠。

乃超　歐戰後的那些流派，是反抗傳統的，這一點不成問題，但它們也僅僅在這一點而已。

艾青　我并不是提倡未來主義、達達主義，我自己也經過了這個過程，端木大概是同我開玩笑的。

端木　不是，没有這個意思。（笑）

適夷　未來主義、達達主義等，有它們産生的背景，但我們却不同。中國民族革命戰争和歐洲大戰，在本質上是不同的。未來主義、達達主義等所表現的是苦悶與彷徨，但我們今天的戰争，是有光明與勝利的遠景的。離開了現實主義文藝就没有前途。

艾青　現實主義也有新的形式啊！

乃超　説新形式，這并没有語病，達達主義等是從現實生活游離出來的，如果是從現實生活産生的新形式，當然是健康的。

艾青　我説的言語的不够用，特别是指詩歌，因爲舊的形式太温情了。

東平　新形式已經有了。

艾青　是的，在詩歌方面，胡風最近的詩，對於新形式已經有了嘗試，但他自己没有繼續下去，而我們也没有同樣地向更多的方向努力過。至於未來派，也有好的作品，如像瑪雅珂夫斯基。

適夷　瑪雅珂夫斯基和其餘的未來派是不同的。

艾青　當然，一方面是贊稱帝國主義的戰争，像意大利的未來派諸公；但另一方面却是歌頌革命的，像瑪雅珂夫斯基所領導的未來主義者。我們采取新形式，就像我們采用新武器一樣，敵人用新的武器做侵略的戰争，我們却用來做民族革命的戰争。

胡風　適夷和艾青所説的要求新形式，是指的更能够合適地表現抗戰生活的形式，但因爲艾青所舉的例子，有達達主義等不健康的形式，所以把問題弄誤會了。我看，要求新形式是當然的，因爲這個偉大的時代一定需要更多表現的方式。不過，我們可以説，現有的新形式還不够有力，需要發展到能够更深刻地表現生活的地步，所以我們所要求的新形式和達達主義等不同。因爲那些的産生基礎是把握不住現實，因而苦悶，彷徨，亂抓一氣。

東平　有一個朋友在黄鶴樓上等我，對不起我要先走了。但請把我的問題提出來談談。

（東平退）

艾青　要求新形式是一致的，但是怎樣的形式，還不知道。

蕭紅　胡風説我的散文形式有人反對，但實際上我的形式舊得很。

適夷　我們要求的新形式，要更大衆化，可以多方面地表現生活，絶不是向神秘的道路走的。如像詩歌中的報告詩，朗誦詩，劇本中的街頭劇，散文中的報告和通訊文學。

艾青　又回到生活問題上來了。有人想寫朗誦詩。決不會有人想寫神秘詩，這是用不着批判的。大衆化之所以弄成單純化，空洞化，没有力量，通常變成了口號、概念，没有真情，我以爲還是和生活隔離得太遠了的緣故。作家和生活隔離了，作品也就和生活隔離了。我們的想象還不能達到現實生活的深處。

蕭紅　我看，我們并没有和生活隔離。譬如躲警報，這也就是戰時生活，不過我們抓不到罷了。即使我們上前綫去，被日本兵打死了，如果抓不住，也就寫不出來。

胡風　新形式并不完全否定舊的，倒是要接受舊形式的一切長處。像個人創作的長篇小説，在現有的形式裏面總算頂笨重的了，但我以爲，將來不但不會衰退，也許更要發達，雖然在表現法本身上也許有部分的變化。而且，新形式現在已經有了，不過不够有力，不够廣泛地發展，如像朗誦詩，對於這個形式的看法，我常常覺得懷疑，因爲，在原則上一切詩歌都能够朗誦的。

端木　是的，古詩裏面的口占口吟就是這個意思。

適夷　現在所説的朗誦詩，和過去的口占之類不同，而且在外國早已有了，像德國的？

胡風　Weinert。

適夷　是的，Weinert，他常常把詩歌在群衆的集會上朗誦，得到了熱烈的歡迎，這就和過去不同了。

紺弩　不錯，唐詩是念給妓女聽的。

端木　如像李長吉。

適夷　如像王昌齡。

乃超　現在提倡朗誦詩，并不是復古，它是對於僵死了的語言的叛逆。

過去的詩，很難念，談人生哲學的也有，難念而且難懂，朗誦詩就是對於這種新詩的反動。因爲這些詩衹能藉象形文學刺激視覺，看看而已。字面美，排列得美，變成了無聲的詩歌。朗誦詩一方面是對於這種詩的反動，而且也適合於目前要求。詩歌達到大衆裏面，不要象形文字這個媒介物，直接借聲浪刺激讀者的感情。所以朗誦詩有這兩種積極的意義。

艾青　我看，朗誦詩的提倡已不是應該不應該的問題，而是應該怎樣去發展的問題。

田間　我就有一個問題：詩和歌應不應該分開？因爲，歌已經深入到大衆裏面去了；并且有了很好的成績，如像《義勇軍進行曲》，幾歲的小孩子都可以唱得出。

乃超　當然應該分開的。歌是靠音樂的，就是没有詞，歌譜也可以感動人。

田間　要詩能够朗誦，一定要經過很長的時間，因爲現在拿詩朗誦給大衆聽，大衆一定是不懂的。

乃超　現在提倡朗誦詩，衹是開步走而已，還没有産生使一般人能够聽得懂的詩，現在一方面是擺脱舊的傳統，一方面開拓新的道路。至於創作，還狹隘得很，没有一誦出即達到大衆心坎裏的東西。

適夷　這問題還有另外：一方面我們提倡朗誦詩，并不是把一切不能朗誦的詩都否定，我覺得胡風剛纔的一句話仍然是有用的，我們提倡朗誦詩，并不否認或妨礙别的詩歌的存在，衹要它能够寫出對於現實的真實的情緒。

艾青　我以爲朗誦詩還需要發展，努力地汲收口語，是不必説了，就是非朗誦詩（暫且叫它是純粹詩吧），舊有的形式如十四行啦，四行詩啦，我們都已經衝破了，就是如像許多詩人的所謂自由詩或自然詩也給我們衝破了。因爲，這些詩歌的形式都是從安閑的生活環境裏面産生的。

三、作家與生活問題

胡風　這個問題談到這裏爲止吧。我們回到開始的時候東平所提出的作家與生活的問題。

紺弩　東平的意思不是這樣一般的，他是説跟着軍隊跑就没有時間寫文章，不跟着軍隊跑就没有飯吃。我的意思和他相反，我寧可參加實際生活，不寫文章，因爲現在没有參加實際生活，所以文章也没有内容。

淑明　我以爲問題并不十分嚴重。如像《對馬》和《鐵流》的作者，他們的作品，都是在戰争中片斷的記下來，在戰争後整理而成功的。

適夷　我有一個深刻的感想。在過去，因爲想寫作品，所以跑到緊張生活裏面去。在一二八的時候，我就是這樣的。初去的時候，覺得一切的東西都是新鮮的，都應該寫，但茫無頭緒，不曉得從何寫起，但過久了，又習以爲常，淡下去了，要寫也寫不出。在監獄裏的情形也是一樣。這原因是因爲把握不住，或者没有準備工作，像《對馬》的作者那樣。没有準備工作，過去了印象就模糊起來。

艾青　能够打進實際生活裏面，對作者决没有害處。當時寫不出東西來也是自然的。過去一個相當的時間，有了回憶和整理的機會，纔會産生出好的作品來。像你的監獄生活，當時因爲距離太近，反而把握不住，如果時間久了，你就可以把它的全部關係看得更清楚，更有條理。我也是一樣，在監獄裏的時候，衹有零碎的斷片，如果現在來寫，也許可以融成一個有系統的東西。

蕭紅　是的，這是因爲給了你思索的時間。如雷馬克，打了仗，回到了家鄉以後，朋友没有了，職業没有了，寂寞孤獨了起來，於是回憶到從前的生活，《西綫無戰事》也就寫成了。

紺弩　我提的不是理論問題，而是一個非常實際的問題。現在我想走進實際生活裏面去，但是不能够，成天飄來飄去，到底應該怎麽辦？

乃超　蕭紅説的很清楚，你現在就是在實際生活裏面，現在哪一個人的生活和抗戰没有關係呢？問題是你抓不住。

胡風　蕭紅説的很清楚（大家笑），現在大家都是在抗戰裏面生活着。譬如你，你覺得要走進緊張的生活裏面去，實際上這一種感覺，這一種心境，就是抗戰中生活中的感覺心境了。你寫不出作品來，像蕭紅所説的，是因爲你抓不住，如果抓得住，我想可寫的東西多得很。不過，我以爲問題應該更推進一步：恐怕你根本没有想到去抓，所以衹好飄來飄去的。

蕭紅　譬如我們房東的姨娘，聽見警報響就駭得打抖，擔心她的兒子，這不就是戰時生活的現象嗎？

艾青　譬如我隔壁住的一個軍官，昨天夜裏打老婆，打得非常厲害。那軍官把她從床上拖到門外，女人哭着説："我寧可死在家裏，有一口棺材，兩隻箱子，想不到跟你逃到這裏來受苦，死了也没有人理……"聽他們的口音好像是宜興人。——我以爲這個時候不應該發生這樣的事情。

胡風　不，應該説在這個時候不應該還發生這樣的事情。——隨時隨地都有材料，衹因爲你（對紺弩）不去抓，不去抓是因爲心情不緊張，也就是和抗戰結合得不緊。

紺弩　心情不緊張，不就是生活不緊張嗎？所以我想走進緊張的生活裏面去。

胡風　我看不是的，并不是走不進去，而是因爲你自己主觀的條件，有許多生活領域你不願意走進去。衹要是緊張的生活你就走進去，我看是不成問題的。得不到一個使你願意走進去的緊張生活的環境，這裏面有許多複雜的原因，如像整個後方工作没有系統地展開，前方和後方没有配合起來行動等等。

適夷　還有一個原因，是作家對於文學的不忠實，可以不寫就不寫。當然，這是不可以一概而論的。（笑）

乃超　還有，作家失掉了生活保障。在過去，把文學當做商品，這一點可能性現在没有了。過去是爲生産而生産，被雜志逼着寫，因爲不能不賣錢。現在要爲創作而創作，問題立刻來了。這反映出來的是作家的苦悶。

艾青　我看問題可以結束一下。打進緊張生活裏是必要的，如果不能，也應該隨時隨地抓住自己所能抓住的生活現象。

淑明　不打進生活裏面，情緒不高漲。

蕭紅　不，是高漲了壓不下去，所以寧静不下來。

乃超　各人情形不同。

淑明　單單情緒是不够的，需要跟生活聯繫起來。

乃超　廣大的民衆在抗戰裏面生活着，爲什麽還有軍官打老婆的事情呢？這當然有他的腐化的基礎。（對艾青）你所看到的還不過是很小的一件罷了。

田間　這是不是一件普通的現象呢？

艾青　泛泛一看，是一個普通現象，深入地看，是一個特殊的現象。因爲那個軍官和他的老婆都是受了戰争的刺激的。

胡風　這個普通現象，在現在表現出來是個特殊的現象。（對紺弩）不能因爲希望走進緊張生活而放弃現在的努力……

適夷　題材是到處都有的，但作家們總希望寫出有前途的，新的性格的現實生活。

端木　其實戰争場面祇是關於抗戰生活的一方面，如果不懂得政治内部種種複雜情形，不懂得後方民衆的各種變動的情形，那就不能够寫出這個戰争。不過戰争場面是抗戰生活重重的一面，作家們也應該深入，瞭解，將來纔能够描寫這個戰争。

艾青　是的，我看應該把打進緊張生活去這個説法解釋作參加一切社會活動裏面去的意思。

端木　對的，戰争是一個外圍，它裏面包含着許多方面的活動，譬如説，不瞭解漢奸活動的因果關係，我們能够瞭解戰争嗎？

紺弩　我提的是一個生活問題，一個中國人的問題，并不是作家的問題。

我寧可不寫文章，但非生活不可。東平説的是跟着軍隊跑，寫不出文章來的問題，和我恰恰相反。

適夷 跟着軍隊跑，長篇大著雖然寫不出來，但短篇仍然是可以寫的。

胡風 東平所指的是長篇。至於短篇，并不是不能寫，他現在就寫了一些。至於長篇，我看可能性很少，因爲那需要相當的時間，和對於事件的適當距離。

端木 是的，要寫長篇，就需要對於事件的全體的把握，像現在，戰争還在發展之中。要全體的描寫它當然不可能。

艾青 那會失掉批判的作用。

胡風 除非學威爾斯……

四、今後文藝工作方嚮的估計

艾青 現在，我們分小説，詩歌，戲劇等，各方面談一談今後文學的工作方嚮，好不好？

適夷 我想，頂好還是從總的方嚮談談吧。

胡風 我看，這問題可以從兩方面講。一方面是怎樣能够動員和團結一切文藝作家參加到抗戰工作裏面，另一方面是怎樣保障現實主義的前途，這裏面就包含了新作家的養成問題，民衆的文藝教育問題，等等。

適夷 自有新文學以來總是跟大衆隔離的。但現在有一個好的現象，抗戰把這個隔離相當地消除了。因爲大衆想瞭解戰争的情緒非常高，所以自自然然接近了反映戰争的文藝。這是二十年來没有的機會。從前的大衆化口號是空的，現在都開始實現了。這是對於文學運動的一個非常好的環境，我們不應該輕易地放過它。分開來説，有兩方面。一方面是作家應該和大衆接近，作品的大衆化問題應該加强地提出，把看不起小型作品的傾向糾正過來。另一方面，現在參加戰鬥的青年，創作的要求非常高，就是不愛好文藝的人吧，也希望用文藝來表現自己的生活了，所以文藝上的新人一天天地多了起來，但這裏面有一個問題：他們都寫得比較幼稚，我以爲作家們應該加强他們的文藝教育。

（幾個人的聲音：這問題談不完的……時間不早了，下次再談吧……）

紺弩　我提議這個座談會每半個月舉行一次。

（幾個人的聲音：好的，好的……贊成贊成……）

適夷　（對胡風）那麽，你總結一下散會好了。

胡風　用不着總結，座談會就是這樣的，談到哪裏算哪裏。下次我們再把這個問題提出來更具體地談談罷。

（幾個人的聲音：下次最好先準備一下。）

胡風　好的，下次先由大家提出問題來，綜合整理出次序來，分送給大家，那討論起來就更有頭緒了。如果弄得到幾塊錢，大家吃一頓飯，精神也許還要好些。

（笑聲中散會。）

記録者附筆：這次座談會，談話時空氣的活潑和對於問題的深入，是出乎我們的希望之外的。但因爲我們既没有记録技術，又毫無經驗，所以非常簡略，不但談話時的空氣，語調，不能很好地傳達出來，恐怕很珍貴的意見也給我們漏掉了不少。時間倉促，來不及送給各位看過付印，這是要希望諸位參加座談的朋友原諒的。

（原載1938年《七月》第1集第7期）

宣傳·文學·舊形式的利用
——座談會記録

時間：四月二十六日下午

參加人（以發言先後爲序）：

胡　風　聶紺弩　吴組緗　歐陽凡海　鹿地亘　艾　青　奚　如　池田幸子

胡風　上一次的座談會，紺弩提議半個月開一次，但到現在已經三個多月了，第二次還没有開過。所以今天約集了諸位，算是第二次的座談會了。——我們的談話應該怎樣進行的好？或者先提出一些問題來？

紺弩　是不是應該把没有開會的理由聲明一下呢？

胡風　理由很簡單，一個是那一次出席座談會的人差不多走光了，還有一個是我自己忙得喘不過氣來。

組緗　我們還是談一點小題目好不好？題目太大，一時往往不能討論得深入，具體。

凡海　這回討論的和上回討論的有没有聯繫？

胡風　不一定，可以討論上回提出過的問題，但如果有新的問題，就不必了。

鹿地　可不可以吹吹牛皮？

（大家笑。）

胡風　可以的，有牛皮儘管吹罷。

鹿地　那麽，我們具體地吹起牛皮來好啦。

（又一次笑聲。）

艾青　現在，利用舊形式弄得很熱門，我們可不可以談談？

組緗　就先談一談這個利用舊形式的問題罷。從這個問題展開，一定有許多的問題生出來，祇怕今天的時間不够的。不必列舉許多的題目，那樣，會散漫不能集中，時間也不允許。

紺弩　讓我先説一點好不好？——我覺得舊形式的利用，必須和實踐密切地聯繫着纔有效果。過去我們談到這個問題都是紙上談兵，談到許多應該不應該的問題，這樣做或那樣做的問題，可是很少人真正地做過。而且就是有人做，效果也很小，因爲我們大家雖然口裏説“接近大家”，“面向大衆”，可是那時候我們的足迹甚至於不能離開租界，想想看，租界上哪裏找這多大衆來“接近”或“面向”呢？所以其實和那需要或等待着接受一種東西而又祇能接受舊形式的東西的人們是遠隔遥遥的。抗戰以來，形勢完全變了；許多文化人不能不離開租界，跑到内地去了；各種各樣的宣傳團體或服務團體到戰綫上農村裏去了，這纔多少真正地接受或面向了大衆。這纔有把要交給大衆的東西直接交給大衆的機會，於是利用舊形式的問題纔格外感到迫切，也纔真正有人作，作了也可以從大衆那裏看到反應。這回我到西北去跑過一趟，看見西北戰地服務團，救亡演劇第一隊用當地的小調大鼓之類的形式作出東西，馬上唱演給大衆看，很受大衆歡迎。反是新的歌調，像“起來不願做奴隸的人們!”之類，則不被瞭解，他們甚至稱之爲“洋歌”。還有，從這一個地方的小調脱化出來的東西，不一定適合於另一個地方，比如延安的小調，唱給臨汾的人聽，就不如唱給延安的人聽好。自然，那個用舊形式寫出來的東西，如果發表在刊物上，也許不值高明的讀者一笑，但對於那當地的大衆却是很有影響的，因此，我以爲利用舊形式，一定要和實踐聯繫，否則意義是很少的。

奚如　我的意思分兩點，第一是，目前可供利用的舊形式，我認爲最好的是小調，大鼓之類。京戲這一形式，利用起來就很成問題。據説在延安方面，曾經有人將彭德懷將軍在山西作戰的情形寫成京戲，結果演出弄成不倫不類，近於戲謔，彭氏聽了大不以爲然。原因是京戲這形式到底是封建時代的玩意，比方情調之非古色古香不可，比方一定要走八字步法，開口的什麽“我乃××人也”，“來將通名”，以及演出時衹會看見一個缺乏人間性的英雄，看不見群衆。就是小調、大鼓，也衹能貫入相稱的、較低的内容，重大的政治的意識，絶對不應也不能填進去，因此，利用舊形式，是選擇的采用，不是隨便亂抓。否則“内容與形式一致”的問題得不到解釋。第二，我們目前很應該利用章回小説體裁寫新的東西，這樣可以獲得廣大的讀者，但對於這點，注意的人還太少。

艾青　從奚如剛纔的話，我們就發生了利用怎樣的舊形式的問題。首先我要説我自己對於利用舊形式這一口號是取懷疑的態度的。如其爲了宣傳不得不利用舊形式，我們也應該有利用的界限。宣傳與文學是不能混在一起説的。我們的文學革命已這麽多年了，一開始，它就否定了舊形式，現在如果又把舊形式肯定了，將來不是又要重新來一次否定麽?

紺弩　我補充一點，就我所知，用舊形式寫出的東西的内容，比之於新形式的作品，總要粗淺或低級一些。

組緗　我覺得今日整個的文藝工作，應該是多方面的，因爲事實上讀者層是多種多樣的不同。我以爲至少是有兩方面：一方面是繼續新文學所走的路，發展邁進，這方面的口號應該是提高水準，因爲我們的作品在質上量上都單薄，有待努力。這方面工作的對象是知識分子，或文化水準相當的讀者，自然，我們還應當設法擴大範圍。另一方面的工作對象則是一般民衆，他們水準不够，文化落後，我們的新文學作品，事實上他們還看不懂。於是不得不有通俗的作品，讓他們可以閲讀。利用舊形式，就是寫作這種通俗作品的方法之一。所以我們的問題，應當放在這上面來談。有些人往往以爲寫作通俗作品，衹要利用舊形式就行，讀者就可以接受。我覺得不然。思想，意識，也是要注意的。如《文藝陣地》

上那篇老舍的京劇本《忠烈圖》，其中述一女子爲要鼓勵土匪抗日不惜嫁了他。這種爲國家民族而犧牲貞操的觀念，在我們看來是極道德的，但一般民衆是否不起反感，就成問題。所以作者在序言裏説這是很大膽的寫法。可知我們寫通俗化的作品，在思想意識方面，都要相當地遷就讀者，否則，他們必不能接受。其次，技巧上也要降低。新文學作品的表現方法，在這種作品中往往不能適用，如《今古奇觀》中一篇小説，一上來先就直截了當地説他寫此作品的用意，或教孝，或教忠，敘述描寫中，時時還怕讀者不懂，作者插出來説話，加以解釋。這種技巧在新文學作品，看來是極低劣的。因此，這一方面的口號，甚至應該是“降低水準”。這兩方面的工作，不能混爲一談。艾青剛纔説對利用舊形式表示懷疑，因爲舊文學早已爲新文學否定了，現在又重新拿起它，將來豈不又要再來一次文學革命。我覺得這話不然，我們并不是把整個的文學路綫拉回去，而衹是一方面的工作。這不僅在今天抗戰中應該如此。抗戰以前，早就應當如此。因爲事實上讀者層不同，程度不同，我們的工作也就不能不分别開來。民衆的文化水準慢慢逐步提高，他們够得上看新文學的作品，那這通俗化的一方面自然就不復存在的了。還有一層我并不贊成新文學工作者也去利用舊形式寫通俗作品。因爲盡有擅長此道者去寫的。統一戰綫的必要就在這裏。新文學工作者若寫通俗作品是不必利用舊形式的。

凡海　講到舊形式的利用，像奚如所説的，把民族英雄用京戲來表現的確是可笑的。所以舊形式的利用這個問題實在值得考慮。依我的意見：中國新文學的發展，本來是趁着中國市民的發展而發展的，但中國市民的發展，并不在一種經常的狀態下。中國受着帝國主義的强奸，一方面有市民式的新文化，另一方面中國社會仍舊在一種封建狀態下，文化非常落後，因此，中國新文化與廣大讀者群衆發生游離現象。因此，我覺得像艾青所説的，以前的新文化運動否定了舊形式，後來又回頭來説要利用舊形式，是必然的現象，而不是開倒車。不過，像有些人一樣，把利用舊形式看得太神聖化了也不對的。像奚如所説，有些人想利用京戲來表現現代的情形，必然招致失敗。現在，我們又討論到舊形式的利用問題，我覺得既不應該完全否定舊形式的利用，也不應該太崇拜舊形式的利用。我們應該批判地接受舊形式，把舊形式不適合於現代的加以改造，把適合於現代的加以利用。比方章回小説，有可以利用的成分，但利用得好不好，則要看作者能否批判地利用了。像魯迅，他是很能够利用舊文學的技術的。他并没有做了舊文學的奴隸，相反的，他的許多新的内容都利用着這些舊形式而益發光彩了。所以講到利用舊形式，應該注意到利用的方法。

至於説新文學一方面照舊向前發展，一方面爲了文學通俗化，不妨部分地向後退而迎合舊形式一點的話，那恰巧是迎合新文學對廣大讀者群衆游離現象的一種方法，却不是根本的解决。但我以爲這種游離現象是可以克服的。比方文學的大衆化，使文學容易爲大衆所接受，一方面也有使文學庸俗化的問題。但假使能够適當地去把握住中國民族的各種特性與文化的傳統來寫新文字，則不但不至庸俗化，相反的是提高了新文學，同時，由於新文學愈益進入大衆，一方面提高了大衆的文學修養與文化水準；同時，新文學也愈益能在大衆的扶養之下將舊文學的許多好處深化在新文學之中。這需要一個艱苦的實踐過程。所以真正地批判地利用舊形式，是一件艱苦的工作。

鹿地　先讓我向諸位致意：從現在起請把我當作同人看待。（座中的聲音：太客氣了！）到現在爲止，我對於中國文學有很多的意見，但差不多没有説過。那是因爲我注意到了我的看法和中國的文學界有些不同，感到了膽怯的原故。我想再不膽怯了。過去在日本國内，我造出了很多的敵人，也造出了不少的朋友，不過，我的意思是，有了敵人就是爲了組織有意義的工作而執行了鬥争。爲了使工作開展下去，鬥争是必要的。不過要聲明的是，希望總是用寬大的心懷戰鬥下去。

那麽，對於討論題目發表一點意見。現在討論的問題，爲什麽提得這樣高，我是不懂的。我覺得在諸君的討論裏面也有些混亂。

我覺得奚如君把問題的性質説得很清楚。那就是，從啓蒙宣傳的經驗，使用留在民衆裏面的舊的形式，是便利的。那麽，是用藝術的形式來執行宣傳的問題了。

如果説，把舊的民族文化做我們的藝術文化發展的土壤，那就應該不是“形式”的問題，而是作爲“舊文化”全體的問題。把形式當作了問題，我想依然是“便利的形式的利用”問題。而且我想，正是在這個意義上，地方的民謡等等的利用也成了問題。我想，在像中國這樣廣大、有幾個言語習慣完全不同的地方的國度裏面，擁護并發展種族的文化，也是一個文化問題。然而，就是在這樣的場合也罷，和想利用地方人民所親近的通俗的“形式”，以收得直接的效果的藝術的宣傳，也是應該區别的。

像奚如君所説的，通俗化也重要。但是，在通俗化裏面也有兩個問題。一個是作爲教育、啓蒙的手段而使用藝術形式，提高文化水準。在這方面，“舊形式”和“地方的形式”的利用也是必要的罷。但是，另一方面是，創造最優秀的藝術文化，提高到那個水準。在這個場合，是不應該取卑俗的“利用”的方法的。即使不能馬上得到效果，但除了冒着困難前進，没有别的方法。而且，雖然創造的文化的組織事業和啓蒙的事業，是彼此相成的，但作爲一個文學者，却正是因爲知道它們中間的差别纔能使那效果配合的罷。

紺弩　我回到前面的歐陽的意見。他説：舊形式的東西淺薄是作者的能力的問題，當然對的；不過，舊形式也可影響（拘束）内容，舊形式恐怕有不容易容納較高級的内容的地方。比如説，章回小説的形式是從説書來的，起初并非純粹的讀物，或者倒祇是説書人的“脚本”或説出來的记録，因爲最初是口頭的東西，常常在最緊張的時候來一個“要知後事如何，且聽下回分解”，最適宜的是傳奇故事之類，和現在的現實主義作品是有些距離的。又，章回小説帶着很濃厚的文言文的成分，作者常常需要舊文章的修養，例如題目的對仗之類，恐怕也難在今後的作者筆下保存下來，故意去學，也很難討好。

鹿地　不用説，能力也有關係。在作家的創造的努力裏面，也可以從某種舊形式學得東西。然而，如果問題僅僅是這樣，爲什麽成了“利用舊形式”的大問題。我依然覺得在問題的理解裏面有混亂。

作爲藝術上的問題，開始使用了這説法的，我以爲是歐洲，尤其是蘇聯的新興文學發生的時候。我看，那是文學者爲了創造新的文學的型而作的各種摸索的努力之一。不過是種種摸索之一而已。結果是僅僅利用“形式”而成功了的文學，有一種麽？没有。藝術的宣傳是另一問題。應該大大地利用，没有討論的餘地。

當十九世紀初，德國浪漫主義勃興的時候，有過高唱希臘藝術復活的事情，但就是在那時候，“形式”也没有從希臘的自由精神而獨立地成爲問題。而且，法西斯們提倡國粹的舊文化的時候，也没有把舊的藝術形式從他們的蒙昧的人種觀念分開。

總之，我以爲這是在新興文化的“摸索時代”裏，被一部分人叫出來的片面的努力。但我們，不應該失於偏，應該把那當作種種的形式的努力裏面的一個參考去理解的罷。

再，不應該機械地太把這個問題重視了。使人覺得這是一個非常大的問題的印象，如像把“反對帝國主義”這個理論應用到花草栽培的方法裏面，想收得宣傳的效果，這是危險的。根本的問題不是“形式”，而應該是學習“舊文化的歷史遺産”這個更概括的問題。

艾青　剛纔我説的利用的“界限”，也就是這個意思。

凡海　我所説的作家的能力，是這樣解釋的：原來，我們利用舊形式，既然站在批判的立場，那麽我們利用舊形式的同時，不能不包含有對舊形式改造的一個側面。比方章回體小説，我們利用時，并不必一定要樣樣都照章回體舊形式，對某些地方，如“話説某某”“且聽下回分解”，可以删除的也可删除，可以改造的就可改造，而將其可以吸收的吸收起來。然而要將這些事，在新文學的立場上做到成功的地步，并不容易。我所指的作家的能力，是這麽説的。

艾青　凡海説我們利用舊章回小説的形式，可以把章回小説每章前後的詩，以及“話説某某”“且聽下回分解”不要。我不曉得剔掉那些東西，章回小説可以利用的是些什麽？那些就是它的形式呀。

凡海　我已經説過，利用舊形式，并不是照原樣搬過來。當然，有必要照原樣搬過來的時候，也不妨照原樣搬過來；但吸收舊形式的某一部分，也不能否認是舊形式的利用。

奚如　從文學的觀點看，我們還是應該堅持新文學運動的主潮，衹有革命的現實主義一條路，不過要更加使它民族化，——中國化，即首先理解中國人民大衆的實際生活，語言，感情，希望，如能做到這一步，寫出來的不再完全是結結巴巴的歐化句子，不再是完全脱離人民的口頭語，而真正走向了大衆化，那麽，則新文學就必然能爲識字的人民大衆所愛讀，能理解。至於利用舊形式所寫出的東西，我以爲看法不是從文學的見地上出發，而是從一定的政治宣傳的效果上出發，因爲一千個填入新詞的小調或大鼓，可以説能够達到政治宣傳上某種一定的任務，但不能就説是達到了文學上的進步。

關於章回小説體裁利用的問題，我以爲不是拘泥於開頭一定有兩句詩，以及到了緊張處就住筆，加以“欲知後事如何，且聽下回分解”，而是利用它的特點——（一）故事化，（二）叙述多於描寫，（三）有頭有尾，（四）非常詳細。

紺弩　第一，民族性問題，不一定與本題有關，新形式也好，舊形式也好，都應該注意民族性。不必特殊地提出。第二，固然有許多章回小説是叙述多於描寫，但特出的東西却剛剛相反，《紅樓夢》也好，《水滸》也好，《儒林外史》也好，都是描寫的東西。有頭有尾也不一定是舊小説的特點，新的長篇也常常是有頭有尾的，例如《安娜·克里林娜》，舊的短篇也無頭無尾，例如《聊齋》裏頭許多具有小説形式的東西。因此，所謂章回小説的規定，我比較同意艾青的説法。

鹿地　我贊成奚如君的意見。衹是，“舊形式的利用是宣傳問題，在藝術的創造上面，衹有革命的現實主義的一條路”這説法，有被誤解的危險。爲什麽？因爲現實主義不是形式的問題，而是方法的問題。形式應該站在現實主義的方法上面，向多方面努力。舊形式也可以作爲參考的罷。

在凡海君的意見裏面，我覺得問題的重點非常混亂。他説不是把形式照原樣地使用，而是改造地利用。終於還於從利用舊形式這個地方來提出問題。不是這樣的。問題是，我們應該有藝術創造的基本的努力，爲了這個努力的實現，如果必要，舊形式也可以做參考的。

艾青君的疑問，我以爲也不成問題。就是去掉了頭尾，章回體形式的小説依然是章回體的形式。然而，章回體的形式，在現代的文學裏也有，我覺得没有特别作爲“舊形式的利用”而做成問題的必要。我以爲應該更把目光放寬一點慎重地考慮一下問題的比重，就像“文化遺産”的問題，由於民族或國家的不同，它的重要性也就不同了。我們應該從古今東西去學習，文化遺産是那裏面的“古今”的部分。但是，例如在法國，“古今”也許比“東西”有更重要的意義，但在阿比西尼亞，倒是從“東西”的近代文化學習，是緊急的大問題。在中國，僅就新興文化説，應該從先進文化學習的部分是很多的，和在法國的兩者的比重不同。尤其是僅僅把形式問題裏面的一個極小的問題大吹大擂地討論是不好的。當面的重要問題應該很多。

組緗　我要求插進來説點意見，嚴格地説，文學本身就是宣傳的，文學和宣傳不必分開來説。問題是在所宣傳的對象。我們新文學作品所可宣傳的對象衹是一般知識分子。廣大的知識落後的同胞，無法能被我們的作品所宣傳。因此我們不得不使文藝通俗化，以便能向他們宣傳。利用舊形式的問題，就在這上面産生的。因此，這一問題，一不是像歐陽所説的改造舊文學的問題，二不是像鹿地所説的接受舊文學遺産的問題。

鹿地　吴君的意見是完全不對的。藝術文化，在廣義上也是宣傳。因爲它提高、組織民族的精神，養成高的民族性。比方説，今天的抗戰時代，實際上産生出了卓絶的民族戰士，人格的典型。文學者應該把這當作新的民族的典型，在藝術上完成它，把這創造成普遍的東西，但是，和有直接目的的宣傳應該區别的。例如説“打倒漢奸”的時候，藝術創造不成問題，衹要直接地達到這個目的的效果就好了。這是狹義的宣傳。

我對於關心大衆化，通俗化問題的吴君的小説家的良心，是佩服的。然而，爲了這樣的關心，把高的藝術的努力降低爲直接的宣傳事業，我以爲衹有把視野弄小的。

對於把一切集中到抗戰這意見，贊成得很。但是，把藝術創造解釋爲爲了“遠的目的”這意見，也是錯誤的。是爲了永遠，同時也是爲了現在。創造在抗戰中出現的優秀的英雄的人格的典型，把中華民族全體提高到這種典型去的事業，是有現在的目的的。同時，也有爲了民族的成長的永久的意義。事實上，這樣的人已經出現了。藝術家應該抓住它。直接的宣傳也應該誠實地執行，就是不要做“不擇手段的宣傳”。這樣一來，部分上這也會加强永久的意義罷。

總之，説“應該通俗化”，但到底能够捉住大多數民衆的心的是什麽？不是舊形式，也不是新形式，而是真切地觸到人的心的真實。衹要描寫真實就好了。創造出能够最適切地表現那真實的形式。把可以參考的東西都拿來參考好了。

紺弩 除了文學和宣傳的分界問題以外，許多地方我倒同意組緗的説法。舊形式利用問題，是從文學作品和接受者之間的距離或者説矛盾産生出來的。一方面要提高大衆文化水準，决不應該降低已經達到的水準去遷就落後的讀者，另一方面没有適當的（有新内容的）東西去投合落後的讀者，他們的文化水準又不能無緣無故地自己提高來接受較高級的東西。所以這問題一開始就和通俗化或大衆化或啓蒙運動乃至語義改革運動，識字運動之類是一齊的。自然，它可以和接受文學遺産問題有關，也可以改造舊形式，可是并没有血統關係。

艾青 很多寶貴的意見都被人家先説了。現在我要説的是，一、對於民族性的問題，同意鹿地的意見：民族性它所含的是一個民族的風俗、人情、習慣、思想，這些正是内容的問題。

二、對於利用舊形式問題，我的理解是依然把它看做爲了宣傳作用。實在的，我從不曾看任何雜志上所刊載的“鼓詞”“京戲”之類的作品。一提出利用舊形式馬上到處是舊形式，熱鬧得不得了。甚至於有人想利用這種現象來威脅新形式，幾乎要把新文學運動一筆勾銷。實際上這些用舊形式寫的東西并不曾被大衆所接受——買那些刊物的依然是知識分子。所以他們既不曾創造了文學，也不曾達到宣傳的目的。總而言之，把利用舊形式問題，强調到比任何問題都重要，從文學的發展的歷史上看是得不到解答的。反之，我想，如果把利用舊形式的努力，用到創造新形式上去，把新形式大衆化，或大衆化了的新形式用到宣傳上去，大衆也不見得一定會拒絶。再呢，對宣傳和文學，我和鹿地的意見一樣：文學的作用應該更高，影響也更深刻，對於新的意志的揭發，新的性格的描寫……都需要適當的新的形式，更高風格的文學去擔負。我就希望這樣的文學在抗戰中成長起來。

組緗　我不同意艾青的説法。在目前，是抗戰高於一切，我們一切的力量都應當集中在這點上面。我懸空説句話：——文學和抗戰，假若萬一有相妨相礙的地方的話，我們寧願叫文學受點委屈，去服從抗戰。因爲若抗戰失敗，民族不能生存，那時日本帝國主義統治了中國，哪裹還説得上什麼培養高尚的人性。我們不承認有超時間空間的永恒的高尚人性。在現在説，衹有努力抗戰的纔是高尚的人性。我們就要培養這種人性。目前我不承認另外還有什麼高尚的人性。

問題是目前廣大的民衆都没有抗戰的作品可讀。而他們對於抗戰的力量，我們萬不能漠視。因此我們要唤起我們的民族意識，加强他們的對於抗戰的認識，提高他們對於抗戰的情緒。使他們能够有力量起來參加抗戰。這就比如他們都是飢餓的，没有力氣起來抗戰。我們要給他們東西吃，使他們有力氣起來抗戰。這所給的東西，如果是滋養料極富的食品，那自然更好；但如果連這些東西没有，都就粗劣的食品也行的。若説非給他們好東西不可，壞東西萬萬給不得，那好東西幾時纔到他們手裹呢？我們目前民間流行的許多作品，如七字唱、大鼓詞、小調、京戲等，用我們的眼光看，都是很低劣的作品，但它們在民衆中所起的作用，所生的影響，我們却萬不能忽視。他們的人生觀，社會觀，世界觀，整個的人生哲學，往往就是那些東西給培養而成的。

紺弩　鹿地所説通俗化工作應該如何如何，似乎也和奚如説的民族性問題一樣，是一般的問題。又利用舊形式，并非放弃另外的形式，也非拿利用舊形式來代替一切。

鹿地　紺弩君似乎没有懂我的意思。他説，文化遺産問題不能作爲“舊形式問題”的解决。我是説，在宣傳事業上當然别論，但在藝術上，“舊形式的利用”差不多是毫無意義的。在藝術的創造上面，不應該把“應時”的東西給大衆。不是時間的問題。我希望，一個月拿十篇無聊的東西給讀者，倒不如寫一篇力作。

列寧曾經用着憤怒這樣説，“這偉大的民衆是值得給與最高的藝術的”，我在這裏面感到了真理。

總之，我希望於理論家的是不要偏。把小的問題吹得很大，也會生出偏向來的。

凡海　在宣傳的立場上説，利用舊形式這問題是比較簡單的。若是站在文學的立場上説，形式裏實際上不能與内容分離的。既然不能與内容分離，利用舊形式這問題便不能不與接受文學遺産的問題相關聯。現在，總是已經弄得很混雜了，我現在還想把問題再加以轉移，那麽，恐怕更加混雜了。不過現在可以不必討論我所提的問題。我衹把我的意見説一説就是了。我以爲，假使把利用舊形式的問題關聯着内容問題、文學遺産問題及通俗化問題等來想的話，可以在文學中國化這一個問題下包括起來。這就是説，將中華民族的許多特性，許多側面吸收在新文學裏面。這件事的實現，我認爲就是大衆化、通俗化，利用舊形式，接受文學遺産等等問題的實現。剛纔有人提起，文學的通俗化，是不應該做得使文學向後退的。我的意見也是這樣。但把中華民族的一切好的特性一切好的文化傳統吸收在新文學裏，并不是降低了文學，相反的，假使能够使文學更具體地、實際地成爲中國的東西，是文學的提高與進步。不過這件事也有一定的界限，越過了一定的界限而勉强迎合的東西，結果當然變成文學的庸俗化，即文學的退步了。我們所追求的正是這一點：然而無論通俗化也好，利用舊形式也好，要使它與文學的進步與發展不發生矛盾。

至於在這個原則下所創造的中國化作品，能不能爲全國人民所接受，那是另一個問題。文學儘量使大衆接受，儘量接受大衆，是文學的當然任務。但文學儘量做到一定的地步而有許多大衆仍然還不能接受時，這責任不應該單叫文學負擔。中國有許多人連方塊字也不認識，文學無論如何化來化去，他們還是接近不到的。這個責任是整個文化部門的責任，要從教育，人民生活，整個文化部門使大衆文化程度提高，而文學同時在自己的責任之内努力，才能奏到全功。

胡風 大體上，舊形式的利用，在文學上也成了問題，不外是因爲新文學不能普遍地走進大衆裏面這地方來的。和别的問題分開，抽象地把這問題提得過高，我看，就是在大衆啓蒙運動上面，也會發生危險的影響，那就是，會把根本的努力掩蔽了。第一，以爲寫一些，印一些舊形式的用品，便可以廣泛地賣到全國民衆裏面，就可以達到大衆啓蒙運動的任務，而忘記了大衆啓蒙運動是大衆生活改造運動的内容之一，没有大衆生活改造運動如“有錢的出錢有力的出力”的自動的廣泛開展，啓蒙運動不會收到提高民衆水準的結果。第二，以爲大衆啓蒙運動不過如此，衹要多少弄進一些政治觀念就好了，以爲民衆衹能接受低級的東西，因而把啓蒙運動卑俗化了，好像大衆啓蒙運動和真理的普遍化不一定是一個東西。這是宣傳教育工作上的狹義的功利主義，它的危險，是往往不能成爲推進行動的真正的動力。

至於從文化、文學的立場上説，鹿地君所提出的地方文化運動，我看是最根本的問題，不過，我們應該特别提出漢字拉丁化、方言文學的發展……今天談得很久了，就到這裏爲止罷，好在有未盡的意見可以根據今天談話的材料用文章來討論。

（幾個人的聲音：好了，上次座談會也是没有結論的。）

胡風 （對池田）但是，你不是一句話也没有説麽？

池田 幾次想説話的，但覺得論點很混亂，好像没有進展似的。

鹿地 怎麽没有進展？我看問題清楚了不少。你覺得很混亂，爲什麽不即時整理一下呢？過後説風凉話！

池田 幾次要説的呀，但大家都搶着要説，我不好意思插嘴。……

胡風 那麽，下次多説點罷，再不要客氣。

（笑聲中散會。）

（原載 1938 年《七月》第 3 集第 1 期）

創作口號及其它

××先生：

大作關於創作方法的文章讀過了。拙見：

1. 什麼主義什麼主義的文學，談談固然可以；實踐起來是很困難的。一個主義往往包不完各種各樣的作品，作品又往往不一定吻合一種主義或同時又類似幾種主義。比如説表現民族英雄的作品，誰都承認是我們現在所需要的，但豈不是可以説是三民主義的，也可以説是國家主義的，又可以説是社會主義的麽？再如有些很好的作品，比如《阿Q正傳》之類，固然可以牽强附會説是這種主義的或那種主義的，但如果作者本人不願意貼任何商標，那麽，我們是稱贊它，承認它，還是反對它，排斥它呢？一個作家寫了一篇作品，還是自己申明説這是什麼主義的，還是委托一個代言人像理論家之流來申明呢？一個作家如果還没有研究某種主義，或者還没有研究透徹，就這樣寫作品寫下去呢？還是暫時擱筆，先研究好了再動手呢？這些問題都是應該考慮的。凡不容易實踐的理論就是空論，無論什麽“理論家”説的，都應把它當作賣狗皮膏藥，當作抗戰八股看待。我們都知道文學不能離開政治，也不會離開政治，但也决不是機械地非和政治行動上的每一個臨時的短期的名詞術語完全同一不可。雖然我并不反對有一個切合實踐的創作口號。

2. 辯證法創作方法是早已過去了的東西，在它的老家曾被認爲宗派主義的。我在這裏不能説那詳情，但有一點是可以指出的，根據這一創作方法，就不能不過分地强調作者的世界觀。離開作品本身的價值，强調作者的世界觀這件事，做到極點，就會排斥那没有（或者現在還没有）正確世界觀的作者的優秀的現實的作品，并不每個作者都是哲學家，并不衹要不懂哲學就寫不出好作品來。莎士比亞，托爾斯太，戈戈爾，巴爾扎克，都不一定懂哲學，都不一定有正確的世界觀，但是寫出好作品來了；反之，最好的哲學家，不一定能寫出最好的作品，甚至簡直不曾寫作品。正確的世界觀對於作家是有用的，也確有世界觀正確的作家；但同時也確有不懂辯證法，而優秀地寫出真實作品來的作家。辯證法不是六〇六，可以注射到作家血液裏去，不是燒餅油條可以吃進，也不一定是讀過幾本哲學大綱、辯證法教程之類就可完全理解（因爲它需要實踐，本身又是發展的），豈不是難死作家麽？因此，它（辯證法創作方法）被批判了。這一點也可作爲提倡某某主義的文學的時候參證。

此外，你的文章是談中國化的，似乎很擁護中國化。但你這文章本身，却很不中國化，高爾基、吉爾波丁等外國人的話以及外國化文法句法都使你的主張減少力量。我也同意中國化，尤其對於一些西文不通，中文不好的翻譯家和除了引馬列斯的話以外，就空空如也的理論家們。但這口號也不能强調得太高，否則復古主義者，文言文派，古董商人們都會乘機而起，而且都要儼然以先覺自居了。

以上是一點讀後感，當然不一定對，而且說得也太直率，千祈原諒。祝努力。

耳　耶

（原載 1939 年 11 月 15 日《浙江婦女》第 5 期）

關於异小民族的藝術

中華民族，是由漢、滿、蒙、回以及其他許多异小民族組成的。但在歷史上，除了民族與民族之間的互相傾陷以外，很少看見别的東西。异小民族對於漢族怎樣看法不得而知，漢族對异小民族却是很不敬的，例如，他們的名稱，在方塊字這古怪的形體上，常常有些多餘的偏旁之類。但最大的不幸，還是我們對於异小民族，幾乎毫無理解。極偶然，極零碎，也極膚淺的幾點關於异小民族的報導，作者以獵奇的心情寫，讀者也以獵奇的心情讀，寫過讀過，也就過眼烟雲似的消散了。這是可怕的隔膜，這隔膜如果不産生嚴重的惡果，纔真是奇迹。以前的事不談，在抗戰中，敵寇利用我國异小民族的事實，是很足以教訓我們的。

要理解异小民族，要异小民族理解我們，不是一件容易的事，也不是一朝一夕可見成效的事，自然需要種種工作，如果没有心靈的接觸，没有感情的交融，没有文化思想的溝通（請注意，這裏的用語都和政治上用慣的“同化”之類有距離），深的理解是很難談得上的。

廣西是好幾個民族錯雜相處的地方，當局似乎早注意到了民族間的隔膜問題，所以有特種教育師資訓練所這種教育機關。但最使人興奮的是最近將有一個音樂大會，預定的節目中，有幾個异小民族的土風歌舞。把异小民族的藝術介紹給漢人，把漢人的藝術介紹給异小民族，是使兩者間的心靈接觸的最好的辦法，在今天，除了介紹藝術的本來意義，還有着不可忽視的政治作用。希望這音樂會衹是一個開端，以後繼續地大量地把各種藝術都相互介紹。現在文化界正在高唱民族形式，介紹异小民族的藝術給漢人，介紹漢人的藝術給异小民族，使彼此的藝術形式能因互相影響而豐富、發展，不用説，意義也正同等重大。

鑒賞异小民族的土風歌舞，外鄉人的我，很難碰見這種機會，但對於歌舞，自問太過外行；生怕鑒賞之後，無話可説，特先寫此短文，并將節目説明，附録於後，聊當介紹：

一、新（豐）舞——鎮邊倮儸

本省鎮邊縣及滇桂邊境倮儸民族，凡遇年豐順成，正月初旬必跳此舞，藉以慶祝豐年，舞時男女自成隊伍，共三隊，每隊九人，一人擊銅鼓，餘八人分爲二組，始則步伐相隨，繼則互角勝負，以酒肉酬得勝者，飲畢以次輪至第二隊第三隊，三隊舞後牽手跳銅鈴舞，故此舞以競争始以和諧終。

二、祭祖舞——東隴瑶

東隴瑶族，在二月插秧，十月收穀時，必跳此舞，以爲祭祖祀神。結婚祭祖亦演此舞，表示祀謝求神之意，舞人三男三女，各執銅鈴（盤）繞而舞，二老人立後念經，有銅鼓助威。

三、偏苗音樂——西隆偏苗

偏苗樂器用蘆管作簫，有孔六，三人合奏以爲娱樂，新年中則往别村。吹奏比賽，勝則稱譽全鄉。比賽所奏，多爲小調，其餘重要之調有三：

大醮——平時吹作娱樂之用，惟老人死後必吹三日三夜，一面吹來祭祀死者，一面爲解除死者寂寞。

小醮——字句比大醮爲短，二人合奏，一作母音，一作公音，每首十句左右，二首爲一對，頗爲動聽，比賽時甲吹一首，乙吹一首以對，以曲窮爲敗。

香堂——此調爲祭死者之用。凡人死後燒紙吹此調。

四、蘆笙舞——三江白布苗

苗人在新年中必吹笙跳舞爲樂，在廣場中竹竿一，上成十字懸旗，先由羅漢數人在竿下吹竹召集衆人。青年男女紛至沓來。舞時吹笙者衹有三四個不舞，盛裝之少女在裏圈，其外則爲羅漢，依人數之多少而圈子亦有差异，最少則一圈女（最少三人），一圈男，多時則男子有七八圈。女子雙手捧胸，羅漢手執竹葉，依蘆笙之節奏而進退疾徐其步伐。

雙手高揚，竹笙聲抑揚，其樂彌甚。按苗人之蘆笙，爲最高尚之樂器，分十二級，大者丈餘，小者僅尺，以小爲貴。每管有孔，其聲清脆悦耳。

（原載 1940 年 7 月 16 日《力報》）

關於歐陽予倩

在《國家至上》這劇本公演之前，我想寫一點關於導演歐陽予倩先生的什麽。但是題目雖然寫在稿紙上了，文章還是很費躑躅的。因爲：

第一，我自己對於戲劇導演，演技之類一無所知；

第二，我和歐陽向無交往，除了十幾年前看過他唱過一兩次舊戲以後，下裝後的廬山真面一直到最近纔見過一兩次，他的作品，也祇讀過一兩個劇本《潘金蓮》、《花木蘭》（也許劇名都不是這樣），連他自我介紹的《自我演劇本以來》也没有讀過，就是説，我對於他的無論哪一方面都知道的很少，理解得很膚淺或者説毫無理解。

然而，我還是要寫篇文章。因爲我向來敬愛，甚至誇張點説，崇拜忠實於自己的崗位工作，自始至終，以嚴肅的態度，埋頭苦幹；不求赫赫之功，也不怕求全之毁，不矜誇也不畏縮，不爲富貴、貧賤、威武而變易其素志，把自己的全生命獻給他所愛好的藝術的藝人，我以爲這種人纔是真正的藝術運動的支持者推進者。或者有人以爲這很容易；當然，口頭上説説，并不困難，難的是實際上做而且做到底，不然，爲什麽一直到現在，我們還祇看見歐陽一個。

歐陽是對於戲劇藝術瞭解得最多的一個，也是從事戲劇改革最早的一個。直到最近我們還看到經過改造過的《桃花扇》、《玉堂春》之類。對於舊戲，盲目的歌頌與反對，——過分歌頌舊形式，或是反對舊形式，我們都不贊成。舊戲有它的歷史，有些適合它的形式的特殊題材，也有它的廣大的觀衆，這就是它存在的理由。然而它必須主要地在内容上加以改進，纔不致爲時代精神所拋弃。然而它的改進，也一定有一個一定的限度，不能强迫它的形式完全適合新内容，也不能簡單拿新内容去牽就它的形式。怎樣從舊戲中除去違背時代精神的東西，對舊戲改革，是一件非同小可的工作，必須理解舊戲，能够駕馭它的形式；同時理解時代，能够把握時代精神，纔能勝任愉快。歐陽正是這一工作的選手。

在戲劇界，演、導、編全能的人，似乎并不算多，歐陽也是杰出者之一。我覺得在他的演、編、導三件事裏，貫串着一種他所獨有的東西：對於這，我還没有想出最適當的話來表示。胡亂地説，就像在普希金的小説裏所最容易碰到的一種使人親切，欣慰，而又悵惘的羅曼蒂克氣氛。處理兒女們的柔情、熱戀、嬌憨和哀愁，想未必有人可以和他并論。但這説法，衹是對特長的强調，并不是説他除此以外，别無所能；更不是説他會以這特長來導演《國家至上》或者因爲這特長而會妨害《國家至上》。而且羅曼蒂克氣氛，也不光適合於兒女私情，應該同樣也能表現英雄們的大事。

——以上算是我對於歐陽的一點理解。

戲劇運動在抗戰中壯大，擴張，提高了。并且還在壯大，擴張和提高中。今天，一定有不少的戲劇藝術的學徒或者説戲劇戰綫的戰士，不光願意向《國家至上》這劇本，同時也向這劇本的導演，一個嚴肅的老藝人學習的。那麽，他們應該把看這次的演出，當作一個緊要的工作；而他們的幸運，也將爲看不見這次演出的人們所羨慕。

（原載 1940 年 8 月 23 日《力報》）

略談魯迅先生的《野草》

仿佛有人説過，波特來爾的《惡之花》是新的顫栗。我不懂波特來爾，《惡之花》又衹看過幾點斷片，至今印象毫無，説不清與顫栗有關没有。但對於魯迅先生的《野草》，却實在感到了顫栗的。

孔子曾盛稱："關雎樂而不淫，哀而不傷"，所以詩以悱惻纏綿，温柔敦厚爲主；擴大開來，中國的思想，也都以中庸爲主。不偏之謂中，不易之謂庸，就是樂而不淫，哀而不傷的注脚。捨乎此，不是過火，就是不及，都屬於偏激者流，爲中國的傳統思想所不許的。魯迅先生的思想本來是反傳統的，而《野草》却最爲特色，全部是樂而淫，哀而傷，毫無温柔敦厚，不偏不倚之氣。《野草》中間所表示的絶望，是真實的絶望以上的絶望；表示的憎恨，是真實的憎恨以上的憎恨；而他所看見的黑暗，也是真實的黑暗以上的黑暗；所感到的寂寞，更是真實的寂寞以上的寂寞。

郭沫若曾有一首詩，題爲《天狗》，大意是説天狗爲熱情所苦，無可奈何，把太陽也吃了，月亮也吃了，而且把自己也吃了。《野草》中也有如此情况，那是由於許多苦痛的經驗教訓所養成，覺得天下事無一可爲，也不知如何爲，而偏又不能不爲。爲則四面碰壁。扶得東來西又倒，甚至連自己也被淹埋在唾駡中；不爲又目擊一般"造物的良民們"，生而不知如何生，死不知如何死，生不如醉，死不如夢，而人類的惡鬼則高踞在這些活的尸骨、死的生命上饕餮着人肉的筵席。而自己偏是這些良民中間的一個，而自己偏是這些良民中間的覺醒者！婉轉呻吟，披髮大叫，遍體搔抓，捶床頓足，自己也不知道在幹什麽，爲什麽，要什麽。文藝是苦悶的象徵，也許還有多少商討餘地，但在對魯迅先生的《野草》的場合，却極爲確切。

……有一游魂，化爲長蛇，口有毒牙。不以嚙人，自嚙其身，終以殞顛。

…………

……抉心自食，欲知本味。創痛酷烈，本味何能知？

……痛定之後，徐徐食之。然其心已陳舊，本味又何由知？……

——《墓碣文》

這就是《野草》的最好的自序。《野草》裏的文章幾乎每一個字，都是在這樣一種心情之下寫出的。

我的心也曾充滿過血腥的歌聲：血和鐵，火焰和毒，恢復和報仇。而忽而這些都空虛了，但有時故意地填以沒奈何的自欺的希望。希望，希望，用這希望的盾，抗拒那空虛中的暗夜的襲來，雖然盾後面也依然是空虛中的暗夜。

——《希望》

有我所不樂意的在天堂裏，我不願去；有我所不樂意的在地獄裏，我不願去；有我所不樂意的在你們將來的黄金世界裏，我不願去。

然而你就是我所不樂意的……我不願住。

——《影的告别》

我將得不到布施，得不到布施心；我將得到自居於布施之上者的煩膩，疑心，憎惡……我至少將得到虛無。

——《求乞者》

於是人生不過是走到墳去的“過客”，人世間到處都是“頹敗綫的顫動”，群衆是鑒賞殺戮的路人（《復仇》），乃至釘死人之子的凶手（《復仇》其二），“好的故事”，不過是夢，而值得追懷的反而是“失掉的好地獄”！還有比這更可怕的麽？

魯迅先生雖有三十年的創作生活，但成爲被注目的作者却是從五四時代開始。五四運動，有人比之爲歐洲的文藝復興；文藝復興的思想主潮，被稱爲人的覺醒，五四運動也正是這樣。關於中國的人的覺醒的内容，我已在别的文章中談到過，這裏不再贅述。自然，五四運動中的各個戰將的思想，都離不開人的覺醒這一主潮。但就每個人的全部戰績全部歷史看來，最足以作爲代表的却衹有魯迅先生。

然而“人生最苦痛的是夢醒了無路可以走”（《娜拉走後怎樣》）。最早的覺醒者或者説覺醒者的初期，往往衹是寂寞的個人，“叫喊於生人中，而生人并無反應……如置身毫無邊際的荒原，無可措手的了”（《吶喊》自序）。而自己又偏要對於尚未覺醒的同胞，“較永久地悲憫他們的前途，然而仇恨他們的現在”（《復仇》其二），“自己背着因襲的重擔，肩住了黑暗的閘門，放他們到寬闊光明的地方去”（《我們現在怎樣做父親》）。於是天下從此多事矣了。

《野草》的創作期間，是“五卅”，“三一八”前後，《淡淡的血痕中》，就是爲紀念“三一八”的死者而寫的。這時候也正是國民革命軍北伐以及大革命的前夜，帝國主義的侵略加緊，北洋軍閥的統治瀕於崩潰，因之也更爲殘酷，官僚政客乃至所謂文人學者們的面孔也更爲醜劣。自辛亥革命以來，中國經過種種的改革，但每一種改革，幾乎都是虚僞，欺騙，换湯不换藥。如果不進一步覺悟到衹有徹底革命纔能挽救中國危亡，解除民生痛苦，則對於現實感到幻滅，絶望，是必然的。

有人説魯迅先生的世界觀，是由進化論轉變爲革命論，也有人覺得他的思想衹有發展，無所謂轉變。這樣的嚴重問題，我一向不敢插嘴；現在重讀《野草》，覺得他固然確有不變的東西，但也確有不妨稱之爲轉變的東西。《野草》就是舊的世界觀發展到極致，走到絶境，碰到現實的壁上所爆發出來的燦爛的火花。

什麽是他的不變的東西呢？戰鬥精神和悲天憫人的情操。在《野草》裏曾歌頌“這樣的戰士”，而《淡淡的血痕中》又説：

> 叛逆的猛士出於人間；他屹立着，洞見一切已改和現有的廢墟和荒墳，記得一切深廣和久遠的苦痛，正視一切重疊淤積的凝血，深知一切已死，方死，將生和未生。他看透了造化的把戲；他將要起來使人類蘇生，或者使人類滅盡，這些造物主的良民們。

絶望於應該絶望的，憎恨於應該憎恨的，以真實的黑暗爲黑暗，以真實的寂寞爲寂寞，毫不粉飾敷衍，欺人自欺，就正是“敢説，敢笑，敢哭，敢怒，敢駡，敢打”，“敢於直面慘淡的人生，敢於正視淋漓的鮮血”的魯迅先生的本來面目，也是使他的思想轉變的重要因素。

《野草》是魯迅先生爲自己寫，寫自己的書，是理解他的鎖鑰，是他的思想發展的全程中一個重要的樞紐；不過，同時也是整個中國文化思想不能不向前邁進一大步的忠實的反映。

一九四〇，一〇，一五

（原載 1940 年 10 月 20 日《野草》月刊第 1 卷第 3 期）

彭燕郊的《第一次愛》

彭燕郊把他的詩集《第一次愛》編好了，我翻了一翻，我說："你不寫篇序什麽的嗎?"他說："我没話要説，我是留給你寫的。"也許他真没有話要説，甚至不知道怎樣説，因爲，他是"第一次愛"。

現在這繁重的工作落到我頭上來了，那麽，饒舌家，打開你的話匣子吧!

十七年前，正是和現在的彭燕郊的年紀差不多的時候，我是個軍官，在打仗的中途，留在南海邊的一個小縣城裏做事。那時候，在南中國正在興起農民運動，因之那縣城有一個培養農運幹部的講習所。我的工作之一，是到那所裏去講幾點鐘的課。講課，那實在衹有天知道，不但我不會講，就是會講，他們也聽不懂；在課堂外，彼此就講不通話，何況在課堂上跑起野馬來呢?但是一上課的時候，幾十雙眼睛總是圓溜溜望着我，而裏面的一雙，像寒夜的星星一樣閃亮，使我一接觸它，身上就發熱，非馬上逃開不可，以致每次上課都弄得非常狼狽。那是雙什麽眼睛呢?那是兩個大玻璃窗，從那窗子望進去，可以清清楚楚望見那裏面的東西，那玻璃窗的所有者的心與靈魂。那是雙什麽眼睛呢?那是兩張能説會道的嘴，它向你訴説着無窮的心事，雖然并没有聲音。不是不懂這地方人講的話麽?那是因爲都是用聲音説的，如果用没有聲音説，就反而什麽東西都懂得了。那是雙什麽眼睛呢?那是到天國去的兩道鐵軌，在那鐵軌道上，你可以開動直到上帝的寶座面前的火車。那是雙什麽眼睛呢?那是死囚的提案人的一個手勢，那手勢的意思是："跟我走!"雖然你明知道這一去就不會回來了，但除了跟他走，還有什麽法子呢?這雙眼睛的主人是個女性。所裏的學員，男女都有的，我已經二十二歲了，還結過一次婚，但在愛情的關頭上却是一個真實的童男。我上過戰場，僥幸没有受傷，也没有當俘虜；一上情場，我知道，我完全失掉了同樣的幸運。

雖然二十二歲了，其實還是一個無知的孩子，在私塾裏讀過幾年書，進過一個高等小學，整個的學歷如斯而已。兩三年的流浪，也認識一兩個青年女性，但她們起碼都是中學生，比我知道的事情多得多，在我看來，她們都不是和我一道站在地面上的人，她們是那天空的雲彩簇成的幻象，肢體是白玉，頭髮是金絲，眼和口是珍珠、瑪瑙。美，惹人，可是太高了，太遠了，除了天風可以撫摸她們，我是無論怎樣也無法企及，正像無法够着太陽、月亮和星。忽然説是那在天空昂頭闊步的幻象變成了一個實體，向我下垂着青眼，這受寵若驚的情緒是無法形容的。在生活裏不曾遭遇，在感覺裏不曾感覺，在希望裏不曾準備的這突如其來的新的力量，簡直像天上掉下一顆炸彈，把我完全毁了又重新鑄造出一樣。簡直像二十二年的存在都衹是軀殼的存在，現在纔被注入了一個更重要的東西：靈魂一樣。我看這世界上的一切都不同了，一旦豁然貫通似地馬上懂得許多東西：嘗到了苦與樂，悲與喜交替糾結着的人生的滋味，理解了不懂的詩篇和畫幅，發現了自己，自己的生命、欲望與前途。而最痛苦的是那蓬勃的、層出不窮的、抑制不住的感情。那感情急需發泄，急需排解，恨不得拉住每一個在路上走的人來聽我講説，恨不得向天下人剖示我的胸臆，告訴他們這裏面藴藏着如何豐富的珍寶。但同時也恨不得到一個杳無人迹的荒山野外去痛哭一場，怒吼一場，或唱一個無腔無譜的歌。就在這時候，我不知説過多少智慧的語言，也不知做過多少愚蠢的傻事。我寫過許多至情的詩篇，其實我自己并不理解。

這是我的第一次愛。

對於彭燕郊，發生了“第一次愛”的大力量是戰爭。

“八一三”的炮火剛響的時候，大家歡欣鼓舞的情緒也是難以形容的，朋友們跑到黄浦江去看炮炸出雲艦，冒着流彈的危險，跑到前綫去打聽消息，爬到三層樓裏去望閘北大火，跑到難民堆裏組織群衆，跑到弄堂口打漢奸……没有人碰見了不談戰争，没有人談起來不眉飛色舞，哈哈大笑，恨不得跳起來、飛起來。我們都覺得世界完全改變了，什麽都不同了，一件東西，昨天看來還是那樣的形狀，那樣的顔色，今天却變成這樣的了，一樁事情，昨天還認爲是那樣性質和意義的，今天完全相反了！艾青的《向太陽》就説戰争治好了他的憂鬱症，他看見街上的警察、賣菜的、主婦、少女、苦力、傷兵以及在操一二三四的兵士，無不蒙上了一種新的光彩，以致高興得、幸福得“甚至想在這光明的際會中死去”。

彭燕郊在戰争開始的時候，還是個十七歲的天真未鑿、至多也不過“情竇初開”的毛頭小子，然而戰争使他加速地成長而且壯大了；戰争使他離開了那渾渾噩噩的家庭生活和學校生活，使他走到戰場：參與了戰争，和成千成萬的戰士們生活在一起，戰争給予他以生命，意志和才能，給予他以嘹亮的歌喉和歌唱的情緒與欲望。於是他成了戰争之子，正像他的詩所表現的另一方面，詩人自己招供：

我的乾渴的雙眼
貪饞地吸飲了緑
我的生命的根莖
是緑色所灌溉的呵

——《緑色出現》

歌頌戰争，彭燕郊寫過《春天——大地的誘惑》和《戰鬥的江南季節》等一連串的有名的詩篇，在這本詩集裏還有《春雷》、《緑色出現》、《母性的……》、《路斃》、《村莊》等帶著濃厚的火藥味的作品。他把戰争比爲春雷，春雷一來，大地上什麽都變了，甚至——

如應親熱的召唤
而探首於大氣之中的蟄蟲

群隊
換上了輕捷的新裝
絡繹於
欲雨的雲天下——

拋擲着
闊大的脚步啊。

——《春雷》

但是戰爭不僅使他歌頌戰爭本身，而且化腐朽爲神奇，使他對於戰爭以外的一切，都好像初次看見一樣，有着無窮的驚异與興奮。這《第一次愛》就是驚异與興奮的表現。我和彭燕郊住在一個屋子裏頭，他的抽屜裏有一個小孩們玩的萬花筒，似乎已經破爛得不能再玩了，他用各種顔色的紙片把它捆好，從黄金龍和銀河牌的烟盒上剪下它們的商標，貼在上頭，使它美觀。如果天晴，如果他又没有事，我們就會看見他坐在床上，閉着一隻眼睛，睁開另外一隻，兩手捧着萬花筒朝窗外瞧，一面瞧，一面轉着拍着那玩具，口裏不住地叫："好看極了，美極了，這個更好，怎麽這樣好看呢！這個醜，醜，不要！媽的，滚開……"

這世界，在彭燕郊看來，也就是一個大萬花筒。這裏面許許多多的事事物物，我們大家都看見過，可是很少人覺得稀奇，很少人發生興趣，甚至看慣了，雖然天天看見，也和没有看見一樣。彭燕郊却不同，他看什麽東西都是新奇的，一個水磨，一匹小牛，一個死人的出殯，一根冬青樹的開花；一面看，一面還情不自禁地嚷："美，好看！醜，不要！"等等。

而且他不但對於我們常見而漠然了的東西發生興趣，還能從大家共見的東西上看出我們所不能看見的東西來。比如説，在郊外看見一個死了的農民冷冷清清地被埋掉了，我們除了"死者生前的厄難和身後的蕭條"，還能看見什麽呢？他却看見：

今天晚上，他將化爲一陣陰風
回到乍別了的熟識的故居
像往日從田野裏耕罷歸來一樣
他將用他那紫色的手
撫摸那還沒有編好的籬笆
他將用那魚肚白的眼珠審視
那菜畦裏的菜是不是被夜霜打蔫了菜心
他將用那寂滅了的耳朵諦聽
畜棚裏那條病了的老牛是否睡得安穩
那些老鼠是不是又在搜索瓮底的餘糧

而且，他還看見：

他將托夢給他的無以維生的家屬
用神秘的、黑色的、啞啞的聲音説話：
那邊，在屋後的山坡上
古松樹下，幾十年前，曾經有一個行商
埋了一瓮銀子在那裏
……
八月十五夜，子時
當月亮稍偏向西的時候
你從倒地的樹影的梢頭，挖下三尺深
你就可以得到那瓮銀子
此後的生活
就不用愁了……

——《殯儀》

這自然都是鬼話，一個常識家馬上就可以指斥，然而這是詩，真的詩，不是破除迷信的平民千字文之類的東西。一個窮苦的農民死了，他的悲哀并不一定跟着他死掉，假如有什麽“在天之靈”的話，他還要擔心着妻兒們的生活，無知的人們常常以爲變成鬼，馬上就神通廣大了。假如這農民的鬼魂也有神通，他首先就會去打聽什麽地方埋着有銀子吧，假如打聽到了，他準是馬上去告訴他的妻兒的吧，這“自私”的農民！誰會這樣剔出過農民的精魂？誰又曾看見農民的連死也不能完了的悲哀！在《牝牛的生産》裏，他説牝牛生了一頭小牛，一家大小，隔壁左右都爲之忙亂而欣喜——

勤快的嬸娘給我們預備了慶祝的晚餐
我們都聚集在燈下笑談牝牛的故事
和她懷孕的經過
羞得姑娘們捂起臉伏到桌上笑個不停
我們歡欣地吃着新鮮的竹笋和去冬留下的
腌魚
祖父則吩咐嬸娘
把過年剩下的老酒給大家溫出一盅來……

——《牝牛的生産》

即使是喜慶的場面，我們不也仿佛看見了農民的渾濁的泪珠麽？至於《小牛犢》裏，向一群小牛展示它的一生和結局，説得毛骨悚然。牛不但是農民的夥伴和奴隸，同時也是農民自己的象徵。那詩篇就説是直接悲憫着農民，也未爲不可的。而《磨》、《珍珠米收穫》、《村莊》等農村風景，更直接與農民有關。

杜思妥耶夫斯基寫完了他的處女作《窮人》，别林斯基對他説：你的年齡應該還不懂得你寫得如何地真實。如果别林斯基的話是對的，彭燕郊也應該不懂得他自己的詩篇的沉痛。自然，我們不能狂妄到以别林斯基和杜思妥耶夫斯基自比，這裏所説不過衹取一端而已。

古人稱自然流露的詩爲“天籟”，即自然的音律，似乎許多人都把它應用到形式上的枝節問題上去了，但内容應該更重要。詩人成功地寫出了自己的年齡和學力所應該不能理解的某種内容，神秘性的説法，就是自然假手於詩人來宣泄自己的秘密，也就是所謂“文章本天成，妙手偶得之”，更應該是一種天籟。雖然，彭燕郊的詩往往有雕琢、堆砌、間或的表現力不够、不大合口語等等毛病，和習慣的天籟的意思甚至剛好相反。

半意識地，懵懵懂懂地，彭燕郊也寫出了他的對於未來的憧憬、懷念與贊美。《落葉樹》、《春雷》、《緑色出現》、《黎明》，是屬於這一類的。戰争會改造我們的民族和國家，這差不多已是家喻户曉的常識，詩人對於未來的熱情，盼望明天早些到來的熱情，自然不會缺少，所以他甚至情急地要——

奮起追風的四蹄
我拉着太陽乘坐的金輦
在廣闊的天宇奔馳

——《黎明》

戰争如果能改造我們的民族和國家，它必是從我們人改起，從人與人之間的關係改起，從人民的生活改起。它需要新的人，需要對人和事物的新的看法；需要把潛伏在人民的生活底層，心的底層，爲一般人所不能看見的東西掘發出來；需要人民的聲音；需要人民毫無掩飾，毫無顧忌，傾心吐膽地説出他們的樸質的希望。戰争把這任務交給這時代的詩人們，要他們迅速地完成它。彭燕郊就是其中的卓越的一個。他歌頌戰争，用戰争的眼觀察一切；他是農民之子，他的詩就是農民自己的語言：他暴露着農民最隱秘的東西，而歌唱着農民和他自己對於未來的希望。所有這些力量都是戰争給予他的。戰争誕生了他，教育了他，使他陷於一種第一次愛的興奮與沉醉的狀態，在這狀態中，他寫出了甚至連自己也不充分理解的感人的詩篇。他將終生擺不脱這種神聖的戰争的影響，正像别人永不能忘記各自的第一次愛。

末了，我要説我讀完這本集子，覺得到處有些光輝奪目的東西，覺得即使把它們拆開來一段段、一句句地讀，也非常動人，好像拆散了一串串的珍珠，就看見許多圓潤的發光體滿地亂滾光芒四射一樣。比如他説水磨——

以四射的水珠你散開着
一條潔白的圍裙

——《磨》

這何等美麗，又何等神似。他説那快要倒塌的棚門——

像剛剛給誰打過一記耳光般
站也站不穩……

——《村莊》

説那用竹竿挑着的牛皮——

就像軍士扛着他們的大旗
偃息的旗，受傷的旗
沉重的旗，連風也不能掀動……

——《小牛犢》

這些比喻何等確切、生動而有力，簡直使人看見了的一樣。至於神態與口吻都極其逼肖的還是他問那天真無邪的小牛：

這裏聞聞一下
又往那裏跑去了
你忙些什麽呢
你這小傻瓜？

——《小牛犢》

不過像這樣的句子，既然滿眼都是，一一摘録，勢必不勝其煩，而且比起内容的深沉來，反而是他分所應有，不足驚奇了。

兩年前，桂林發生過一次所謂新舊詩論戰。作舊詩的人們曾找出一兩個新詩上的修辭的缺點，作爲進攻的口實。即使是微小的缺點（如果真是缺點），誠然也不應該有，但新詩發展到現在，許多卓越的詩人，已經完全脱離了舊詩式的尋章摘句，舞文弄墨的窠臼，而以内容戰勝了一切。現在的詩，不但和那些風花雪月無病呻吟的舊詩，有着不短的距離，就是和過去的新月派、現代派的新詩也有着顯然的差别。舊詩所表現的是誰的生活，怎樣的生活？發抒的是誰的情感，怎樣的情感？新月派、現代派的詩所表現的是誰的生活，怎樣的生活？發抒的感情是誰的感情，怎樣的感情？不必捨近求遠，衹拿彭燕郊的詩和他們的一比，那“新詩”和舊詩就都黯然無光了。現在還有大膽的反對新詩的人敢説：“拿作品來看麽？”我將毫無愧色地向他奉上這本小小的詩集：

——這裏就是，瞧瞧，《第一次愛》！

1942年7月30日，桂林

（原載1942年《文化雜志》）

無所謂怎樣寫雜文?

接到一個題目:《怎樣寫雜文?》我吃了一驚。我怎麽知道“怎樣寫雜文呢”?如果我知道怎樣寫雜文,我一定要寫些雜文的吧?但是到現在爲止,我一篇雜文未寫。請問,你怎麽知道我知道怎麽寫雜文呢?

我是個詩人。至少,我主觀上是個詩人。詩,唉唉,真是苦悶的象徵啊!我有如此豐富的感情,像暴風雨下面的波濤一樣在我心裏奔騰澎湃,我克制不住,壓抑不住,或者説那感情像燎原大火一樣,在我心裏燃燒,我簡直没有方法撲滅,簡直没有一刻工夫可以寧静!因爲我讀過書,認識字,能够拿筆,也衹會如此,於是有一天鬼使神差地寫了我的第一首詩,我也不知道那詩好不好,是不是詩,我本來未讀過詩學法程之類的書,衹是寫了之後,我覺得心裏舒服了。我非常高興,以爲我的心從此可以天下太平;但是有鬼不,没有過多少時候,心裏又有東西燃燒起來,奔騰澎湃起來,我又迫不得已,寫我的第二首詩。以後攪慣了,寫上癮了,就寫第三首,第四首……老實説,我是毫無野心、毫無欲望的人,并不想做詩人,詩人的月桂冠一點兒也不能歆動我。我之寫詩,并不是爲了給讀者看,并不是想博取一個詩人的頭銜;我的詩,好不好,是不是詩,我實在毫不在乎,在讀者那裏能不能發生影響,發生怎樣的影響,也從來不曾考慮。我本來不是爲寫詩而寫詩,衹是爲了我的不幸,即那種不可告人的隱疾,那時常心血來潮的隱疾;换言之,爲了治療那不可告人的隱疾。

要不要我告白一下,要不要舉一兩個具體的例子出來?如此説:若干年前,有幾個攪軍隊的朋友,從小就和我很要好的,他們的隊伍已經相當大了,有一次碰到一個很悲慘的失敗,完全不應該有的失敗,裏面幾個甚至在那次失敗中死去了,而且據説死得很慘。我聽見了這消息,爲了我跟他們的友誼，爲了他們的軍隊實在是我們的民族與國家的最好的軍隊，我覺得這損失太大了，於是心裏緊繃繃的，足有一個禮拜以上。在這前方的朋友正在失敗死亡的時候，大後方的朋友却約我看戲。我的悲懷正無法排遣，看戲就看戲吧，於是就去了；記得那戲是小飛燕和小金風合唱的《白蛇傳》——水漫金山寺，不知怎麼一來，我如有神悟，回家奮筆直書，寫了我的《蛇與塔》，這是一次。另外一次，大概還在滿清的時候，頂近也是曹錕做大總統的時候，我記不準確，總之那時候我是個鄉下的小百姓，雖然我現在也不過是一個城市裏的小百姓。有一個什麼“老爺”請我吃飯，我不敢不去，心裏却想，何必假惺惺呢？你不是靠欺負我們赤手空拳的小百姓，想盡方法使我們不痛快，不舒服，乃至無法生存來過日子的麼？請的什麼鳥客？筵席上是許多老爺，小百姓却衹有我一個；管他呢，低着頭吃吧！但是不行，老爺要我講話，要我講對於他的德政的觀感。我最初覺得很滑稽，接着又覺得是當面侮辱我，最後甚至感到了恐怖。我知道逃不了，“人到矮檐下……”，衹好站起來，竭盡了巧言令色的本事致完了我的頌詞。但是我回家帶着聖處女被强奸了的心情過了許久許久，一直到寫成了《兔先生的發言》。再説點較近的吧。什麼時候不是槍斃過一個姓楊的市長麼？風傳是因爲囤積糧食。并且風傳幹同樣玩意兒的人還不止他一個。我真不懂這個市長老爺是什麼心肝，在這種嚴重關頭來擾亂糧政，掠奪民食！我甚至疑心他們是敵人派來的，我們的政府裏是有這樣的人物，而且還不止一個，在我，實是一個大的悲哀！於是寫《范蠡與西施》。又一回，一個什麼界的名人壽終正寢了，他的許多同行嚷着嚷着要公葬他。我一向對於那位名人不懷什麼敬意，這回連對於他的同行們的嚷嚷，竟也一同反感了，於是寫《醃狗記》。其餘如《廢話》，《韓康的藥店》，《探春論》，《魔鬼的括弧》，《〈早醒記〉題記》等等，無不各有一段衹有我自己知道的苦悶的經驗，衹是説來話長，這裏不必一一提起了。

我們生在把詩一行行排列的時代，詩人必須有把自己的整個的作品，像炒肉絲似的臠切成一小點一小點，把它們排成兩個字一行，一個字一行，甚至没有字一行的决心。讀者已習慣於這種排列法，認爲這樣纔是詩，否則不是。我是没有這種决心的人，我把我的詩整片整片地寫着。這很不合時尚、淺薄的、形式主義的，不，排列主義的讀者或者文章分類家，没有看過或者看不慣不分行的詩，我又没有像哥戈里在他的《死魂靈》上注上兩個字："詩篇"，高爾基在他的《二十六個和一個》上注上："我的詩篇"，魯迅在他的《野草》上注上："散文詩"；他們不懂得我寫的什麽，於是异口同聲地："雜文，雜文!"第三個"雜文"! 多麽辜負作者啊！我的詩，即他們所認爲的雜文，即使真是雜文，也是我以詩的情懷寫的，以詩人寫詩的方法寫的。

我也寫過小説和别種文章，總是不能令自己和别人滿意。我告訴你一個關於我的秘密，你可别告訴别人就是；我一點點兒的才能都没有。我懶；没有組織力和想象力；藝術修養又不够，抓不住形象；感情浮薄，感想多而且零碎；興趣的方面廣而又没有恒心……我不能寫小説或别種文章，不能成爲小説家或者别的什麽家。不過我也不在乎，我本是個没有野心或欲望的人。問題是年紀漸漸大了，活在這世界上，不能不有多少見聞，那些見聞又實在足以撩起前面説過的我的隱疾，於是東塗西抹地隨便寫點小東西來排遣排遣，結果就是一些我自以爲是詩而别人却説雜文的雜文。那麽，即使我所寫的真是雜文，請問，我又何曾知道怎樣寫雜文?

然而我彷彿聽見那出題目的人説："先生！站在你面前的是一個初學寫作的青年，他有志於寫雜文，請你告訴他一點方法，最好自然是秘訣什麽的。"這説詞實在很好，使我簡直無法推辭；可是我有點兒懷疑：世界上竟有這樣没有大志的初學寫作的青年麽? 如其竟有，那麽，我要首先告訴他：你且不必學寫什麽雜文。向小説家們學寫小説去吧，向劇作家們學習劇本去吧，向散文家、論文家們學寫散文或論文去吧，再不然向别的詩人們學寫詩去吧！等到你把那些本事的全部或者那些本事中的一種或幾種學到手了，你就會一點兒寫雜文的意思都没有的。縱然一時間高興，想寫得玩玩，那就隨手一寫，自然成爲雜文，用不着怎麽學；

即使你一種本事也學不到手，不得已而求其次，跟我一樣，衹好改寫雜文，也還是隨手一寫就成，用不着學。我自己就没有學過。至於秘訣之類，要説有，恐怕也真有的吧；但那衹是一些粗淺的道理，一些老生常談，比如説：寫你自己的文章，切莫寫别人的。别人説過的話，無論怎樣好，不要翻來覆去地盡説。别人的意見，不要當作自己的意見；即使那意見實在跟你的完全一致，你又非重述一遍不可，假如有這種場合，也必須用另外的，即你自己的話説出來，用新的證據證明出來。什麽書都可以看，什麽人的文章都可以看，有些人的文章還應該精心地看，假如那文章特别合你的胃口；但是切莫以爲雜文有什麽正宗，切莫以爲雜文衹有某一種或者某幾種寫法，切莫以爲衹有某人的文章纔算是雜文，切莫以爲雜文必須帶有文言的字眼，句法或成語，或者必須帶有洋文的字眼，句法或成語，雖然也不必故意避免。尤其是切莫模仿任何人的文章，即使那文章是魯迅的，即使那文章，讓我説一句不怕肉麻的話，即使那文章是我的，也決不可模仿。你不妨受任何人的影響，可是重要的是要體會，學習杰出的作者的創造精神，即獨立的，不依傍任何人的門户的精神。寫你自己的文章，從内容到形式，從思考方法到表現方法，都要是你自己的。這就是秘訣！因之《怎樣寫雜文》這題目下的應有的警句是："無所謂怎樣寫雜文。"這自然并不限於雜文；而且親愛的朋友，你既然是有志於寫作的青年，這點點粗淺的道理，一定早已經知道了。至於我還在這裏嘮嘮叨叨説這麽一大篇，你大概也明白，衹是爲了交卷？

一九四四，三，廿七，渝郊

（原載 1945 年 2 月青年生活社初版《怎樣自我學習》）

毛詞解

毛詞《沁園春》發表後，有人以爲是封建殘餘，是帝王思想的表現，本月四日《和平日報》副刊上載的董令狐先生《封建殘孽的抬頭》，及楊依琴先生的《毛詞沁園春箋注》可爲代表。

董先生説：

> 離開愛先覺羅朝的統治，已經有三十四年了，在這段歲月的洪流中，封建的沉渣却時時泛起，項城稱帝，張勛復辟，至於軍閥争霸的混戰，歷史重重壘壘地演着悲劇，“山河如此多嬌”，不但“引無數英雄盡折腰”，而且强鄰側目，連延安的“領袖”也“欲與天公共比高了”，一闋沁園春，“還看今朝”！抱負自然不平凡，祇惜一念之中，離開了向所借用的幌子，於是乎大衆文學，民間口語，都丢之腦後，在腐臭的裹脚布縫隙中，却現出了秦始皇的面目！

楊先生説：

> 口氣真是不凡，項羽的拔山吟，漢高的大風歌，以之相較，渺乎其小，何足道哉！在作者的意思：秦皇漢武的武功是可以了，論“文”則還差一點，唐太宗，宋太祖“風騷”不够；就是武功頂括括的成吉思汗，也不過是一個不開化的野蠻人罷了。作者拿他們的事業，私下和自己比上一比，結果覺得都不能滿意，所以，接着就説：“俱往矣，數風流人物，還看今朝！”自況之餘，蓋以自負也。
>
> …………
>
> 中國人民祇求能够安居樂業，决不盼望再誕生這樣一位前無古

人的“英王霸王”，因爲實在没有這麼多的老百姓的血，來做栽培“英王霸王”的肥料！

恐怕從來没有文章比這首詞被誤解得更厲害的了。

今天的中國，新文化和舊文化，新思想和舊思想已截然分爲兩道，不但内容不同，就是彼此所用的語言，所設的比譬，也互不了解。對毛詞的誤解，是從這兒産生的。

艾青的名詩：

雪落在中國的土地上，
寒冷封鎖着中國呀！

這雪不僅指自然的雪，寒冷也不僅指天氣的寒冷，它們象徵着日本法西斯强盜、漢奸政權，真正的封建餘孽們對於中國人民的壓制。雪是人降的，寒冷也是人造的！而用雪，用白色，用寒冷來象徵殘暴的統治，不僅艾青一人如此，也不僅中國一國如此，早已成爲世界的常識了。毛詞的上半闋：“長城内外，惟餘莽莽；大河上下，頓失滔滔，山舞銀蛇，原馳蠟象，欲與天公試比高”，不過鋪張那些强盜們、漢奸們、封建餘孽們在中國的土地上的“群魔亂舞”；而且説他們主觀上，以爲可以靠武力勝利，想以武力扭轉歷史發展法則！這一點評論家反説作者欲與天公比高，完全胡扯。詩人雪萊説：“冬天來了，春天還會遠嗎?”毛詞也就高瞻遠矚，告訴我們，一定會勝利，但勝利的到後，并非没有鬥争，而鬥争反更壯麗；正像雪住之後，尚有積雪；雪中紅梅，益見妍艷。這就是“須晴日，看紅妝素裹，分外妖嬈”；也并非毛氏一個人這樣用，叫做《雪裹紅》的刊物，我看見過不止一個了。我們的評論家大概衹懂得攏翠庵的“白雪紅梅”，雪裹紅的説法，或者還是初次聽見咧！

評論家們以爲最成問題的還是下半闋：“惜秦皇漢武，略輸文采，唐宗宋祖，稍欠風騷；一代天驕，成吉思汗，衹解彎弓射大雕！俱往矣！

數風流人物，還看今朝!”但這有什麽問題呢？翻成白話，不過説：强盗們，漢奸們，封建餘孽們！你們想用武力統一中國麽？你們想做皇帝麽？你們以爲自己可以成爲秦始皇，漢武帝，唐太宗，宋太祖，成吉思汗麽？你們錯了！那不過是歷史上的一些無知識，無思想的野蠻傢夥。他們過去了，他們的時代過去了。今天，不是光靠武力，光靠蠻横可以得到“天下”的。要在今天成爲一個人物，必須理解得多一些，必須自己成爲一個知識者乃至思想家，必須能够代表人民的利益……試問這與封建餘孽或帝王思想有一絲一毫的相同麽？不！剛剛相反，它是反封建的，反帝王的！它把有些學者教授們現在還在歌頌的漢武帝、唐太宗一齊否定了！這否定評論家説，是作者的“自況”。多麽可笑，天下有以自己所否定的人自況的麽？不能自圓其説，於是又説對秦皇漢武們不滿，是要比他們更了不得，是“自負”。但這自負，豈不是每個現代中國人所應有的麽？我們在没有機會執政帶兵，是另一個問題；如其有，還不想比過去了幾千年幾百年的獨夫民賊專制魔王們幹得像樣一些，那算什麽東西呢？

衹有滿腦子封建殘餘，滿腦子帝王思想，説準確些帝王的走狗思想，纔以爲帝王是不能提起的，不能比擬的，不能否定的，不能超過的。不但董楊兩人，易君左的“殺吏黄巢，坑兵白起”；東魯詞人的“翼王投筆”，“押司題壁”，耘實的“公孫抗命”等等，也都充滿着這種思想；而“翼王投筆”云云，簡直還是漢奸思想！毛詞不是寫給他們讀的！他們讀到了，簡直是毛詞的羞辱！

一闋《沁園春》，不過百餘字，就像一條鴻溝。對不起，把舊時代的騷人墨客都隔住了。興之所至，倚聲一章，寫在下面，并就正於易君左先生：

謬種龍陽，三十年來，人海浮飄。憶問題丘九，昭昭白日；揚州閑話，江水滔滔。慣駛倒車，常騎瞎馬，論出風頭手段高，君左矣！似無鹽對鏡，自惹妖嬈。　時代不管人嬌，拋糊塗蟲於半路腰。喜流風所被，人民競起，望塵莫及，竪子牢騷。萬姓生機，千秋大業，豈懼文工曲意雕？凝眸處，是誰家天下，宇內今朝！

耶穌誕生一九四五年於傷風樓

（原載 1945 年 12 月 29 日《客觀》第 8 期）

談《簡·愛》

《簡·愛》這部小説，以對話勝。它的對話，尤其是談愛時的對話，使人覺得簡·愛小姐渾身都是幸福感。同時，人物的身份，性格智慧，也都用對話表出，迷惑人，使人非一口氣看完不可。我看過兩次，都是一口氣看完的。

但是我不喜歡這部書。

《金瓶梅》裏面有一個宋惠蓮，即來旺兒媳婦，是西門慶家裏的女傭。一跟西門慶勾搭上了之後，馬上就在别的女僕們面前擺起半個主婦的架子，自以爲一步升天，比别的奴僕的身份高了許多，不但唤這個，使那個，并且常常用“看我跟不跟他（西門慶）説”之類的話威嚇别人，恐怕也真告了一些“枕頭狀”的。我厭惡她！

簡·愛小姐不是有夫之婦，也不是奴僕，不必説：她是一個有錢的地主家裏的保姆，一和主人戀愛，就感覺得幸福，光榮，而暴發着感激之情，在我，是不能不反感的。那位主人，比她大二十歲，不漂亮，早年曾經胡調過，保姆所教的孩子就是他曾結交的一個女戲子的私生女，一直在走到結婚禮壇之前，却没有告訴她曾經結過婚，有個怎樣的妻子；剛剛相反，倒是竭力瞞住的。如果不是别人揭破，什麽時候會自白出來，很成問題，這個人的可愛處豈不很可疑？然而他的地位，他的財産眩惑了簡·愛小姐，使她獻出了處女的熱愛。書中的對話，比如在主人説要她離桑恩費爾得莊院的時候，她説；關於地位、財産書中提到的太多了，幾乎到處都是，不能一一列舉，這裏衹提到幾點在她的心靈上影響最顯著的幾處。當主人請她接受他做她的丈夫的時候，她説：

“什麽，我？這個除了你之外世間没有朋友，除了你給我的之外没有一個先令的我?”

在主人迫不及待她的應允，説“你苦我!”的時候，她説：

“這我怎能做得到? 假如你忠實，你的求婚是真的，我對你所有的感情一定祇是感謝與忠誠——這些并不苦人呵。”

——第二十三章

在主人説她成爲“羅契司特爾太太”的時候，她説：

“這絶對不能够，先生；這説來不近真情。人在現世絶不能享樂完全的幸福。我不是生來和其餘的同類命運不同。想象我會遇到這樣的運氣，祇是一篇童話，一場晝夢罷了。”

——第二十四章

更和以前自己對自己説：

“簡・愛，聽着你的判詞吧：明天，把鏡子擺在你面前：忠實地用粉筆畫下你自己的像來，不要減輕一個缺陷；不要略去一道粗文綫，不要掩飾令人不歡喜的不端方；在下面寫上：‘一個貧窮，不美，没有關係人的保姆的畫像’。”

以及以後重逢的時候，主人説，喜歡犧牲的時候，她説：

“犧牲！我犧牲什麼? 犧牲飢餓，得到食物，犧牲期望得到滿足。有權利抱我所重視的人，吻我所愛的人，依賴我所信托的人：這是犧牲嗎? 若是，那我確是歡喜犧牲的。”

互相參證起來，自慚形穢，不敢高攀，受寵若驚，恍如夢寐，心滿意足，死心塌地等等之心理過程，其實都是從地位與財産的眩惑而來。一明瞭這些，書的魔力和簡·愛的愛力，就都成爲不重視的了。作者似乎也覺得財産在這對愛人中的威力太大，就努力彌縫，説殷格來姆小姐纔是爲了財産而戀愛的，以表明簡·愛不是，後來還故意使男主角變窮，簡·愛反而變富了，等她富了之後，還把財産平分給表兄弟們，以表示她并不愛財，等等。但這些彌縫，不但無力，倒使這書提到財産之處更多，正如老話："欲蓋"反而"彌彰"了。

戀愛不是無條件的，地位與財産不是不足以影響愛心；世上更不是没有一無所守，一心往高處爬，爬上去了就洋洋自得，像宋惠蓮那樣的人，或這種人究竟衹是少數。但藝術是靈魂的啓迪，應該使人靈魂向上，戀愛的條件，應該更多地放在心靈的光輝方面。《簡·愛》不過是世俗觀念、市儈觀念的表揚，作爲藝術品，它不應得到較高的評價。或者這書是憎惡"階級制度"的，這意思，書裏面不是找不出證據來，但且不説作者對階級的觀念對不對，衹説不同的階級雖然愛和結婚了，階級本身仍然如故毫無損傷。而把低階級的人寫成往上爬的，假如用來代表低階級，對低階級却是一種侮辱。

此外，這書提出了一個問題：一個男子受騙而娶了一個不愛的瘋癲的妻子之後，是否可以重婚？這確是一個問題。可惜的是并没有解答。那主人是想重婚的，他不認爲在這樣的情形之下，重婚是一種犯罪；簡·愛呢，發現他是重婚之後，不願意做"情婦"，逃跑了，爲了習俗，犧牲了愛。可是若干時日之後，受了愛的壓迫，又跑回去；這不好像要擺脱習俗的羈絆了麽？作者却没有這種勇氣，倒叫那瘋婦死去了，問題於是不復存在，一對婚人圓滿地結婚了。正是如火如荼，看得起勁的時候，突然一下子烟消雲散了！我感覺得受了騙。早知如此，何必提什麽問題呢？

爲了這書衹是一個保姆和主人戀愛，結婚，如斯而已。這，未免太簡單，甚至連作爲短篇都無意思，作者這纔找了一些人物，故事來鋪張。

那些人物，殷格來姆小姐也好，馬遜也好，瘋了的主婦也好，都是隨手邀來，隨手放下，可有可無的東西；那些穿插更無必要，更無現實意味。聖約翰兄妹比較有現實性。但是是另外一回事，簡直可以獨立，與這書的主綫幾乎没有關係。

附帶一點，一個晚上，男的忍不住寂寞吧，向野外喊："簡・愛！簡・愛！"聽見聲音回答："我來了！……你在哪裏?"同時，簡・愛在遥遠的别處，聽見有人喊她，而跑出來回答："我來了……"據説，不是迷信而是宗教上的什麼東西。這在宗教上有怎樣的意義，不知道；但它確没有爲這書增加一點什麼。假如有，也不過使人覺得作者不太老實而已。

一九四六，六，一四

（原載1946年7月15日《萌芽》月刊第1卷第1期）

人物描寫的一苦惱

人物描寫，有一個苦惱：即内心與外形的美醜的衝突。迭更斯的小説，好人的樣子一定很不錯，壞人的，一定要很難看，别的作者也這樣；也衹有這樣，作者纔能牽着讀者的鼻子走：作者同情誰，讀者也跟着同情；憎恨誰，讀者也跟着憎恨。否則，不但收不到這種效果，讀者反而會説你寫的不真實，甚至於以爲你在發瘋。

但社會上的實際情形怎樣呢？果真是好人都漂亮，壞人都醜麽？不！縱然不是全部相反，也是大部分相反的。在現在的這樣的社會裏，狡猾的，會拍馬屁吹牛的，工心計，會陷害别人的，就容易得志，在中國就是容易做官，也容易發財。做了官發了財，吃得好，喝得好，穿得好，住得好，樣子也就容易長得好，像政府須要莊嚴的衙門一樣，像銀行須要高大的行址一樣，做官發財的人，也就要有一種像煞有介事的儀表，纔能唬得住人，也衹有他們有力量有工夫把自己的儀表裝得像煞有介事。老子説過："天下皆知美之爲美，斯惡矣！"天生的美，其實很少，美，常常是加了人工的。一個人如果天天在想，我應該把頭髮梳光些呀，應該把衣服燙得平些呀，收拾了打扮了去唬人。像女人衹是研究巧笑倩兮，美目盼兮了去迷人，衹説這一點，内心的不美，也就可以想見了。至於正直的，良善的，有氣節的人，在這樣的社會，却正在受苦受難，受凍受餓，本來美，也會變成不美。何况本來不美的呢？而且無論外貌怎樣不美，内心不也是至美的麽？

在我的讀書經驗裏，似乎衹有《被侮辱的與被損害的》曾把一個老奸巨猾的外形寫得儀表非凡；《她的情人》曾把值得同情的鐵利沙寫得很醜陋。因此我對於作者朵思妥耶夫斯基和高爾基都表示敬崇。

但小説還容易一點，美醜是安放在讀者的想象中的：至於劇本就更難，它要把美醜裝扮出來給人看。一個悲劇的女主角是很醜的，一個壞人是很漂亮，很大方的，觀衆説不定不但不同情，甚至還會把作者的本意誤會了。

我想，在人類的内心與外形，精神與肉體的統一調和之前，這問題將是作者們的永遠的苦惱。

（原載 1946 年 10 月 30 日《新民報》）